小学館文庫

徳は孤ならず

日本サッカーの育将　今西和男

木村元彦

小学館

徳は孤ならず

日本サッカーの育将　今西和男

目次

序章　育む将　6
第1章　〝ピカ〟から日本代表、そして初のGM　25
第2章　Jリーグ、サンフレッチェ、今西門徒　77
第3章　クラブは地域のために――FC岐阜　179
第4章　徳は孤ならず　281
あとがき　352
文庫特別企画　今西和男×森保一×横内昭展
座談　日本サッカー「育成」の過去、現在と未来　357
文庫のためのあとがき　369
解説　平尾剛（神戸親和女子大学教員・元ラグビー日本代表）　373

文中に登場する人物の肩書、サッカー選手の所属チーム等は
2021年1月5日現在のものです。

序章　育む将

世代を超えた絆──採用外から日本代表監督　森保一

2015年3月31日。広島市内の某所、テレビ画面ではコーナーキックを前に左手を上げる乾貴士《いぬいたかし》（当時フランクフルト）が映っている。チャレンジカップの日本代表対ウズベキスタン戦である。弧を描いたボールがゴールキーパーのパンチングによって弾《はじ》き飛ばされた。球体がペナルティエリアの外に勢いよく転がり出て日本のチャンスが潰《つい》えた、と思えたそのときである。

「青山だ」と今西がつぶやくように言った。刹那、ボールを追ったカメラ映像の右隅から、背番号28が飛び出して来た。青山敏弘（サンフレッチェ広島）が豪快に右足を振り抜くと、糸を引くようにボールはゴール右隅に吸い込まれた。一瞬たりとも集中力を切らさなかったことが、ミドルレンジからのスーパーボレーを生んだ。そして、青山の活躍を予見した今西。そこにはサンフレッチェ広島の世代を超えた見えない絆《きずな》が繋《つな》がっているように思えた。

　翌日、吉田町のサンフレッチェ練習場で、この話題を森保一《もりやすはじめ》監督（当時）にぶつけてみると、「確かに」と涼やかに言った。

「本当に青山は、マツダ時代から今西さんが作り上げてきた広島のDNAを受け継いでいる選手だと思います。技術の高さももちろんありますが、試合に入って、ひたむきに走り続ける実直さや周りの人のことをリスペクトする謙虚さは、今西さんが僕らに教えたものを彼が今、引き継いでいるんです」

　森保監督のプレースタイルに似ている部分がありますね、と言うと、苦笑した。

「泥臭いところは似ていると思いますが、彼はその上にテクニックがありますから。昨日もそのスペースが見えているのか、と驚かされた時間帯があったと思います。あんなミドルや攻撃技術を僕は持っていなかったです（笑）。それは別として、チームのために戦うという姿勢は確かにそうかと思いますね」

　繰り返すように言った。

「今西さんが最初にサンフレッチェで作り上げてきたものを、今ピッチ上で具現化している選手だと思います」

森保は2012年に、この古巣のチームを率いると、初年度でリーグ制覇を達成。

翌年も劇的な連覇に導いた。日本人監督でJリーグ2連覇を達成したのは、他には岡田武史しかおらず、指導者キャリアの最初から大きな実績を積み上げている。日本人代表監督の待望論がある中、その候補に名を連ね、実際に2018年7月からその任に就くことになる。

その森保が「今の自分があるのは今西さんのおかげ」と言って憚《はばか》らない。

「そもそも僕はサッカーでメシが食えて、その上、日の丸を背負う代表選手になれるとか、思ってもいなかったですから」

今西との出逢《であ》いから振り返ってもらった。

長崎市の深堀《ふかほり》中学校でサッカーをしていた森保は、長崎日大高に進学する。地元のサッカー少年たちが憧れた国見高校に進むことも考えていたが、高校受験に努力しない姿勢を見た厳しい父親が、国見受験を許してくれなかったのである。当時は、この国見と島原商業が全盛期で、全国への壁は厚く、インターハイも選手権も出場することができずに、高校でのサッカーは終わってしまった。長崎県選抜には選ばれてはいたが、全国的に全くの無名選手で、何より森保自身が「自分は足も速くなくて、体力もテクニックもない。国見の選手との力の差を痛感していた」というレベルであった。春に学校で練習していると、大柄な男が2人、訪ねて来た。マツダで強化部長をしていた今西和男とコーチのハンス・オフトだった。それを見た森保は日本リーグのチームが、サッカースクールの一環で高校に指導に来てくれたと思っていた。実際、オフトはキックの指導をしてくれた。「これが正しい蹴り方だ」と言って、ゴールのバーに連続してボールを当てる技術には素直に感心していた。

（オランダ人はやっぱりサッカーが上手《うま》いな）

2人を呼んだのはサッカー部顧問の下田規貴《きよし》監督だった。下田は、この年の正月にかねて親交のあった今西に「森保というぜひともプレーを見てもらいたい選手がいるので、一度お越し願いたい」という一文をしたためた年賀状を出していた。当の森保はそんなことは露ほども知らず、漠然と卒業後はどこかサッカー部のある会社にでも入って現役を続けたいと考えている程度だった。

今西は下田の依頼に心を動かされて、オフトと一緒に広島から長崎に出向いた。「あれが森保か」。練習を見る限り、オフトは全く興味を示さなかった。今西もまた「特別に上手くないし強くない、ストロングポイントのない選手」という印象を持った。ただ、ひとつだけ刮目《かつもく》したスキルがあった。

「姿勢がええのう。首を振ってよう見とる。目立たんがよう、視野が広いんじゃな。遠くが見られるけえ一列先にパスが出せる」。ピッチ上でどんなことが起きているのかをしっかりと把握している。確かにスピードはないので目立たないが、危機を察知する能力があって、危ないところをケアしようといつも動いている。後にポジショニングの的確さから「ビハインドマン」と呼称される森保の危機管理能力の高さを感じ取っていた。

オフトはこの1回しか足を運ばなかったが、今西はそれからもひとりで長崎日大高へ通って、森保を見続けた。やがて夏休みにテストをするからマツダの練習に来なさい、という通知を出した。テストは愛媛の南宇和で行なわれた。マツダの1軍は欧州遠征に行っていたので、控えチームがキャンプを張っていた。トップチームではなかったが、それでも森保が練習に参加してみると、ついていくのが精一杯だった。必死にボールに食らいついていっても想像以上のレベルの差を突きつけられた。

(もっとやれると思っていたのに)

何もできなかった自分のプレーに大きく落胆していた。

それでもキャンプの最終日、控えチームの責任者であった高田豊治《とよはる》(後のサンフレッチェGM、Jヴィレッジ副社長)からはひたむきさを称《たた》えてもらった。

「まだ下手《へた》くそで、技術も全然未熟だけど、君のハードワークを厭《いと》わない姿勢は凄《すご》くいいよ。それをこれからも続けていきなさい」

最後の評価を下そうと直接面談をした今西は、森保の意外な一面を知る。サッカーに対する考えを訊《たず》ねると、ずっとこちらの目を見て受け答えをするのだ。

「この年の高校生が大人と向き合って話をすると、普通は5分もすると集中力がなくなって飽きるもんじゃが、こいつはしっかりと目を見てくる。集中力があるやつは可能性がある。たちまち（とりあえず）サッカーはまだ下手じゃが、伸びていくじゃろう」

採用を決めた。森保にすれば望外の幸であった。特に大きな野心もなく漫然とサッカーをまだどこかで続けられればそれで良いと思っていたところ、日本リーグの1部のチーム、それも福利厚生がしっかりしているマツダに入社ができるのだ。お世話になります、と即答した。

しかし、秋になると問題が起こった。

この年のマツダサッカー部の採用枠は6人であったのが、予算編成の段階で1人削られて5人になってしまったのだ。6番目の評価は最後に滑り込んだ森保である。会社から非情な通達を受けた今西は考えた。決定は覆らないという。事情を話してドライに採用を取り消すことを上から言われているが、それは森保の将来のためにも良くない。何とかならないか。今は6番目の選手という評価だが、あれは必ずマツダのためになる人材だ。道を探しているうちにウルトラCを思いついた。本社採用が無理なら、子会社のマツダ運輸に入社させてもらい、そこからマツダサッカー部に登録するのだ。会社に掛け合い、根回しをした上で、下田を介して森保に打診すると、それでも来たいという。

こうして森保のマツダサッカー部入団が決まった。このときの差配がなければ、「オフトジャパンの心臓」の誕生もサンフレッチェの黄金期も日本代表監督もなかったと言えよう。

森保はマツダ運輸の所属のまま入部することができたものの、チームで最も下にランクされた選手であることに変わりはなかった。当時の身長は170センチで体重は58キロ。プレー以前に身体《からだ》作りから始めねばならず、最初の2年は試合に出場するところか、2軍にあたる「マツダサッカークラブ東洋」の練習に食らいついていくことで精一杯であった。

マツダ本社と子会社のマツダ運輸では、職場も給与体系も手当も異なる。基本給にしても1万円ほどの差があり、まだ18歳の少年にすれば、ひとりだけ取り残されたような境遇に不安と不満を覚えて自暴自棄になってもおかしくはない。それでも今西は「お前が活躍してレギュラーの選手として認められたら、本社採用に切り替えるように動くけえ、絶対に頑張れ」と励まし続けた。具体的なアドバイスも必ず付け加えた。「他の選手に比べて、お前には速さも高さもない。ただ、試合の中で走ることはできるじゃろ。それを続けていくんじゃ」。要は自分のできることを見つけてしっかりやれ、ということだった。

森保もそれに応えた。時折、トップチームの全体練習に入れてもらえたときは、持っているものはすべて出し切るつもりで力の限りを尽くした。試合翌日のリカバリーのメニューの日も、レギュラーではない自分は出ていないからと、動けなくなるまで走り続けた。

紅白戦に出場できたときは、とにかく走り回ってボールを持っている相手選手をつぶすこと、一緒に倒れても必ず先に立ち上がることを心がけた。

オフザピッチで今西は「サッカー選手である前に良き社会人であれ」と言い続けた。これは指導したすべての選手に対して伝えた座右の銘でもある。

「必ず一日に一度、周囲だけじゃのうて自分に目を向けるんや。そのためには、生活のこと、サッカーのこと、今日は何ができてできんかったんか、どこを改善してどこを伸ばせばええんかを日誌に毎日つけるんじゃ」と命じた。

反省と課題がしたためられた手書きの日誌は毎朝、提出することになった。その都度、「この漢字は違う」「言いまわしがおかしい」と赤ペンで指導を受けたが、これが習慣化されると、練習に取り組む上で自分の長所と短所が整理された。

ただ今西も天然のところがあった。横書きのノートに森保がまず名前を森保一と書くと、「名前は略さずにフルネームで最後まで書きましょう」とアカを入れて返してきた。一を省略の横棒と勘違いしたのだ。「あなたが採用した選手でしょう！」ノートを覗《のぞ》き込んだチームメイトが爆笑していた。

オフトは長崎日大高時代の森保をほとんど気にかけなかったが、練習を観察するうちに評価を変えてトップチームに帯同させるようになった。とはいえ、それでもまだ日本リーグの試合には出場させてもらえなかった。遠征に行っても、水やネットを運ぶ雑用ばかりであった。辛抱強く我慢していたが、帯同しているだけに、フラストレーションは溜《た》まる。2年目のある日、耐えかねて今西に「なぜ、僕はまだ使ってもらえないのですか?」と言いに行ったことがあった。ところが、間の悪いことに前日、森保は自分の練習が終わると別の用事があって、次のトップチームの練習試合を待たずに練習場を後にしていた。

「お前、昨日のトップの試合も観《み》もせんで、何を言うとるんじゃ! そうせんにゃー、どういうプレーをすればチームに貢献できるか、分からんじゃろうが!」

めちゃくちゃ叱られた。同様のことが韓国遠征のときもあった。ソウルのクラブチームとの試合が終わり、後片付けを終えてバスに戻って来ると誰もいない。先に乗り込んでポツンと座っていたら、今西が選手たちと一緒に戻って来た。

「試合で疲れとる選手がおるのに、何で先に座っとるんや! お前が席に着くんは、全員が乗り込むんを見届けてからじゃろうが」

エゴイストどころか、他人に人一倍気を遣う森保である。礼儀をわきまえぬはずがなかったが、失態は失態である。先輩たちを前にスパッと叱ってくれたことをありがたく思い、素直に謝った。

オフトは1987年にマツダに天皇杯準優勝をもたらすも、この年のシーズンに2部リーグ落ちした責任を取って監督を退任する。ケガ人を多く出したことが悔やまれた。離日の際に「このチームには将来プロの指導者になれるやつが3人いる」と今西に漏らした。前川（和也／現バイエルン・ツネイシ監督）、横内（昭展《あきのぶ》／現サッカー日本代表コーチ）、そしてまだ1試合も出場していない森保だった。

今西はポスト・オフトにイングランド人のビル・フォルケスを招聘《しょうへい》する。フォルケスは元マンチェスター・ユナイテッドのキャプテンで、23名の死者を出した1958年の飛行機事故「ミュンヘンの悲劇」から奇跡的に生還したバスビー・ベイブス（バスビー監督の息子たち）のひとりである。

このフォルケスが森保の資質に目をつけた。当時のフォルケスのサッカーは、典型的なイングランドスタイルで、パスワークで崩すというよりも肉弾戦でボールを奪い合ってゴールにねじ込むというものであった。ボールを運んで、蹴って、走って、相手とぶつかって、ぶっ倒れて、そこから立ち上がってまた蹴る。言い換えれば当時の森保にぴったりの役回りだった。

森保の戦う姿勢はこのマンUの伝説のキャプテンから学んだ。ほんの少しでも球際で激しく行かなかったり、セカンドボールに走らなかったりすれば、フォルケスは座っていたパイプ椅子を投げつけて怒鳴りまくった。

イングランド人指揮官はグラウンドで選手を集めるとよくこんなアドバイスを送った。「いいか、ショルダーチャージというのはこうやって……」語るや否や、そばにいた森保を必ず肩から吹っ飛ばした。「当たるんだ」

いじられキャラとなったが、大阪ガスとの試合で、ついに公式戦デビューを果たしてゴールを決めた。この間、今西はフォルケスと一緒に、どのタイミングで森保を使うのかをじっくりと見極めていた。高校時代は無名、マツダに来ても2年間試合に出ていない。「キャリアが浅いので成功体験が伴える相手が良い」ということで、大阪ガスには申し訳ないが、対戦相手を吟味していたのである。

やがて森保の視野の広さは、危機管理能力に繋がり、労を厭わない運動量とタックルは、相手の決定的なパスやサイドチェンジを遮断するスキルとなって開花した。マツダにおいて不動のレギュラーの座を獲得する。

1990年、今西はフォルケスの伝手《つて》を辿《たど》って、マンUに森保を含む4人の若手選手に1ヶ月の短期留学をさせた。サッカーの母国で、プロとはどういうものであるかを実際に体験させたのである。帰国後、全員にレポートを書かせ、部員の前でのスピーチをやらせた。試合中に声のコーチングはしても人前で話をするのは苦痛、とするサッカー選手は少なくない。チームメイトがしり込みをする中、森保は真っ先に手を上げて堂々と20分、マンチェスターで体験してきたことを話しきった。「これで一人前になったな」と今西は感じた。体験を言語化することで、学んだことを再び認識できる。

直後、森保は結婚式を挙げる。主賓として挨拶をした今西は冒頭で新郎に向かい、「お前はプロになる気があるのか?」と問うた。Jリーグの開幕を控え、マツダもプロ契約を選手たちとの間で続々と結んでいたが、晴れの挙式の場でその決意を質《ただ》したのである。かつて漠然と、どこかの会社で働きながらサッカーを続けられれば良《い》いなと考えていた男は「あります!」と大きな声で答えた。

その後の森保の活躍は、多くのサポーターの知るところである。一度マツダを去ったオフトが1992年に日本代表監督に就任すると、いきなり先発に抜擢《ばってき》される。デビューとなった同年のキリンカップのアルゼンチン戦(0-1で敗戦)では、緊張しながらも持ち前の泥臭いプレーで際立った存在感を発揮し、敵将のアルフィオ・バシーレから高い評価を受けた。日本に守備的MFが生まれた瞬間であった。17年にわたる現役の引退後は、指導者の道を選び、2012年にサンフレッチェ広島の監督に就任。即座にJリーグ2連覇を成し遂げた。オフトの予言が見事に当たったった。

今、森保はその成果を振り返って言う。

「2012年から2年続けての優勝も嬉《うれ》しいのですが、同時にフェアプレー賞、高円宮《たかまどのみや》杯を一緒に取れたのはサンフレッチェだけなんです。その精神は今西さんに教わったものなので、恩返しが少しできたかなと思います。実はこれを今日、持って来ました」

最後に自分のポケットからひとつの小冊子を取り出した。『私たちの目指すもの』と記されている。

「創成期に今西さんが関わって作ったチームスローガンです。フェアプレー精神や社会人として、どう行動するのかが書かれているのですが、ずっとこれを僕は机に入れているんです。この思想、哲学はしっかりと守っていきたいと思っています」

そこには、常日頃今西が言っていた「サッカー事業を通じて夢と感動を共有し、地域に貢献すること」が理念として掲げられている。

とりわけ目を引くのが、「サンフレッチェ広島の望まれる選手像」というテーマの四つ目の項目である。「(4) 地域の人々、サポーターに愛され、誇りに感じてもらえる選手」とあり、「いかなるときもサポーターへの感謝を忘れないこと、そしてボランティア活動を通じての地域・社会への貢献を行なうこと」が記してある。生え抜きの監督がJリーグ開幕時に作られた冊子を20年以上経《た》っても、しっかりと保持している。〝育将〟から連綿と続く意志の継続と結実を見る思いだった。

Jリーグが1993年に産声《うぶごえ》を上げて以来、創成期に提唱したクラブポリシーが、建前だけでなく、リアルに根付いているクラブが、いったいサンフレッチェの他にあるだろうか。

2015年12月5日、広島は前年3冠のガンバ大阪とのチャンピオンシップを制し、森保は3度目の戴冠をチームにもたらした。名将は監督インタビューでスタンドに向かって絶叫した。

「皆さん！ 広島の皆さん！ 優勝おめでとうございます！ 皆さんのおかげで優勝できました！」

それは「私たちの目指すもの」が結実した感謝の言葉であった。

今、なぜ今西和男を書くのか

久保竜彦が言った。

「引退したときに挨拶に行ったんです。電話したら（広島の）平和大通りにある喫茶店で待っとられたんです。『これで現役をやめます、自分がプロになってから本当にお世話になりました。これからは次の仕事を探しますが、もし何かサッカー関係のものがあれば気にかけて下さい』と言って、そのまま失礼するつもりだったんです。報告ってそういうもんやって聞いとったし、おいおいどっかで連絡をもらえればいいな、とそう思っていたんです。ほうしたら、ですね」と今でも驚きを隠せないという表情でドラゴンは続けた。

「ほうか、分かったと言うて、すぐにそこから携帯電話で、いろんなところへ連絡を取り始められたんです」

あの元日本代表の久保が引退したんです。何かそちらでお手伝いできるような仕事はないでしょうか？ 次から次へと自分の人脈を惜しげもなく使って、その場で久保の就職先を決めてしまった。それが廿日市《はつかいち》のスポーツクラブで、やがて久保の2013年の現役復帰（広島県社会人リーグ廿日市FC）への道に繋がる。

「あんなに選手のことを考えて、世話をしてくれる人はおらんですよ。今西さんに出逢っとらんかったら、自分は勉強もせんかったし、人とも話さんような感じやったし、とっくにダメになっとったでしょうね」

日本代表時代に「FWとしての潜在能力は間違いなく日本で一番」と多くの外国人監督から高い評価を得た久保であるが、高校時代は森保一同様に全く無名だった。「そんな自分をサンフレッチェ広島に呼んでプロにしてくれました」。入団してからも、何も考えずに好きなものを食べて、好きなことだけしていた生活を改善してくれた。話の仕方や人との接し方を教えてくれた。

久保はほんの一例である。先述したようにサンフレッチェを3度優勝に導いた森保一、豪快なアジアの大砲から緻密な指導者に転進した高木琢也《たくや》（元大宮アルディージャ監督）もまた、「無名だった自分はあの人に発見されたことで多大な影響を受けた」ということを異口同音に語っている。

日本サッカー界において今西和男ほど、人材の発掘と育成に長《た》けた人物はいない。GM（ゼネラルマネージャー）として礎《いしずえ》を築いた広島からは、松田浩（元アビスパ福岡、ヴィッセル神戸、栃木SC監督）、小野剛（元サンフレッチェ広島、ロアッソ熊本、FC今治監督）、風間八宏《やひろ》（元川崎フロンターレ、名古屋グランパス監督）ら、Jリーグの名だたる監督たちを輩出している。選手や監督だけではない。新卒で入社した東洋工業から、最後は社長まで務めたFC岐阜に至るまで、今西がかかわったチームではマネージャーから広報、運営など裏方のスタッフまで、その薫陶を限りなく受けたという人々が数多く存在している。

ただ単に組織で重なった時期にノウハウや社会人としての振る舞いを教えたというだけではない。久保の例にあるように今西はクラブを離れても徹底的に人生の最後まで面倒を見る。東京教育大（現筑波大）時代の同級生で、かつて東京ヴェルディの社長をしていた坂田信久はこう言っている。

「サンフレッチェ広島に高校生の良い選手がなぜ集まっていたか分かりますか？　プ

ロとして伸びずに広島を退団した選手を今西が誰一人として路頭に迷わせなかったからです。あいつが全国を回って、頭を下げて就職を世話したんです」。そんな行動を知った全国の高校の教員や指導者が「教え子は今西さんのところへ預けたい」と考えるのは自然な流れだった。

そしてその視野や活動範囲は自らのクラブに留《とど》まらなかった。サンフレッチェ時代にはチームの強化だけではなく、生まれたばかりの大分トリニティ（現トリニータ）や愛媛FCに積極的に人材を供給し、九州、四国のJクラブの旗揚げと育成に深く寄与している。大分県サッカー協会の理事長として2002年日韓W杯の大分開催を成功させた篠永《しのなが》武《たけし》（故人、坂田と同様に教育大学時代の同期）は「トリニティが県リーグから立ち上がったときも今西が広島から選手や指導者を惜しみなく送り込んでくれた。チームのJリーグ昇格もW杯招致も彼がいなければできなかった」と言い、2015年に愛媛FCの社長に就任した豊島吉博《とよしまよしひろ》（元日本サッカー協会事務局長）は「指導や普及においてうちはまだJFLを目指しているときからサポートしてもらった。今西さんが高田（豊治）さんなんかを連れて、手弁当でサッカー教室をわざわざ愛媛までやりに来てくれた恩は忘れられない」と感謝の言葉を惜しまない。

「広島だけが強くなればいい」というような固陋《ころう》なセクショナリズムに捕らわれず、日本サッカーを皆で強くしていこうという気持ちの表れだった。

〝育将〟というのはむろん、造語である。育む《はぐく》=成長を助ける、発展させる、育てる。今西を描くために呼称するにはこの育む将という言葉が当てはまると考える。

「人は城、人は石垣」=(勝敗を決するのは、城ではなく人である)という至言を残したのは武田信玄であるが、2014年のブラジルW杯で日本代表が惨敗を喫した際、岡野俊一郎(第9代日本サッカー協会会長)は「日本協会は人材を育てずに来てしまった」とその敗因を指摘している。

なるほど、確かに1993年のJリーグの誕生は劇的にサッカーを取り巻く環境を変えた。いわば城は造った。しかし、大きなお金が回るシステムが構築できても、連綿と意志を継続する人材がいなければ、いつまで経っても代表監督が変わるごとに、日本オリジナルのサッカーの方向性はその度に揺れ続ける。ましてや昨今は、サッカーや地方の現場を何も知らない背広組が、ただ無機質な数字だけでクラブの評価を決めつけるといういびつな制度ができあがっている。Jリーグはクラブ数を増やす拡大路線を追求してきた末にJ3まで設けたが、一方で肝心の人を育てることをおろそかにしてしまっていたのではないか。

ならば、今西和男を描くことで人を育てる真髄に触れてみよう。4歳で広島で被爆し、自分は長くは生きられないのではないかと覚悟を決めていた男は、いかにして人材を覚醒させていったのか。さらに今西はサッカー界において他に比すもののない大きな評価と尊敬を受けながら、後年「経営者失格」の烙印《らくいん》を押されてFC岐阜の社長を解任される。そのキャリアのギャップには何があったのか。Jリーグ、地方都市が抱える課題をまた浮き彫りにしてみたい。

第1章

“ピカ”から日本代表、そして初のGM

得意のタックルで長沼健（古河＝当時）を止める今西。右は川淵三郎。

© 写真提供／今西祐子

被爆

1945年8月6日午前8時15分、当時4歳の今西は広島市二葉《ふたば》の里《さと》の借家の2階にいた。元の実家は繁華街・薬研堀《やげんぼり》の隣、東平塚町にあった。しかし、この年の4月になると本土の東京や大阪も米軍による大規模な空襲の被害に晒《さら》され、そろそろ広島も危ないということで、半ば強制的に疎開させられていたのである。それだけ日本の敗色は濃厚な時期に来ていたが、子どもは無邪気なもので、「これで荷物も最後じゃけえ、和男も乗っていけ」と父親に運搬の大八車に乗せられたことをむしろ楽しく覚えている。引っ越し先の近所には子ども好きのおじさんがいて、早々に機関車のオモチャをくれたことも嬉《うれ》しかった。

今西は小さい頃から好奇心が旺盛で、この日も2階の窓から顔を出していた。向かいの家の女の子と目が合ったので見下ろしながらロゲンカを始めた。無邪気な日常である。しかし、次の瞬間、すべてが暗転した。B29エノラ・ゲイ号から落とされたウラニウム爆弾コードネーム「リトルボーイ」が、たった2キロ先の中区細工町《さいくまち》上空580メートルで爆発したのである。詰められていたウラン235が瞬間的に核分裂を繰り返し、巨大エネルギーが強烈な放射線と熱光線、そして猛烈な爆風となって広島を襲った。

「ほいで、ピカーッと光ったんです。私は半袖でしたからね。左側から腕の内側、これ全部熱で焼けました。ほれでも運が良かったのは、家の中にいたら下敷きになっとったんでしょうけど、窓にいたんで、はじき出されて軒下に落ちて、たまたま1階の縁側の畳を掃除していたお袋に引っ張りだされた」

このとき、爆心地の周辺の地表温度は3000度から4000度まで上がったとされている。あらゆる所で火柱が立ち、火事が発生した。母親は今西を背負い山に向かって逃げようと家を出た。必死で呼び止める人がいた。機関車のオモチャをくれたおじさんの奥さんだった。うちの人が病気で臥《ふ》せっていて逃げられないという。

「その方の奥さんがね。うちの母親に『どうか、助けてやってつかあさい、助けてやってつかあさい』って道端で泣いて頼んでいたのを今でも覚えとります。4歳のときの他のことは覚えていないけど、原爆のことだけはしっかり、記憶にあるね。『ごめんねー、うちゃあ子どもがおるけん助けられん』て。もう母親にしてみれば私が背中にいるから、お世話になった人やのに悔しいけど助けることができんかった。私はまだ幼いから、何が起こったのか全然分からん。それで逃げ惑う人たちが見えてきたら、みんな血まみれ。そんときに自分の身体《からだ》をパッと見たら、やっぱり真っ赤に染まっていて、そこで初めて怖くなってワーッと泣き出した。それから死臭。髪や肉が焼ける臭い。あの凄《すご》く嫌な臭いは未《いま》だに忘れられん」

幼い子どもにとって、先行したのは痛みではなく恐怖だった。ロゲンカをしていた女の子がどうなったのかは分からない。母の背中から見た光景はまさに地獄だった。ガラスの破片が身体中に刺さったままで逃げ惑い、水を欲しがってうめいている人々の群れ、そして4000度の高熱に焼かれてプスプスと音を立てている遺体。

一瞬で死の街にされた広島では、至るところで多くの若く尊い命がむごい形で奪われた。今西が後に進学しサッカーに出逢《であ》うことになる広島市立舟入《ふないり》高校の前身である市立第一高等女学校は原爆によって、最も多くの犠牲者（676人）を出した学校である。当時、学徒動員先の材木町で被爆した同校1年生の森本幸恵さんの最期を看取った母トキ子さんの手記には、直接聞いた言葉として、以下のように記されている。

「あたりの友達を見れば皆目の玉が飛び出し、頭の髪や服はぼうっと焼けて、『お父ちゃん助けて、お母ちゃん助けて、先生助けて』と口々に叫んでおりました。その時、目を抑えたものが3人だけでした。『どうせ生きられないんだから、みんな一緒に死にましょう。皆さん舌を噛《か》みなさい』と言って、『貴方《あなた》は誰、貴方は誰』と名を呼び合い、手をつないで、そこへ屈《かが》んでおりましたが、暑くて暑くて、とてもいられませんでしたので、目のあるものだけ3人『逃げられるだけ、逃げましょう』と、転びながら県庁の橋の所まで来たら、1人の友達が『私、死ぬる』と言って倒れられたので、

2人は離れまいと言って手をつないで、ひょろひょろしながら川まで下りました。（中略）13日朝、静かに君が代を唄い出し、そして、天皇陛下万歳万歳と両手を上にあげました。お世話になった方々みんなにお礼とお別れを言いながら、息を引き取りました」（追悼誌『流燈』1号より抜粋編集）

やがて日本サッカーを構築していく多くの人物も被害を受けた。広島高師附属中学3年だった長沼健《けん》（第8代日本サッカー協会会長）は「防衛当直」明けの学校から自宅に帰る途中にピカの光を受け、直後に降った黒い雨を全身に浴びてしまう。長沼は成人してからも通院する度に「白血球過多」の診断を受けた。79年に日本代表監督に就任する下村幸男《さちお》（東洋工業、藤和不動産）は母親と祖母、長兄を亡くし、メキシコ五輪で2ゴールを挙げて銅メダル獲得に貢献した渡辺正《まさし》（新日本製鉄）は父親を失っている。

今西は母が直感的に二葉山の防空壕《ぼうくうごう》に逃げたことで助かった。避難所には多くの人が逃げ込んでいたが、周囲の大人は子どもと見ると片栗粉《かたくりこ》を白湯《さゆ》で溶いたものを飲ませてくれた。気が付けば血まみれで、足が酷《ひど》く焼けただれていた。このときの大火傷《おおやけど》によって、今西の左足の指は突っ張ったままで自在に動かせず、足首も90度以上は曲がらなくなってしまった。左腕、左足全体にケロイドが残り、以来、大きなコンプレックスとなった。避難所では救護の医薬品も底をついたために、施された治療はただ赤チンを塗るだけであった。真夏である。寝ていると患部にハエが卵を産み、ウジが這《は》い回った。それをピンセットで取られるのが痛くて暴れた。4歳のときながら、熾《し》烈《れつ》な被爆体験は今西に当時の記憶をくっきりと残した。

「家が燃えてしまったので、親は跡地に『矢賀《やが》の親戚の家に行く』と立札をして矢賀町に向かいました。しばらくすると、大きな火傷をした上の姉が大八車で運ばれて来ました。おふくろが、こんなケロイドができて嫁に行けるんじゃろうか、と心配していたのを覚えています。大きくなっても我々被爆者に対する偏見がずっとあった。そういう現実から逃げたい。早くまっとうな生活をしたいという思いが強かったです」

後日談だが、この姉はやがて為末《ためすえ》という家に嫁ぎ、男の子を産んだ。今西からすれば8歳年下の甥《おい》であるが、自分が末っ子だっただけに、実の弟ができたように嬉しくてかわいがった。甥の名は敏行といった。いつも遊びに連れて行き、メンコ遊びで敏行が負けると、その倍勝って札を取り戻してやった。敏行は今西家の血筋らしく足が速かった。この敏行の息子が大《だい》。後に世界陸上の400メートルハードルで、2度も銅メダルを獲得することになる為末大である。一族は偏見を逞《たくま》しく跳ね返していった。

終戦を迎えても広島に物資はなく、「仁義なき戦い」よろしく焼け跡で社会的な混迷は続いていた。そんな中、母親がミシンを使った裁縫の内職で家計を支えてくれた。矢賀町の近所には朝鮮人集落があった。差別が厳しい時代であったが、母親は属性で人を見下すことを嫌う公正な性格で、日本人も朝鮮人も分け隔てなく、破れた生地などを縫ってあげていた。朝鮮の人々も友好的で、家に来る度に幼かった少年今西をとてもかわいがってくれた。小学校に入学し、近郊の山に遠足に行くときは、金山さんという朝鮮人の上級生が言った。

「和男、お前はまだ小さいけえ。山登りはしんどいじゃろ。俺がおぶっちゃるけえ、背中にのれ」

わざわざ背負って山頂まで登ってくれた。優しい金山さんが大好きだった。今西は以来、その半生において全く何の偏見もなく、朝鮮人とフラットに付き合っていくことになるが、その原点はこの金山さんであった。

小学校では屈辱的な思いもした。1947年に米国は被爆者の調査研究機関ABCC（原爆障害調査委員会）を広島に設置していた。ABCCは被爆者に対する治療は一切施さず、「アメリカにとって重要な放射線の医学的生物学的な影響を調査する」（米国海軍省よりトルーマン大統領に送られた書簡）機関として採血や触診を行なった。いわば被爆者をモルモット代わりにした人体実験である。広島大学の名誉教授である芝田進《しばたしん》午《ご》は占領後にアメリカ軍が行なった非人道的な政策として、

1）原爆の惨状についての報道の禁止、

2）火傷や放射能障害の治療方法を必死に工夫していた広島・長崎の医師たちに対する治療方法の発表と交流の禁止、

3）日本政府をして国際赤十字からの医薬品の支援申し出の拒否、
4）被爆者を治療させずに観察する、
を挙げている。被爆した子どもたちもまた小学校で定期的に裸にされて、レントゲン写真を撮られた。何の検査なのか一切説明はされなかった。

（恥ずかしい）（何でこんなことをするんじゃろう）

意図も告げられず、ただ一方的な検査を受け入れるしかなかった。1951年になると元の家があった東平塚町に一家は戻り、今西は矢賀小から竹屋小に転校。そのまま学区の国泰寺《こくたいじ》中学に進んだ。

高校2年からのサッカー

先述したように400メートルハードル世界3位の為末大を生むことになる今西の家系は皆、脚力に秀でていた。今西も例外ではなく、長身で運動神経も良かったので、中学入学時には運動部に入ることを楽しみにしていた。しかし、残酷なことがまたも起こる。ツベルクリン検査を受けたところ、陽性反応が出てしまった。結核菌に感染していたのである。これで激しい運動を断念せざるをえなくなった。同級生が部活動に熱中している時間には帰宅を余儀なくされ、足は自然と近所の国泰寺高校に向かった。広島一中時代からサッカーの強豪として全国に知られたここのグラウンドからは、いつもボールを蹴る音が聞こえてくる。練習に見入るうちにサッカーの魅力に取り込まれていった。しかし、中学3年間は本格的なスポーツに取り組むことすらできずに終えた。このこともまたコンプレックスとなった。

進学した舟入高校では柔道部に入部した。サッカーはもちろん好きだったが、舟入のサッカー部が、1年生の授業を妨害しに来るようなガラの悪い上級生の巣窟になっていたことと、短パンになってケロイドの痕を見られることが、どうしても恥ずかしかったのである。左足の不具合もまた入部を躊躇《ちゅうちょ》させた原因であった。現在からは想像もできないが、被爆のせいで今西は何事にも消極的な少年だった。

「運動能力はあったし、勉強の方もそこそこできた。でも、火傷に対するコンプレックスがすごくあって、人前に出るのもしゃべるのも大嫌いでした」

それでも2年生になると、この競技の魅力には抗《あらが》えなかった。柔道部員でありながら、サッカーの試合があると必ず観戦にやって来る今西に対して、1年先輩の野村六彦《むつひこ》（後に日立に入社しJSL初代得点王）が「そんなに好きならやってみんか」と勧誘し、ついに部活を変わった。高校2年でのデビューである。紛れもない初心者だった。

感覚神経が発達し、ボールテクニックが上手《うま》くなる〝ゴールデンエイジ〟と呼ばれる9歳から11歳の時期にほとんどボールを触っていないために、技術はない。何より火傷によって左足が突っ張って動かないので、基本となるボールを足裏を使って引くというプレーができない。ポジションは左サイドバックを任されたものの、スペースがあって上がって行っても、歯がゆいことにその先の仕事が無理なのだ。左足をまっすぐ振ったつもりでも神経が届かないのか、ボールに触れられない。左サイドバックが左足でクロスを上げられないのは致命的であった。悔しかった。

ある日、先輩が言った。「お前はキックのフォームが悪いけえ、これを蹴って（右足の）練習せい」。ゴールポストに藁《わら》を巻きつけて、素足で蹴る練習を課せられた。指示されるままに裸足《はだし》になって足を叩《たた》きつけるとあっと言う間に皮が破れて血がにじんだ。最初は単なるシゴキかと思った。しかし、道理もあった。足の甲で正確にヒットすれば痛みはない。繰り返すことによってミートするポイントが固まっていくのだ。この練習を続けていくうちに上達し、今西は右のインステップキックが上手いと評価されるようになった。

さらに技術がないところは勇気で補おうと考えた。相手のボールホルダーにタックルに行くときには、どんなに荒れた土のグラウンドでも思い切り深く滑り込んだ。右のインステップとスライディングタックル。この二つが今西の武器となった。

やがて母校での初めての公式戦に出場することになった。スポーツの盛んな舟入は、サッカー部の応援も授業の出席にカウントされるという校風である。在校生がたくさん応援に来てくれるのだが、そのことがまた恥ずかしかった。グラウンドに出ると生徒全員がずっと自分の短パンから出るケロイドを見ているように感じられるのだ。今西は嫌で嫌で仕方がなかった。初めて試合に出たときは、二度とサッカーなんかしたくないと思った。

ところがこれがスポーツの力であろう、試合に出場して観客に見られるという経験を二度三度重ねていくと、次第に慣れていった。当時は「広島を制す者が全国を制す」とも言われた広島高校サッカーの黄金時代である。広大附属、国泰寺、修道、山陽といった全国トップクラスのライバル校との試合は毎回盛り上がった。特に山陽高校との試合では後にメキシコ五輪で大活躍し国内最高のテクニシャンと言われた宮本輝紀《てるき》のマークにつき、19歳で日本代表デビューを飾ることになる「クールなワザ師」（長沼健談）に強烈なタックルを何度も仕掛けて仕事をさせなかった。激しいチャージに山陽の監督から「舟入、汚い！」と怒鳴られたが、意に介さなかった。ボールを蹴る技術はない。だから自分にできることをやる。今西はそこから、前向きに人生を考えられるようになった。サッカーのおかげである。この人生観、死生観がその後の今西の半生における仕事の礎《いしずえ》になっている。

サンフレッチェ広島で今西と共に人材育成教育にあたり、数多くの選手を育ててきた人材育成会社ヒューマックスの木村孝代表は今西の生き方を見て言う。

「今西さんは本当に選手や後輩のために献身的に尽力されてきた。私はいろいろな人材担当の方と仕事をしてきましたが、彼の場合は無私の精神の度合いが違うんです。自分が生きていくのは社会に貢献するためだという考えは何より言葉ではなく、行動が示している。生きる目的が凄くしっかりしている。命は永遠のものではないからこそ、有効に費やしたい。それは、被爆体験をされているからですよ。常に死と生を考えて向き合ってきた原体験が大きいと思うのです」

高校3年になると、父親が言った。「お前は大学に行かしちゃるけん、しっかり考えて勉強をせえ。ただし、条件がある。わしも定年じゃけえ、国立だけじゃ」。父が進学の援助をしてくれるという。教師も含めた周囲の大人は地元の広島大へ行けと勧めた。しかし、広大はサッカー部が弱く、舟入と試合をしても負けてしまうようなレベルであった。今西には意中の大学があった。

当時、東洋工業のサッカー部の選手たちが高校に指導に来てくれていた。その中でも日本代表キャプテンの小沢通宏《みちひろ》（2014年日本サッカー殿堂入り）のプレーに感銘を受けていた。DFとして強烈なリーダーシップを発揮する小沢さんのようになりたい、そのためにも小沢さんの母校東京教育大学に行きたいと考えていた。

一方、小沢もまた、練習で見せる今西の辛抱強い性格に目をつけていた。

「教育大というのはとにかく地味で貧乏人の集まりなんです。その分、何事にも一生懸命に取り組む集団だったから、それができない人材には入学は勧めない。ただ今西を見ていると、こいつは辛《つら》い中でも努力できる人材だとは分かった。貧しくて、私学よりもサッカーは強くないが、それなりのいい風紀があった。めったに僕は生徒を勧誘しないんですが、教育大に入ったら伸びる逸材だと思ったから、とにかく受けたらどうだと勧めたわけです」

今西を認めた小沢も、サッカーとの出逢いには特別なものがあった。小沢もまた元々が虚弱児で、運動を止められていたのである。栃木・宇都宮中学に通っていた際にグラウンドでやっているサッカーに興味を示すも、母親から「お前みたいに弱い子にできるわけがない」と一蹴されていた。諦めていたところに兵隊に行っていた父親が戦地から帰って来た。父親はシンガポールで敗戦を迎え、しばらく抑留生活を強いられていたのである。このときに父の小隊はイギリスの連隊とサッカーをする機会があり、それまで柔道と野球しか知らなかった日本の兵隊たちは、すっかりこの競技の魅力にはまってしまった。父も例外ではなく、帰国して息子がサッカーをやりたがっているのを知ると「あれは面白いから」と母親を説得してくれたのである。小沢の運命はこれで変わった。

虚弱児童だった少年は、宇都宮高校で選手権の優勝を果たし教育大に進学すると、ここでも全国制覇を成し遂げ、やがて日本代表に上り詰めていく。小沢は自分同様にコンプレックスを持ちながら高校でサッカーを始めた今西に大きな可能性を感じていたのである。教育大への進路を決めると猛烈に勉強を開始した。科目は英語、数I、国語、人文地理、地学。努力のかいがあって、1959年今西は、東京教育大学体育学部に合格した。

吉報に接したときは嬉しくて仕方がなかった。関東大学1部リーグでサッカーができるのだ。喜んでいると間を置かず、サッカー部のマネージャーから連絡が来た。「君が入部希望者でやる気があるのなら、合宿をやるから3月21日までに甲府に来い」というのである。教育大は新学期が始まる前に山梨の山中湖で強化合宿を張っており、戦力になりそうな新入生にも声をかけていた。受験勉強から解放された今西は、早くボールが蹴りたくてたまらず即座に関東に向かった。

合宿地とされている岳東寮に投宿し練習に合流すると、すぐにここが自分に向いている大学であることを感じ取った。早稲田にせよ、中央にせよ、法政にせよ、当時サッカーが強かった大学の体育会は封建的な規律に縛られていた。よく言われる1年奴隷、2年平民、3年天皇、4年神というピラミッドである。学校によっては先輩に「はい」と「失礼します」しか口に出してはいけないという理不尽な縛りを強要するところもあったそんな時代、教育大では合宿で先輩の練習着を洗濯する義務もなければ、部内で暴力がまかり通ることもなかった。

自由闊達《かったつ》な空気の中で今西は、全力で合宿の練習に食らいついた。ボールは蹴れなくても得意のタックルを精一杯しかけていくと「おおっ、やるな1年生」という声が上がった。体力差のある上級生からアキレス腱《けん》や膝を何度も削られようが、立ち向かっていった。そんな新入生に声をかけてきた4年の先輩がいた。

リ・ドンギュウとの邂逅《かいこう》

「おい、お前、ちょっとボールを持ってこい」

それが在日朝鮮人のリ・ドンギュウだった。駆けつけると、「お前は凄い勇気がある。恐れずにスライディングするのは大したもんだ。でも、勇気だけではサッカーはできない。トラップとボールのコントロールを身に付けろ」という。それから、毎日マンツーマンで今西に指導を施してくれた。

ドンギュウはこれより5年前、東京朝鮮高校が高校選手権で全国3位（朝鮮高校が3年間だけ都立高校だった時代があり、当時は日本の高校の大会に出場が可能であった）になったときのキャプテンであった。そのテクニックは関東大学1部リーグの中でも出色で、1年生のときから教育大でレギュラーを獲得していた。幼少期の金山さんの思い出もあり、今西には朝鮮人に偏見がない。そんな大先輩に入学前から個人指導を受けて素直に感動していた。相変わらず左のインサイドは蹴れない。しかし、他のプレーは自分でもめきめきと上手くなっていくのが分かった。

入学式を終え新学期が始まると、サッカー部は渋谷区幡ヶ谷《はたがや》のグラウンドでの練習に移行していく。ファイトのある1年生が入ったという噂《うわさ》はOBの間にも広まり、浦和高校のサッカー部監督を務め、犬飼基昭《いぬかいもとあき》（第11代日本サッカー協会会長）らを指導していた福原黎三《ふくはられいぞう》（故人）も練習を観に来た。「お前が今西か。スライディングが凄いと聞いてたが、なんや、そんなもんか。もっと滑らんといけんぞ。こうやるんや」

身長161センチながらヘディングも得意で猛将の異名を取った広島出身の福原は、背広のまま鋭いタックルをして手本を見せてくれた。このとき、サッカー場脇の土手の上からじっと練習を見ているひとりの1年生がいた。富山中部高校から入学した坂田信久（卒業後、日本テレビ運動部、後に東京ヴェルディ社長）であった。富山県の国体代表選手であった坂田は一般入試で合格していたが、奔放な今西とは対照的に、沈着冷静な性格そのままに教育大のサッカー部のレベルがどんなものかじっと観察していたのである。長じて日本テレビ局員時代に全国高校選手権を関東開催に持ってきたり、箱根駅伝のテレビ生中継を実現させた実績が示すように、見極めると実行は早い。決意と同時に入部するとすぐに実力を認められて、1年でありながらレギュラーに抜擢《ばってき》された。そんな坂田も同級生の今西には一目置いていた。

「入学して、会ってすぐに今西には敵《かな》わないと思ったね。向上心、戦う気持ち、仲間を思いやるリーダーシップ、どれも素晴らしく強かった」

坂田と今西は2学期になると同じディフェンダーとして3バックの両翼を守ることになった。

4年生にはドンギュウの他にもうひとり、今西に目をかけてかわいがってくれた先輩がいた。愛媛大学から編入して来ていた上田亮三郎である。後年、関西リーグ3部にいた大阪商業大学サッカー部を鍛え上げて全日本大学選手権でチームを4度日本一に導き大学サッカー界きっての名将となる男は、この広島からやって来た愚直な1年生を面白がり、窓からグラウンドの見える幡ヶ谷の自分の下宿に住まわせた。第二みどり荘という4畳半のアパートに大男が2人。

「うちは農家やからコメだけはぎょうさん送ってくれる。好きなだけ食ってええぞ」

ある日、上田がコメを8合炊いて行きつけの銭湯、西原湯に出かけた。帰ってきたら、今西が全部食べてしまっていた。新入生と最上級生が息も詰まらずに共に暮らせるような校風だった。「あいつの第一印象はよう頑張るやつ。練習でも手を抜かずにとにかく全力で身体を張る。得意のタックルなんか怖いくらいでした。第二印象はよう食うやつ、ですわ」

今西もまた、オンとオフを切り替えて、グラウンドで激しさを見せる一方、ときには茶目っ気を覗《のぞ》かせた。恒例の山中湖合宿ではこんな事件があった。苦しい練習が終わり、打ち上げになった。宴たけなわになり、ふと見ると1年生の今西がいない。「あいつは泳ぎが好きだから、湖で泳いどるんと違うか」「酒が入っていると危ないぞ。いくら達者でも溺れるぞ」。青くなった部員たちが総出で、今西を探し始めた。と、しばらくすると茂みに隠れているのが発見された。「おーい、今西おったぞ！」上田はその声を聞いて走った。自分が捜索されているのを面白がって見ていた今西が、マネージャーに捕まってこんこんと説教をされていた。

「お前の姿が見えなくて、どれだけ皆が心配したか分かっているのか！」上級生幹部の説諭が長く続くのか、と思われた瞬間、この1年生はダッシュで逃げ出した。「あっ、今西逃げた！」再び部員たちは追いかけたが、速くて強くて誰も止めることができなかった。岡田武史や山本昌邦を擁した日本学生選抜代表の試合を含め、通算３５０試合の指揮を執った上田は言う。

「リーダーというものはどこか茶目っ気がないとあかんのですわ。厳しいだけでは下のもんは息が詰まる。あいつはその点でも当時から面白いやつでした」

一方で上田は他の部員が知らない今西の一面を同居人として見ていた。攻守に身体を投げ出すような激烈なプレースタイルで、人一倍の練習を黙々と行なう男は、いつも下宿に帰ってくるなり腰や背中が痛いと言ってうずくまった。上田は当初、どこが悪いのか分からなかった。

(今日の練習では当たり負けしてへんかったのにおかしい)炎症を抑える薬を毎回塗っているのを見ているうちに、今西本人の口から被爆体験のことを聞いた。

(ピカを受けとったんか。ほんでも今までしんどいことや痛いことの弱音を吐かずにきたんや。左足のことも誰にも言わなんだし、腰の痛みも練習の疲れだけやなかったんやな。こいつは4年になったらキャプテンになる器や)

上田は何も言わず、黙々とメシを炊いては今西に食べさせた。この後輩が試合に負けてしょげていると、「何を気にしとるんや。度胸試しと景気づけや、浅草に行ってヤクザしばいて来い」「そんな……。相手の人数が多かったらどうするんですか」「何のために毎日ダッシュの練習しとるんや。走って逃げて来い」。果敢にハードなタックルに行く割には今西には優しいところがあり、一度ファウルの判定を受けると相手を気遣ってスライディングが浅くなる傾向があった。上田は鼓舞し続けた。

1959年の教育大は過渡期にあった。春に実績のある卒業生がごっそりと卒業したことで下級生にも試合に出場するチャンスが広がり、先述したように今西や坂田という1年生も先発メンバーに抜擢された。しかし、8月の合宿が台風に直撃されて練習量が不足、経験値のない若いチームを不安が襲った。さらに悪いことは重なり、エースのリ・ドンギュウが過労と栄養不足から結核を発症して入院してしまったのだ。

長期の安静療養が必要とされる病気ということで、ドンギュウは担ぎ込まれた西新井《にしあらい》病院でいつ終わるとも分からぬ入院生活に入った。結果、最悪のシーズンとなり、教育大は関東大学1部リーグの中で下位5校に同率で並んでしまい、2部降格を決めるトーナメントに出場を余儀なくされた。

危機感を持ったOBが応援に詰めかけることが若い選手には逆にプレッシャーとなり、連敗が続き、ついには最下位決定戦にまで落ちた。ここで負ければ初の降格である。最後の相手は法政であった。戦前の予想では圧倒的に法政が有利であった。そんな窮状を見かねてドンギュウが病院を抜け出してやってきた。今西にはこのときのドンギュウの言葉が今でも忘れられない。

「俺は教育大には世話になった。これに出場して死んでもいい」。これでチームは一丸となった。

試合はドンギュウがPKで決めた1点を今西、坂田のディフェンダーコンビが守り切り、教育大の1部残留が決まった。今西はドンギュウに心酔した。

「この先輩に学べば自分はこれからもっと成長できる。卒業されてからも教えを請いたいのう」

しかし、別れは早くやってきた。1960年10月、前年12月より始まった在日朝鮮人の北朝鮮への帰国運動で、ドンギュウは平壌《ピョンヤン》へ移住する決意をする。日本と国交がなく、内情が不透明であったのに、北朝鮮は「地上の楽園」と喧伝《けんでん》された。その結果、在日の90パーセントの人々が38度線より南の韓国出身であったにもかかわらず、北朝鮮政府、日本政府、赤十字が推し進めたこの運動は、約9万4000人を、友人も縁者もいない北朝鮮に〝帰国〟させている。

なぜ、ドンギュウが帰国するのか。チームメイトたちは敢《あ》えて多くを聞かなかったが、この恩人のために精一杯の誠意を込めた送別会を開いて見送った。同期の上田はキャプテンであった瀬戸哲（当時島原商業高校教諭）を誘って、ドンギュウと3人で合宿所のあった山中湖、小田原を旅した。

「山中湖合宿の思い出はたくさんあります。新宿から来たチンピラが若いアベックを冷やかしていたんで、私とリでやめんかい、といわしたったりしてね（笑）。何で（北朝鮮に）帰るんや、なんて私も聞きませんでしたし、彼も言いません。ただずっと本当の親友やと思っています」。大学卒業時に同じアパートに住んでいた安藤組（＝東興業）の組員から「ニイちゃん、わしらの世界でもやっていける。うちに来んか」とスカウトされたという強面《こわもて》の上田だが、今でも大切にこの旅行の写真を持っている。

先輩でマネージャーだった森岡理右《りう》（後に筑波大学サッカー部部長）はOBを招いての送別会を企画した。当時、東京タイムスで相撲担当記者をしていた森岡は、角界への顔の広さを利用して（余談だが、天龍源一郎の二所ノ関部屋から全日本プロレスへの移籍の橋渡しをしたのがこの森岡である)、両国のちゃんこ料理屋を手配。村岡博人、永嶋正俊らOBも参加してのひとときの会は、なごやかに進んだ(村岡は戦後初の日本代表ゴールキーパーで、教育大卒業後は共同通信の記者となり、金大中拉致事件の現場に最も早く到着して犯罪性を宇都宮徳馬《うつのみやとくま》議員に注進するなど幾多のスクープを連発し、戦後を代表するジャーナリストになるが、当時はこの帰国運動も追っていた)。店を出て橋の袂《たもと》で散会となった。別れ際に森岡はこんな会話をしたことを覚えている。「おい、リ、国に帰っても日本語を忘れるなよ」「分かりました」。森岡は今、こう振り返る。

「外国語を知っているということは何かにおいて彼を助けることになると思っていたんです。まあ、当時は2、3年でまた会えると思っていたのですが……」

今西は、たった1年しか一緒にプレーができなかったが、ドンギュウに対しては大きな影響を与えてくれた人物として尊敬の念を忘れなかった。その気持ちが後に、在日のサッカー選手を応援していこうという思いに昇華していった。

私は2012年、平壌にこのリ・ドンギュウを訪ねた。53年前の今西と教育大のことを聞きたかったのである。ドンギュウはキム・イルソン競技場で待っていた。傍らには、1966年W杯イングランド大会でイタリア相手にゴールを決めた北朝鮮代表パク・トゥイックがいた。同い年のサッカー選手として厚い親交を結んでいるという。

ドンギュウは平壌に渡ると、体育科学研究所に所属し、国営放送のサッカー解説者として名を馳《は》せ、北朝鮮内では知らぬ者がいない存在となっていた。

現在では世界が知るところとなったが、北朝鮮は決して地上の楽園などではなかった。人権状況については国連の特別調査委員会（COI）が2014年2月に「世界で類を見ない最悪」の状態を報告し、改善に向けての勧告を出している。帰国者ももちろん例外ではない。

北朝鮮には「出身成分《ソンブン》」という独特の階層制度が存在する。政府の政治的要素に基づいたものであるが、日本からの帰国者はその中でも資本主義に染まっていた者として下層に位置づけられた。出身成分が悪いとどんなに努力しても出世はできないと言われ、常に監視や密告の対象にもなっているという。

「帰国した人の多くが新たな祖国で迫害に耐えなければならなかったことも、今ではわかっている。強制収容所に入れられて、その後いっさいの消息を絶った人の数も知れない」（テッサ・モーリス－スズキ著『北朝鮮へのエクソダス』朝日新聞社刊）

「1970年代には日本語で話すこと、日本の歌を歌うこと、日本語を使うことも処罰の対象でした。（中略）70年代と80年代には、多くの人たちが何も罪を犯していないのに理由もなく消えました。そうしたことが北朝鮮で日常的に起きていたのです（元帰国者千葉優美子の証言）」（『国連北朝鮮人権報告書』ころから刊）

そんな中でドンギュウはサッカーによって地道に経歴を築き、揺るぎない地位に辿《たど》り着いたと言えよう。

――今日はリ・ドンギュウさんにひとつの試合のことを聞きたくて日本から参りました。教育大学4年時に法政と戦った実質上の入れ替え戦の試合のことです。ご記憶にありますか？

「ああ、あれは私にとって最も記憶に残っている試合だったと言えます」

――激しい運動ができない中、しかも90分走りきった試合終了間際にどのようにPKを決められたのかをお聞きしたかったです。

「そうですね。4年生のときは本当に忙しくて身体を壊してしまい、半年間入院してベッドに横たわっていたのですが、出場して欲しいと言われて駆けつけたわけです。PKは確か攻撃のできるディフェンダーだった坂田君がドリブルで攻めたのをファウルで止められてもらったと思います。あのときはプレースキックは私が蹴ることになっていましたから」

リ・ドンギュウはここで驚嘆すべき記憶力を発揮する。

「法政のゴールキーパーが3年生だったんです。まだ経験がそれほどない。ボールを置く前にチラッと見たら、真っ青な顔をしていた。私はそこで、ボールをセットして彼に向かってにやっと笑いかけたんです。そうしたら、ますます硬い表情になった。スポーツの心理戦ですね。そこまでいけば、もう決まったようなものです。私はゴールの左隅に転がすだけでした」

――当時同級生だった上田さんや1年生の今西さんはドンギュウさんの部内における存在感を語っておられました。逆にどのように彼らを見ていましたか。

「ああ、特に今西君は入ったときに僕が見たらすごく素質があったんですよ。体格もいいし、度胸もあるし、非常に熱心だった。彼はまた原爆被害者だったんですね。気の毒なところもあって、でもとても前向きだった。こいつは伸びると思って、ちょっと仕込んだんですよ。お前ちょっと来いって言ってね（笑）。上田君はまたいい男でよく部屋にも泊まりに行きました。ファイトがあってね。日本ではすごく良い選手や指導者を育て上げたと聞いています」

ドンギュウは2015年12月、平壌でその生涯を閉じた。今西はその報を聞くと、静かに黙禱《もくとう》を捧《ささ》げた。

キャプテン

4年になると上田の予想どおり、今西は満場一致でキャプテンに指名された。就任にあたり今西は「上級生、下級生と分け隔てのない平等なチームにしよう」と提言した。それまで以上に自由に発想し、発言できる雰囲気作りを心がけた。サブのチームは大分から来た篠永武（元九州サッカー協会会長）がまとめてくれた。今西は大学の体育会にありがちな体罰を徹底的に嫌った。上級生として選手を殴ったことは一度だけだった。岐阜で合宿した際に禁を破って飲みに行ったグループを見とがめて自分も泣きながら引っぱたいたのである。

一方、肝心のチーム力はダウンしていた。1年生からレギュラーだった坂田がマスコミ受験を理由に現役の引退を宣言したのである。

「何でじゃ。せっかく優勝も狙えるいうときにお前がおらんようになったら、ディフェンスラインはどうなるんや」

今西は引き止めたが、坂田の意志は固かった。猛勉強に入るためにスパイクを脱いだ。戦力ダウンは必至であったが、集団で戦う戦術を取った。選手の能力を見極めた上でWMフォーメーションを変形させた3－4－3のシステムを作ってリーグ戦に臨んだ。

序盤の4試合は連敗を重ねて3敗1分という最悪のスタートとなった。一時は降格するのではないかと言われたが、自由意志によるチーム作りが奏功する。プレッシャーに負けることなく、この状態から残り3戦（法大、日大、慶大）を全勝で乗り切ったのである。学生最後のシーズンを3勝3敗1分勝率5割の成績で終え、教育大としては7年ぶりのAクラス入りを果たした。

崖っぷちから盛り返したのは、選手間の信頼関係がブレずに集団として戦えた証左である。上位下達ではなく、自主性に任せて助け合うことでチームマネージメントを成立させたことは大きな自信となった。

卒業を迎えると、日本テレビに入社した坂田を除くほとんどの同期は教員となって郷里へ戻っていった。出身地ではなくとも、愛媛出身の篠永武は大分へ、栃木出身の佐藤有三は岐阜でそれぞれ教鞭《きょうべん》を執ることになった。

その中で今西だけがサッカーにこだわった。教員免許こそ取ってはいたが、元々、教員になる気は全くなかった。自分には向いていないと思っていたのである。教育実習の際も時間配分を間違えて、チャイムの鳴る15分前に授業を終えてしまった。話すことがないので真っ赤になって押し黙っているのを見かねて、教科の担当の先生が助けてくれた。

まだ実業団で現役を続けたいと思っていたところに、東洋工業の小沢が今西を再び誘ってくれた。1962年に東洋工業は、国体と全日本実業団を制して2冠に輝いており、そのときの活躍が高く評価されて小沢は年間最優秀選手賞を受賞していた。日本代表のキャプテンであり、国内最高の選手の推薦は何物にも代えがたく、こうして地元の大企業に入社することになった。1963年の春であった。

私生活では学生時代から付き合っていた同級生の美代とこの1年後に結婚する。

「美代ちゃんはダンス部にいて皆のマドンナでしたよ」と坂田は語っている。

東洋工業サッカー部

日本サッカーリーグ（JSL）が1965年からスタートする。

それは同時に、東洋工業の黄金時代の幕開けでもあった。第1回のJSLリーグ戦を12勝2分という成績で圧倒し初代王者になると、以降の5年間で4回優勝、天皇杯も3回頂点に立った。今西は小沢と共に最終ラインを形成し、文字どおり身体を張った。ヤンマーとの一戦ともなれば不世出のストライカー釜本邦茂《かまもとくにしげ》にタックルを見舞っていく。「釜本には今西を付けろ」というのが合言葉になった。

ストッパーとしてのその勇気ある仕事ぶりが評価されて、1966年にはついに日本代表に選出されてアジア大会に出場した。開催地のバンコクから羽田空港に到着すると、教育大の同期であった坂田が花束を持って駆けつけてきてくれていた。坂田は言った。

「俺は自分のわがままを通した。いまだに申し訳ないと思っている。でもお前がその目標どおりに日本代表になってくれて本当に嬉しい」

サッカーを辞めて就職試験に備える、と言われた大学4年時には小さな確執があった。しかし、それも氷解するほどに感動した。

坂田はこの後、日テレ運動部でトヨタカップや高校選手権などを中継し、サッカー界のために大きな尽力を果たしていく。（あいつはあいつなりのやり方でサッカーを愛しておったんやな）と今では思う。

東洋工業サッカー部は常勝チームとして君臨していた。それでいながら選手たちは社内で特別に扱われることなく、17時15分の終業時間までしっかりと働き、専用グラウンドもない環境ゆえに広大附属高校のグラウンドに移動して練習していた。東京遠征ともなれば金曜22時発の夜行列車「あさかぜ」を使い、社業を終えてから出発していた。日曜日の試合が終われば、同じく夜行に乗って、月曜日の始業時間前には会社に着いていた。部員のその姿勢は模範とされ、社長の松田恒次《つねじ》は天皇杯優勝の年の新年あいさつに「社員一同も、サッカー部のように奮闘してもらいたい」とスピーチするほどであった。

東洋工業はやがて北米マツダ副社長、そして本社の取締役総務部長になっていく小沢に体現されるように、「仕事もスポーツも一流にこなせ」というのが風土であった。木下という広島県立一中から東大へ進んだ人事部長がサッカー部の部長を兼ねており、会社の人材としても成長して欲しいという空気が自然に醸成されていた。

今西はそんなチームでレギュラーとして試合を重ねていくのだが、徐々に持病の腰痛がひどくなっているのを感じてきた。高校時代に腰を故障した際、完治する前に先輩に出場を請われて無理をしたために、ずっと尾を引いていたのである。ただでさえハードなプレーを繰り返していたので治癒は遅れた。

スポーツの現場においてメディカルケアの知識も脆弱《ぜいじゃく》だった頃である。初めてレントゲンを撮ったのが、大学4年生のときであった。だましながらプレーを継続するも1967年にはついに腰椎《ようつい》分離症が再発し、目標としていた翌年のメキシコ五輪出場を断念した。それからも痛みと闘いながらプレーは続けたが、ケガが重なり1969年についに現役を引退した。

7500人のマンモス寮

心残りながら、サッカーを離れ社業一本でいくことになった。引退後は福祉課に異動となった。今西がそこで会社から与えられた職務がその後の生き様に大きな影響を与えることになる。28歳で携わった仕事。それは独身男性社員が暮らすマンモス寮の運営管理であった。つまり「寮長」である。

ひとくちに寮長と言っても、通常イメージするものとはケタが違う。現在とは異なる高度経済成長期であり、地方から「金の卵」と呼ばれた中卒、高卒の若者たちが頼もしき労働力として、大手企業の工場に次々に参集してきた時代である。膨張していく東洋工業もまた中国地方5県ないしは九州から、工業高校と技能養成校の二つの系統で10代の若い労働力を集めていた。

問題はこの若者たちの教育であった。府中、淵崎、宇品、小磯、大原……、東洋工業のマンモス寮は全部で9つあり、約7500人が居住していた。それはもはやひとつの町であった。これだけ多くの若者が住めば寮の近辺に迷惑をかける者も出てくる。いかに地元住民の人たちと融和していくかに苦慮した。寮主催の盆踊りや運動会を企画して、周辺住民の人にも寮生と共に楽しんでもらうことを始めた。地元に東洋工業の寮があって良かったと思ってもらえることを目指した。Jリーグでいう地域密着である。

一方ではその寮の住人をまとめなくてはならない。それぞれの部屋は4人が暮らし、2段ベッドの奥に4畳半という間取りである。皆、血気盛んな10代、20代。ケンカ、事故、人間関係のトラブル、自殺、様々なことがあった。

今西の仕事は就業時間を終えて社員が帰寮する午後6時から始まる。当初はまだサッカーに未練があった。(現役なら今から練習なんじゃがのう)。それでもすぐにそんなことを考える間もないほどに忙殺されていく。何しろ入寮者の数が多くてとても手が回らないのである。サッカーに出逢うまではケロイドのコンプレックスから人前で目立つことが大嫌いだった男は、四六時中、人前で話す必要に迫られた。奔走しながら考えた。

（職場だけじゃのうて、寮でも教育せにゃあいけん。社員として中軸になってもらうにはリーダー教育もいる。将来を考えると、自分たちで管理させた方がええ）

最初にやったことは、まず管理色を薄めることだった。工場で働く若者たちを、生産効率を上げるための単なる労働力として見るのではなく、血の通った人間として扱った。当時の寮の管理人は自衛隊のOBが多く、軍隊方式のトップダウンで「言うことをきかせる」というやり方が主流であった。しかし、それではもはや若い人材を育てられないと感じた今西は、寮生の間でリーダーを選出させて、自主管理をさせる方法、「寮兄制度」を考え出し、その重要性を説いた。寮の主役はあくまでも暮らす若者たちであるという、自治を重んじるこの運営の仕方には反発する管理人もいたが、やがて好評を博し、スムーズに回っていくようになった。

先述したように7500人もいれば、ほぼ毎日何かしら事件は起きる。あるときは寮から脱走する者が出た。あるときは部屋で冷たくなっている者が発見された。成人を目前に控えて自殺した社員の両親に連絡をするときは本当に辛かった。なぜ、見ず知らずの親御さんに若い自分が会社を代表して会わなくてはならないのかと考えた。それでも『お世話になりました』と深々と頭を下げられた遺族の姿を見て、その考えを改めた。預けた息子を亡くされた方が敬意を払ってくれる姿に触れ、寮生を世話する者として全力を尽くすことを決意した。寮内で宴会やバレーボール大会を催して盛り上げ、奥手の男子のためにときには近所の女子専門学校へ合同ハイキングの申し込みにも行った。同僚と「わしらまるでポン引きじゃのう」と苦笑し合った。

盆や正月ともなれば、寮生は皆、帰省して行く。しかし、それもできない事情のある者たちがいる。その者たちのためにも率先してキャンプなどのレクリエーションを企画し、誰ひとりとして疎外しないように盛り上げていった。現役引退と同時に水泳を始め、シュノーケリングにはまっていた今西は、よく海にも寮生を連れて行って一緒に潜った。

ある夏のことだった。今西は例によって、お盆に帰れない寮生のために瀬戸内海の阿多田島《あたた》で3泊4日のキャンプを催した。マンモス寮である。それでも200人ほどが参加していた。中に畑山敏三という長崎の五島列島から就職してきた問題児がいた。今西の狙いは、寮生たちが共にテントを組み立てたり、飯盒《はんごう》でメシを炊いたりして互いにコミュニケーションを図りながら協調性を高めることにあった。しかし、畑山は島に着いても一向に何もしようとしない。黒いシャツに黒いズボン、腹巻に雪駄《せった》という出《い》で立ちで、ふてくされたようにただひとりでキャンプ場をうろつき、誰とも交わろうとしなかった。「おい、自分も何か仕事をせんか」「うるさか、てめえはいらんこと言うな」。叱っても一向に態度を改めようとしなかった。

夜になった。キャンプファイヤーで交流を深める時間になっても輪に加わらず、ただビールを飲んでいるだけであった。瓶の底を叩いていつまでも飲酒をやめようとしない。今西が何度目かの注意を施すと、逆ギレした。

「何や、お前は！　がらがでかい思うて生意気など、わしゃあ、ちっこうても負きゃあへんど」

摑《つか》みかかってきた。ここで殴り合いをしてしまってはすべてが台なしになる。「それなら、相撲をとろう」。今西はルールのある競技に持ち込んだ。土俵を地面に描いて、向かい合った。30歳になってはいたが、元日本代表である。強靭《きょうじん》な足腰から繰り出される投げを打たれて畑山は何度も転がされた。10番はとったところでついに「参った」と言った。

翌日から今西に対する呼び方が「あんた」になった。3日目、今西は諭した。打ち解けてから聞けば、畑山はぽつりぽつりと語りだした。母ひとり、子ひとりの母子家庭であった。田舎《いなか》から出て来たことで舐《な》められるのが嫌でケンカを続けてきたが、根は素直な男であった。2人で話しているところへ人が来るたびに、畑山は自分がいかに水商売の女性にモテるかに話題を変えていった。今西は畑山の輪郭がぼんやりと分かった気がした。良い夜だった。

翌朝、朝食を摂《と》り、全員にキャンプ場からの撤収を命じると、畑山は誰よりも率先して物資を運んでいる。話しかけると、呼び方も「今西さん」に変わった。

盆が明けて会社は通常業務に戻った。それでも畑山の粗暴な性格はなかなか改まらず、ケンカばかりしているので退寮させるという話が浮上してきた。決定的であったのは、畑山は刃物を持っているということだった。

今西は反対した。「そんなはずはないですよ。ちょっと待ってつかあさい」。本人を呼んだ。「お前、ナイフを持って暴れようとしよるいうんは本当か」「いや、ナイフじゃないです。これです」。アルミの先を尖《とが》らせた金串のようなものであった。「粋がって持っとりましたが、もういりません」「ほうか、こんなもんがなくてもお前は生きていけるようになったな」。ほっとして管理人に金串を見せて報告した。「刃物なんか持っていません。協調性はまだないですけど、あれは凄く純粋なやつですけん。心配はいらんです」。管理人はじっと話を聞いていたが、預からせて欲しいと言う。断ったが、金庫に入れておくと言って金串を持って行ってしまった。

その翌日の夜10時半頃、自宅にいる今西に畑山が電話で怒鳴りつけてきた。

「お前はわしを裏切った」

管理人は今西の言葉を忠実に伝えずに、その「武器」だけを職場の上司に検分させてしまったのである。今西は猛烈に後悔したが、後の祭りであった。畑山は今西を罵倒し続けた。

「会社にゃあ、もういらんと言われた。俺は島から出て来た。ひとり残した母親にだけは悲しい思いをさせとうなかった。お前を俺はただひとり信頼したのに、わしを裏切った。指を詰めて落とし前をつけろ」

畑山はその後、事務所のガラスを割り、指導員に殴りかかったのでそのまま警察に連行された。拘留後、今西はさすがに指は詰めなかったが、頭を丸めて謝った。

「すまん、お前を信じるように伝えようとしたんじゃが、やっぱり俺の不注意やった」

それでも畑山は決して許そうとはせず、寮を去る日に見送りに来た今西の謝罪の言葉にも耳を貸そうとしなかった。「もう広島には来《こ》んど」「来んいうても、わしゃあ待っとるで」

ところが1年後、畑山から手紙が来た。免許の書き換えに広島に行くので会いたいという。都合をつけて再会を果たすと、今は遠洋漁業のマグロ漁船に乗っているという。「お前はまだようけ酒を飲んじょるんか」「いや、遠洋漁業は何ヶ月も船に乗るんで中で酒飲んで暴れたら海に放り込まれる。やけん、わしゃあもう酒は飲まんです」。

ここで畑山は素直な顔になった。

「今西さんを恨んで帰ったけど、いろいろと島で親や友達に話したら、その人はお前を信用してまともな人間にしようとしてくれたんやと言われて、今ではわしもそう思う。申し訳なかったです」

免許の更新は建前で、詫《わ》びに来てくれたのである。以降はお互い下手《へた》くそな文字で年賀状を毎年交わす仲になった。畑山はやがて漁で稼いだカネを貯めて自分でトラックを買い、請負の運送業者として独立した。そして自身の結婚式に今西を来賓として呼ぼうとした。残念ながら日程が合わず、出席はできなかった。しかし、さらに後日談がある。

世代が替わり、成人した畑山の娘の婚礼の際には、伝え聞く父の恩人ということで、新婦の意思により改めて今西が招待されたのだ。これには出席をした。それは、知らされていなかった畑山を驚かすサプライズの宴となった。

寮生の数だけ人生がある

寮での教育については、時には自治のリーダーに指名した連中の悩みを聞いてやる機会も必要だった。予算が使える身分ならば居酒屋で一杯飲みながら肝胆相照らすことも可能だが、まだ三十路そこそこの若手社員にはそんなカネはない。今西は自分の家に呼んで酒を振る舞った。気を遣って家族が就寝した頃に若い連中を連れて帰り、ゴソゴソと冷蔵庫を開けて酒のつまみを料理していると、2階から妻の美代が下りてきた。「何をしてるの?」わけを話すと、「この台所は私の城だから、貴方《あなた》は余計なことをしないで、お客さんなら私が料理する」と包丁を振るってくれた。

以降、多くの寮生を自宅に招いて宴会を催した。居心地が良いので、彼らはそのうち家の主がいなくても平日休日問わずにやってくるようになった。当時は両親とも同居しており、現役を引退した頃には子どもも3人生まれていた。そんな家に若い男たちが多いときには20人もどやどやと押しかけてきては酒宴を開くのである。美代の苦労は並々ならぬものがあった。

今西は普段は無口であるが、元来、人をもてなすのが大好きな性格である。自分で釣ってきた魚をさばき、それを「美味《うま》いですね」と言って食べてもらえるのを見るのが至上の喜びであった。酔っ払ってそこかしこで雑魚《ざこ》寝する者も出てくるが、最後はいつも寮生が円になって肩を組み「今西主任よ、ありがとう～」と大合唱してお開きにするという流れになった。

(寮生の数だけ、人生があるし未来がある。それを考えて伸ばしてやらにゃあいけん)

失敗も犯しながら、どうしたら人は育つのか、動いてくれるのかを、今西はこのマンモス寮の仕事から学んでいった。一方で寮生に助けられたこともあった。ある日、自分で釣った魚に毒があったのか、さばいて食べたら生死をさまようほどの重篤な状態になってしまった。美代も病院に泊まりこんで看病していたが、快方に向かわず、急遽《きゅうきょ》、大量の血液が必要ということになった。それを聞きつけた寮生たちが、「今西さんが危ないそうじゃ、血が足らんのじゃ」と寮内で触れ回り、多くの人間が病院に駆けつけてくれた。これで一命を取り留めた。

すでに大商大の監督として大学サッカー界で旋風を巻き起こしていた上田はこの時期、広島を訪ね、今西の馴染《なじ》みの海鮮居酒屋「うみ」で共に杯を傾けた。「うみ」は漁師の店主が自ら獲《と》ってきた魚を食べさせてくれる店で、魚に目がない今西は、週に3日と空けず通っていた。そこで上田は、店の店主や従業員、居合わせた寮生が今西に対して見せる表情や態度に接し、かつて同じ下宿に住ませた後輩がいかにこの町で慕われているかを実感している。

30歳にして、7500人の兄貴として寮生を育て、ひとつにまとめていくという経験が、後の「今西一家」と呼ばれるサンフレッチェの組織作りの土台になっていった。最初は手探りであったが、8年間務めあげる中でついには寮での教育を軌道に乗せた。これは社内において大きな評価を得た。

福祉課の次は地元のカーディーラーである広島マツダに出向となった。営業マンとしての赴任である。ここでは舟入高校の人脈を活《い》かして車を売りまくった。１９７７年には年間で１２５台を販売し、トップセールスを記録する。従来の面倒見の良さにより、顧客からは「今西さんから買うとアフターサービスもしっかりしてくれるけん、紹介しとうなるんじゃ」と言われた。

営業の現場で4年間疾走した後、81年に東洋工業に帰任する。厚生課長、健保組合・厚生年金事務局長と、同期の中でも異例のスピードで出世していった。周囲も今西本人も、サッカーから離れてこのまま社業に専念していくものと考えていた。

ところが、古巣を取り巻く状況が放っておいてくれなかった。かつて日本リーグ不滅の4連覇を誇った名門サッカー部が、この時期、三菱、日立、古河の丸の内御三家に加え、台頭著しい日産、読売クラブの新興チームにも押されて低迷していたのである。「この苦境の立て直しを託せるのは、今西しかいない」と復帰を促したのは、取締役総務部長になっていた小沢通宏であった。進学、就職と、今西の人生に大きく関わってきた小沢も、また会社からサッカー部再建のために部長を要請されていたのである。小沢は社員の自治を尊重するような形で７５００人もの寮生を統率した今西の手腕を買っており、片腕として欲した。理由をとうとうと語った。

「他の会社では、大きな寮の中でバクチをしたり未成年が飲酒をしていたと聞いていましたが、今西はそういうことを絶対に許さずに、なおかつ円滑に運営した。我々にはこの若い人たちの人間教育が重要で、とにかくしっかりと寮で育てようというのが社是《しゃぜ》としてありました。社長の松田恒次さん、耕平さんは、『社員をふるいにかけて優れた人だけを伸ばすというのではなく、全員をしっかり伸ばすんだ』ということを言っていましたからね。そういう場所に、今西が柱として会社から据えられたわけです。お前が考えてまとめろと。これはものすごく大変な仕事だったわけです。東洋工業は技能養成校という学校を抱えていて、ここは工業高校のように文部省（当時）管轄ではなく、労働省管轄なんですね。他校との交流や校内の文化祭とかがなくて、社会への窓が開かれていない。だから情操教育として、寮でサッカーをしたり、音楽を聞かせたり、英会話を学ばせたりして、いろいろな経験を積ませました。難しい10代の若者ですよ。それらも含めて見事にやった。それでサッカー部に再び引っ張り込んだわけです」

82年のことであった。「わしも小沢さんにサッカーで拾ってもらった人間じゃけえ、そこまで言われんなら、恩返しせにゃあいけんのう」。今西は副部長という肩書で13年ぶりにサッカー部に戻ってきた。

ハンス・オフトとの出逢い

1981年に新日鉄も2部に落ちて日本リーグの勢力図自体が変わってきた。今西は他のチームの戦力分析を行なった。ホンダが宮本征勝《まさかつ》を監督に据えて、さらにはブラジル人選手を補強した。選手のレベルを比較して、これはヤバイと思った。どうして日産が強くなったのか？　これからは、もう会社もサッカーを中心に仕事をする選手を認めてもいいんじゃないか。そう思って会社に進言したが「従来どおりマツダは文武両道でいくんだ」と聞き入れてもらえなかった。

この時期は日本リーグに所属する各社がサッカー部の強化に本格的に取り組みだしたが、一方でマツダは広島という地方のハンディを克服できずにいた。またオイルショック以降の経営状態も思わしくなく、会社はサッカー選手を本社採用ではなく健康保険組合の職員として採っていた。

この話が広まって強豪校からは「東洋工業はサッカーに協力的ではない」との見解を持たれてしまっていた。今西は教育大のネットワークを使って「そうではない。うちは本気で強化します」とアピールをしたが、状況は厳しかった。明治大学の木村和司が広島出身ながら神奈川の日産自動車に進んだように、即戦力となる大卒の選手が皆、関東のチームに入団してしまうのである。選手の境遇もアマチュアからセミプロに移行する時期であったので、社業もしっかり責任を持って担うという社風が逆に敬遠されたりした。チームは強化ができず、1983年、東洋工業は、マツダと社名変更をする前年に、ついに日本リーグの2部に降格してしまった。

会社は今西に再建を依頼し、監督の就任を要請してきた。「いや、勘弁して下さいよ」との言葉が思わず口から出た。すでにサッカー界から離れて15年が経過している。副部長で戻る前は、たまに居酒屋「うみ」の常連仲間とマツダの応援に行くことがあったが、そんなときもスタンドから見ているだけであった。このときは自分から監督をやりたいと手を挙げるOBもいた。しかし、今西への評価は余人をもって代えがたく、名門再建にはこの切り札しかないということで会社側も諦めなかった。ついに現場に戻る決意をした。

当時、長女の祐子は高校生になっていた。今西の後を追うように舟入高校に入学しており、サッカー部の同級生から父がマツダの監督に就任するらしいということを聞かされた。父はサッカー界でそんなに有名なのか、と改めて思った。幼い頃の父に対する思い出は、平凡でシンプルなものだった。一緒に出かけた記憶と言えばサッカー場と海と川だけであった。外食する日があっても手作りの弁当とかアウトドアーの飯《はん》盒炊爨《ごうすいさん》で、たまに店に行っても、「うみ」のように海の幸が売りのところばかりで、子ども向けの料理が出るような店ではなかったのであまり楽しくはなかった。家は宴会好きの父を慕って平日も休日も問わず若い社員が勝手に出入りするので、まるで合宿所のようだった。日曜日の朝に階下に下りると、至るところで二日酔いの大人が雑魚寝しているのである。

いつも忙しかったために、運動会や授業参観など学校行事に来てもらったことはほとんどなかったが、小学校高学年のときに一度だけ女子のフットベースボールの大会に来てくれたことがあった。そのときは祐子のチームが攻撃のとき、たまたま通りがかったおじさんを装って、小声で「おねえちゃん、3塁方向に蹴れ」とかチームメイトたちに指示を出してくれた。そしてそれが適切でズバズバ当たるので妙に感心したことがある。

(どの子のキックが良くてどこが守備が弱いとかサッカーの代表選手だったから分かるのかな)

広島市内の学校に通っていると、父兄がマツダに勤めているという子どもがクラスに数名は必ずいる。特に今西は社内でも有名人であったから、皆が知っていた。サッカー部の監督に就任するとなったときに、祐子はそのような友人たちからよく「うちのお父さんが言うとったよ、祐子ちゃんのところのパパは、サッカー部に戻らんかったら、将来マツダの社長になるかもしれん人じゃったのにって」と言われた。その父が祐子に訊《き》いてきた。

「中学校の教科書はまだ持っとるか？」

　サッカー部復帰を決めた今西がまず最初にやったことは、祐子に中学時代の英語のテキストを借りて英語の勉強を始めることであった。当面の肩書はマツダサッカー部監督であったが、ブランクもあり、自分にはもう現代のサッカーを指導することはできないと気づいていた。監督を引き受けた際に会社にはこう話していた。

「自分が今から現場を指導するのは無理です。このチームを救えるのは、外国人指導者、それも選手の技術の高い南米型じゃのうて、組織を重視するヨーロッパの人材です」

　今西は自らは総監督の立場を取りながら、実質的な指揮官はコーチに据える外国人指導者に任せようと考えていた。「その人材はいるのか？」プロ化する前の日本リーグのチームで、しかも2部リーグに降格したばかりである。当然ながら予算はない。

　今西にはひとつ腹案があった。

　ヤマハ発動機でコーチをしていたあのオランダ人なら、可能性があるのではないか。82年に2ヶ月だけ、2部のヤマハを指導したその人物は短期間で劇的にチームを変えていた。1部に昇格させた上、天皇杯で優勝させたのである。13年間、現場から離れていたとはいえ、日本サッカーそのものはウォッチし続けていた。そんな今西が初めて見るモダンなスタイルをヤマハは構築していた。ハンス・オフトという名前を会社にあげた。

元々、今西はオフトの存在を早い段階から摑んでいた。教育大の1年先輩で清水東高校の監督をしていた勝沢要《かつざわかなめ》から、高校選抜を率いてヨーロッパ遠征をした際にオランダ・ユースの優秀な指導者に世話になったという話を聞いていた。それがオフトであった。北米マツダの副社長を務めて海外経験の豊富な小沢も、すぐに賛成してくれた。

「うちがこれからいい選手をたくさん取ることはできない。それなら外国人のいい監督に賭けて、組織で勝っていこう」

そのためには語学が不可欠である。40歳を超えてから娘の中学時代の英語教科書をひもとき、そしてマツダが会社で行なっている英会話教室にも通いだした。講師に教わるにあたっては、一計を案じた。教室で授業を受けるだけではどうしても、ひとりあたりのレッスンの時間が限られてしまう。そこで、自発的に講師の自宅送迎を買って出たのである。少なくとも車内ではマンツーマンで独占できる。この機会を利用して突貫工事のように英会話を上達させていった。

今西は1984年の1月にベルギーに飛び、マツダのブリュッセル支社でオフトと向き合った。オフトが暮らすオランダのザイストからは、車で1時間半の距離であっ

ハンス・オフトと談笑する今西。早くからその力量に注目していた。

た。4月の開幕に間に合わせるためには、もう決めてしまわなくてはならない。条件も預かってきた。

オフトとは虚心坦懐に話し合った。

――私は日本リーグでプレーしてきたが、選手、指導者としては大きな仕事をしてこられなかった、だから、あなたの力が必要と考えてオランダに来た。ヤマハでいくらのペイをもらっていたのかは知らない。今それに対して、駆け引きではなくマツダが出せる金額はこれがマックスである。

オフトもまたギラギラした目で、自らの出自から情熱的に語った。

――自分の父親はアフリカ系で移民としてオランダに来た。なぜならば、オランダがヨーロッパでは比較的差別が少ないからだ。自分は差別も含めていろいろなものと闘いながら生きてきた。チャレンジはしたい。ヤマハで見た限り、日本のサッカーにはディシプリン（規律）が、まだまだ足りないと思うのだ。

腹を割った話し合いは実を結び、1000万円の年俸でマツダの指揮官として来日することが決まった。破格の安さである。

今西はまた、併行して医療システムの改革に乗り出した。当時のマツダにはチームドクターがいなかった。スポーツ医療の重要性を感じていた今西はそこでマツダ病院を訪ね、サッカーを心から愛する若い整形外科医にその職務を依頼した。後に川崎フロンターレに所属した我那覇《がなは》和樹選手が巻き込まれたドーピング冤罪《えんざい》事件に対して、徹底的に闘って無罪を勝ち取ることに尽力した寛田司《かんだつかさ》医師であった。

来日したハンス・オフトに対して今西が提案したのは、役割分担の明確な線引きであった。

「実質的に、あなたにはプロの監督として現場を任せる。しかし、チームのグランドデザインは私の担当なので、選手採用の権限については、私も権利がある。ピッチの中のことに関してはすべて任す。一方で監督の評価も含めた強化、育成、編成人事、広報については私が行なう」

互いに尊重し合って越権行為はしない。それはまた、ドラスティックにチームを変えようとしたオフト自身の要望とも合致した。

ヤマハでは2ヶ月だけの短期コーチであったオフトが、初めてシーズン前のキャンプから日本のチームを見てもらした感想は「選手が人間としてまだ自立していない」というものであった。ヨーロッパから来たプロの指揮官の目には、マツダの選手は終身雇用の会社に入って漫然とサッカーをしているように映った。「なぜ、自分はサッカーをするのか、自分の人生においてそれはどのように意味を持つのか。それを突き詰めて考えているようには思えない」。そして今西にこう求めてきた。

「選手がコミュニケーションを取れないのか、取ろうとしていないのか。外国語ができないのは仕方がないが、私から積極的に何かを吸収しようとしなければ意味がない。そこがもの足りない。グラウンドの外の仕事として、普段の生活から彼らが自立したコミュニケーションを取れるように教育して欲しい」

今西の選手に対する具体的なコミュニケーション教育は、ここから始まったと言ってもよい。試合ごとにレポートを書いて提出すること、人前でスピーチをすること、さらにはマツダの監督はオフト以降も外国人と決めていたので、英会話を学ぶことも求めた。

成果は上がり、サッカーの質もそれに伴って変わっていった。1985年にJSL1部に早々に復帰、天皇杯もベスト4に進出した。マツダは先述したように、それまでの社風として「スポーツ選手は文武両道を目指す者として社業もこなすべきである」という空気が残っていた。だが、オフトはプロフェッショナルの監督としてこういうことを言った。「サッカーしかしないのは不勉強と言われるかもしれない。しかし、サッカーを死にもの狂いで追求することで学べることもたくさんある。しかも、それは自分だけではなく、チームメイトと共に学ぶことができる」

1986年には1部で7位と健闘、1987年には天皇杯で準優勝する。最後はケガ人に泣いて2部に落ちたが、オフトは確実にマツダを変えた。先述したように契約満了の形でオランダに帰る際、オフトは「このチームの中に将来、名監督になれる人物が3人いる」と言って、日本を離れた。予言は当たる。可能性のある人物は皆、後に指導者として事を成し遂げる。サンフレッチェでJリーグ3度の優勝をもたらす森保一、現在バイエルン・ツネイシで監督を務める前川和也、ヘッドコーチとして森保を支える横内昭展の3人であった。

オフトはオランダに戻ってユトレヒトのGMになり、日本との縁は切れたかと思われた。しかし、日本サッカー界は放っておかなかった。

91年、日本サッカー協会の藤田一郎強化副委員長から、会社にいる今西のもとへ電話がかかってきた。当時、協会は新しい代表監督を探していた。やはり誰もが日本人監督の限界を感じていたのだ。「オフトはどないや」と京都出身の藤田はずばりと聞いてきた。「オフトは、これはもう日本代表の監督をさせるには最適の器ですよ」。今西は率直な評価を伝えた。「たまたまマツダではタレントがいなくて勝てなかったですが、本当にもう目から鱗《うろこ》が落ちる指導者でしたよ」「そうか」と藤田は電話を切った。しばらくして練習場に向かいトレーニングを見ていると、グラウンドの事務所から呼び出しがかかった。国際電話が入っているということで受話器を握るとオフトだった。

「実は自分のところに日本代表監督のオファーがあった。どうしたらいいか」。少なからず戸惑いがあるようだった。「自分はどうしたいんだ？　それが大事だろう。ただ日本サッカー協会は、予算的に限界があるぞ」

マツダ時代はオフトに税抜きで年俸を1000万円払っていた。日本代表監督でも当時の協会の予算規模では、1500万か2000万だと思われた。「分かった」と言った上でオフトは再び訊《たず》ねてきた。「家とか車はどうなのだ？」「家は協会の方で準備をしてもらったらいい。家族を連れて来るだろう？　車も買わずにスポンサーから借りたらいい。ただ、日本の監督をやりたかったら、お金にはあまりこだわらない方がいい」

こうしてオフトの日本代表監督就任が決まった。プロ化が成されてJリーグが開幕したタイミングとも重なり、オフトの代表はいきなりダイナスティカップの優勝を飾り、やがてアメリカW杯アジア最終予選を勝ち進んでいく。「スモールフィールド」「アイコンタクト」「トライアングル」。これらの世界標準のキーワードは、オフトによって持ち込まれた。

アジア地区予選を勝ち進み、1993年10月28日対イラク戦、ついにはラスト1プレーをしのげば、W杯出場という局面にまで導いた。当時のアジア出場枠がたった二つしかなかったことを考えればオフトの指導で日本代表は凄《すさ》まじい進歩を遂げたことになる。

しかし、最後のセットプレーで失点し夢は潰《つい》えた。いわゆる「ドーハの悲劇」である。この試合を振り返ったオフトは今西にこんな言葉を投げかけている。

「あの試合、リードして迎えたハーフタイムで選手たちは興奮しまくっていた。何しろあと45分をこのままで逃げ切れば、初のW杯出場が決まるので無理もないが、明らかに冷静さを欠いていた。私は何度も落ち着けと怒鳴った。しかし、言葉の問題があって彼らをクールにして指示を飛ばすことができなかった。最後の失点はそれも影響したと思う。そばに日本人でしっかりと代弁してくれる人材がいればよかったのだ。そう、だからあのときのロッカールームにイマニシ、お前がいてくれたら、結果は変わっていたのではないかと考えている」

第2章

Jリーグ、サンフレッチェ、今西門徒

Jリーグ開幕2年目で優勝を掴んだサンフレッチェ。

© 写真提供／今西祐子

Jリーグ参入

日体大の野球部出身で紆余曲折《うよきょくせつ》の末、スポーツニッポン広島支局の記者になった田辺一洋が初めて今西に会ったのは、1990年の冬であった。スポニチの地方版で「企業スポーツ紹介」という記事を担当することになり、府中町にあるマツダの体育館へ出向いて話を聞いたのである。

「なぜかね、そのときのことをよう覚えとるんですよ。今西さんが古い体育館の中にひとりでぽつんといたんです。寒いけえ、余計に取材に集中したんでしょうね。プロ化の話になって夢を語られたんですが、話を聞いていく中で、ああ、この人は他の人とちょっと違うなあと思うたんです。何か最初から引き込まれるもんがあったんですね」

企業スポーツと言えば、広島には他にもハンドボールの強豪である湧永《わくなが》製薬や専売広島時代に世界一のセッター猫田《ねこた》勝敏を擁したバレーボールの日本たばこ（JT）などがあり、田辺はシリーズ連載で他にもいろいろな指導者に会っていたが、今西の話は特に奥行きが深かった。すでにJリーグ構想が持ち上がっており、当然マツダも参入することが前提でインタビューはなされていた。田辺はそこで今西から聞いた「プロサッカークラブは地域にどうあるべきか」という知見溢《あふ》れる言葉に惹《ひ》かれて心酔していった。

「勝ち負け以上に広島に住む人らのためにあるべきや、と言うとられました。それが新鮮でね。野球のカープもありましたけど、サッカーはこんな人が、地元のことを考えておられるんやと感銘を受けました」

Jリーグのオリジナル10として、名門マツダは名乗りを上げてプロ化に進んでいくと思われた。ところが、事態は急転する。田辺が今西に会ってからほぼ1年後の1991年12月。東京で開かれたプロ化準備委員会の席上で、針のムシロに座っている今西がいた。マツダがJリーグへの参入をしないという報告を告げたのである。川淵三郎（初代チェアマン）は激怒した。一度手を挙げておいてその対応は常識的におかしいとの叱責を受ける。今西はただ、黙って堪《た》えるしかなかった。箝口令《かんこうれい》がしかれていたのである。プロサッカークラブに乗り出す余裕はないというマツダの経営側の判断だった。当時の経営者の急な変節を地元広島で見ていた野村尊敬《そんきょう》（当時日本サッカー協会理事）はこう語る。

「スタートするときにやると言うとったマツダの常務が『いやあ、実はやらんようになりました』と変わってきたんじゃ。わしは、静岡や埼玉と一緒にサッカー御三家と言われとった広島のマツダがプロにならにゃあいけんと思うとったからね。90年じゃったかのう。理事会の席で長沼さんから『おい、野村、どうやらマツダは断ってきたで』と聞かされて、えって思ってのう。断る理由なんかなかろう思うて。広島に帰って今西さんにどうなったんって聞いたんよ。そしたら『会社の方針でアマチュアでいくことになった』と。『それなら先にわしに言わにゃあ』と伝えての」

今西は傷心していたが、ここから野村が巻き返しに走った。学生時代（1963年）に早稲田を25年ぶりの天皇杯優勝に導き、長じては理事会で「日本協会の会長選も任命制ではなくＦＩＦＡ（国際サッカー連盟）やＡＦＣ（アジアサッカー連盟）のように公正な立候補制にすべきだ」と川淵会長に平然と食ってかかる男は、ネゴシエーターとしても優秀であった。

「わしゃあ県の体育協会の専務理事もしよったけん、まず体協の会長の多田（公熙《こうき》）さんに報告したんよ。『こう言うとるんですよ』『そらいけんわ。ちょっとマツダに話しようや』言うてね。これは行政も経済界も交えて落とさんといけん。多田さんは中国電力の社長じゃけえ、わしがネジ巻いてのう。『あんた偉い人とも親しいじゃろ。話してきんさい』と。そこから知事、商工会議所の会頭にも声かけて、最終的には県、市、会議所、体育協会の四つでねじ込んだんよ」

野村のロビー活動は、3期目を迎えていた竹下虎之助知事、大蔵省ＯＢで全国地方銀行協会会長でもあった橋口収《おさむ》会頭をも巻き込んで進んでいった。マツダの内部は財務系と営業系の二つの派閥で割れており、前者がJリーグからの撤退を主張していた。野村の情報発信によってマスコミも動いた。スポニチ田辺の記憶によれば、このときのメディアは直接行動も起こしている。

「中国新聞に早川さんというベテランの記者がいらっしゃって、その人がガンガンいろんなところに電話をかけてまして、僕のところにも来たんです。『わしは今からマツダに乗り込んで、こりゃどういうことなんか詰めてくるけえ、田辺君、君も一緒に行こう』って。要は『何でJリーグ入りをやめよんならあ』ちゅうことをギャーギャー言うてから、それを僕ら若い記者が取材して記事にしたんですわ。メディアの中には危機感を持ってそれがどんだけ大事いうことを分かっとった人がおったんです。逆に今西さんはマツダん中の立場から、あんまり動けんかったんで、矢面に立たされて気の毒でしたね」

マスコミが書いたことで市民も立ち上がり、署名運動が巻き起こった。最後はメインバンクである住友銀行も後押しを決めて、再度マツダはJリーグ参入の声を上げることになった。

1992年1月。再び東京の準備室で今西は、釘《くぎ》を刺された。「磐田《いわた》（ヤマハ）や柏《かしわ》（日立）も参加できなかった。そんな中で、決めるのだ。知事や地元財界がやれと言ったからやる、という安直な気持ちでは困る」。この瞬間、今西の決意は不動のものとなった。

(こんな経緯があったから、何があってもサンフレッチェは絶対に潰せん。予算はのうても育成と経営基盤をしっかりさせて地域貢献を進めていく)

プロ化する際にはスタッフ一同、マツダを退社し、退路を断って事にあたった。ここから今西のリクルーティング、スカウティング、コーチングがフルに稼動する。そしてその懐から数々の人材が雲霞《うんか》のごとく育っていった。

1993年Jリーグが華々しく開幕した。1stステージは鹿島アントラーズ、2ndステージはヴェルディ川崎が制した。前年よりイギリス人のスチュワート・バクスターを監督に据えたサンフレッチェ広島はそれぞれ6位、5位、年間総合順位では18勝18敗の5位であった。今西は、序盤は鹿島と首位争いをしながらも直接対決に敗れてから5連敗を喫した1stステージの戦い方を冷静に分析。それを踏まえて夏前からチームに帯同しながらも将来を見据えて精力的に強化、育成の準備に動いた。月ごとに検証すると以下のようになる(この年のJリーグは1週間に2試合が行なわれており、その合間を縫ってという激務であった)。

7月、高校生を対象にした入団セレクションを行ない、8件の採用活動を捌《さば》く。

8月、SBSカップ国際ユースサッカー大会、総理大臣杯を視察しリクルート活動

5件、2人を採用。

9月、U-17世界選手権視察、韓国サッカー界とのパイプを活《い》かしてのソウル視察、サンフレッチェユースチームセレクション。

10月、所属選手との契約更改、ヨーロッパ出張。

11月、入団者プレス発表。別府キャンプ。

12月、ヨーロッパ出張、天皇杯視察、リクルート活動4件。

1994年1月、出雲サッカースクール視察、リクルート活動5件。

2月、九州新人大会視察。

補強するにもリネカーやジーコのような高額の外国人選手は取れない。その分、東洋工業時代から培ってきた国外人脈を活かしてイングランド、アルゼンチンをはじめ8ヶ国に嘱託のスカウトマンを配置した。まず今西がファックスで指示を出す。

「運動量があってポジションは中盤から後ろ、左利きでサイドから正確なクロスを上げることのできる選手を探して欲しい。年俸は……」

リストアップさせて絞り込むと次はビデオを送らせて、そこで気に入れば現地に飛んで直接練習や試合を観て決めるという段取りである。名刺には株式会社サンフレッチェ広島「取締役 強化部長 総監督」と三つの肩書が並んでいる。地方や海外を回って選手を発掘する一方で練習や試合は必ずチェックし、10月には年俸を査定した上で直接選手と話し合って契約更改に臨む。経営、編成、現場とチームのすべてを担うことの多忙さは想像を超えていたが、その努力が徐々に実を結んでいった。

天下取った！　3本の矢！

Jリーグ開幕2年目。今西が東洋工業サッカー部に復帰以来、こつこつと育ててきたチームがついに結実した。

毎年、シーズンインする前にサンフレッチェは福山市藤江町にある施設「みろくの里」で1泊2日のメンタルトレーニング合宿を集中的に行なっていた。選手それぞれが自身の目標設定と、チームとして何を目指すのかを語り合うのである。指導していたのはマツダ時代から社員研修に来ていた脳力開発研究所の高橋慶治と木村孝（後に独立してヒューマックス設立）である。全日本柔道連盟の特別コーチやJOC（日本オリンピック委員会）のスポーツカウンセラーを歴任し、多くの日本代表選手やメジャーリーガーに至るまでメンタルトレーニングも指導してきた高橋は、当時のことをこう振り返る。

「今西さんから『サンフレッチェは予算がないから、いる選手を人間教育で鍛えて組織力で勝っていくしかない。メンタルトレーニングはわしもよう分からんから、実績のある専門家に頼みたい。サッカー人生が終わった後に何もできないとかわいそうじゃからその後の人生にも役に立つようにしてやってつかあさい』という依頼をされてきたんです。少し驚いたのは、僕もスポーツチームへいろいろ指導に行っていましたが、教育的に社会人として恥ずかしくないようにとか、現役が終わった後でもサッカーバカにならない人材育成をしたいという人はなかなかいないんですよ。今も某陸上部のセカンドキャリアの教育を打診されていますが、はっきり言って競技以外何も考えていないです。とりあえず目の前の駅伝に出ることだけ。5年後10年後とか、引退した後の選手の人生は考えてないんです」

高橋はメンタル要素を自信、意欲、価値観、知的興味、情緒安定性、目標設定など14に細分化して意識させ、まずは個別診断で各選手の課題を浮き彫りにして強化を図っていた。そんな高橋がまず印象に残っているのは森保である。

「コーチャビリティ、つまりコーチングを受ける能力が抜群でしたね。練習に今西さんが顔を見せると『自分の今のパフォーマンスどうでしたか、何かアドバイスくださいい。どうしたらもっとよくなりますか?』と必ず聞いてきて全部メモをするんですね。次の練習では『前回言われたアドバイスを結構、クリアできてると思うので今日の練習見てください』と、それを繰り返してグングン伸びていきました。全く無名だったのに努力で伸びていった。まさにあの頃のサンフレッチェの精神を今も実践しているのは彼ですね」

高木琢也もまたこのメンタルトレーニングの優等生だった。

「ちょうど同じ時期にやりとりをしました。『どう、目標は』と聞いたら、『日本代表になることです』。いつまでに？　『今年のこの大会までに呼ばれたい』。じゃあそのための課題は？　『まず代表監督の戦術を理解しないといけない。そのためには言ったことを必ず聞いて確認する。あとはフィジカルです。後半にスピードが落ちないようにする』。テクニックは？　『右の角度のシュートの精度を上げると同時に左足も鍛える。そのためには練習にこういうメニューを取り入れて、個人練習ではこんなこともしています』。すらっと全部、課題、目標、実際の行動計画が明確に出てきたんです。ダイナミックなプレーが持ち味でしたけど、ルーティーンが緻密で几帳面《きちょうめん》でしたね」

マツダ時代から見ていた木村孝は、小林伸二と松田浩が忘れられない。

「何でだったか忘れましたが、コーチングスタッフになっていた小林さんが今西さんに叱られたことがあったんです。そうしたら『僕はサテライトを指導するからいいですよ』と言ったんです。それを聞いた今西さんが烈火のごとくまた怒った。『お前はサテライトの監督が何をしなきゃいけないのか、分かっているのか！　技術の指導だけじゃないぞ！　メンタルケアもスカウティングも合宿や移動の手配もしなきゃいけないんだぞ！』と。サテライトこそ重要なんだと言いたかったんですね。それから小林さんががらっと変わりました。育成を重視する立派な指導者になっていきましたよ。対して松田さんは真面目《まじめ》だったんだけど、どっちかというとマイナス思考だった。『もう年だから、若手に譲ってもいいのかな』という気持ちがあった。でもメンタルトレーニングで凄《すご》く前向きになった。それで1回、引退してから、また現役に戻って来てJリーグの開幕に間に合ったんですね」

ストイックだったのはゴールキーパーの前川和也だった。

「彼にはイメージトレーニングをしてハイパフォーマンスのイメージをとにかく身に付けろと言いました。スーパープレー集のようなものをビデオで毎回見るといいと伝えたら、実際にスタッフに編集して作ってもらって『さっそく毎晩見て自分のイメージと重ねてから寝ています』と。ところがある日、奥さんに叱られたそうです。夢の中でもスーパーセーブして、奥さんをパンチングしちゃった。『何やってるの！』って（笑）」（高橋）

「前川さんは開幕前の合宿で皆で話し合う機会で『はっきり言うけどな、神聖なるグラウンドでニタニタ笑っている選手がいる。許せん！』と言い切っていました。サンフレッチェが仲良しグループではなくて戦う集団になりつつあるときでした」（木村）

これよりも後の時代になるが、高橋は95年に入団した久保竜彦のメンタルトレーニングについてはこのように語っている。

「最初は個人面談でも『特に何もないです』ばかりでした。『じゃあ目標は？』『早く試合に出ることです』『いつ出たいの？』『なるべく早く』『今の課題は何？』『上手《うま》くなることとっす』。そんな感じでした。そこからコーチングをしていって『じゃあ具体的にどうなったら上手くなるんだろう。コーチに聞いてみて』と、コーチの話にメモを取らせて次回の面接に持ってきてもらいました。『どうだった？』『パスの精度を上げて身体《からだ》を強くしろと、それと途中で集中力が切れるのを直せと言われました』『じゃあそれに向けてどうする』『……練習でパスをやります。戦術はコーチに聞くと教えてくれるので聞いてきます。身体は……、筋トレは嫌なんですけどやってみます』『そう。じゃあ集中力はメンタルだから僕が教えるよ。セルフトークというテクニックがあるんだ。（集中集中）とか、（絶対まだいける）とか、（ディシプリンを思い出せ）とか、集中力が切れかけたらそう自分に話しかけるんだ』『分かりました』『いつからやる？』『明日から』。そうやって育っていきました」

かように行なってきたこのメンタルトレーニング合宿では、毎回様々なドラマがあった。そして迎えた1994年の開幕前。みろくの里では過去になかったことが起こった。それぞれがチームの成果目標を上げるときにかつては「トップ4」「上位」と言っていたメンバーが、風間八宏を筆頭に「優勝」と声を揃《そろ》えたのである。メディアの下馬評ではヴェルディ、マリノスが圧倒的であった頃に、サンフレッチェの選手たちは自分たちでしっかりと手ごたえを摑《つか》んでいた。シーズンが始まると、その自信が正しいことが証明された。

3月12日名古屋グランパスエイト（2－0）、3月16日ガンバ大阪（2－1）、3月19日横浜フリューゲルス（2－1）、3月23日浦和レッズ（1－0）、3月26日ベルマーレ平塚（4－2）、4月2日鹿島アントラーズ（2－0）、いきなり開幕6連勝を果たす。4月6日にヴェルディ川崎、4月13日に清水エスパルスに敗戦を喫するも4月27日までにさらに四つの白星を伸ばし、10勝2敗で4月30日に加茂周監督が率いる横浜フリューゲルスとの一戦を迎えた。

この日の試合は、フリューゲルスの準ホームである長崎で行なわれた。前半19分、エドゥーにPKで先制されたが、後半になると落ち着きを取り戻し、サンフレッチェは中盤でスペースをこしらえる韓国人選手盧廷潤《ノ・ジュンユン》の活発な動きに触発されて反撃を開始する。59分に森保が起点となってパスを繋《つな》ぎ、最後は盧のラストパスをハシェックが右足で豪快に叩き込み同点。盧は、韓国人選手が新卒で日本のプロに入ることはタブーだった時代に、今西が韓国の高麗大学から独自のパイプを使って格安の年俸で招いた選手だった。続いて76分には地元出身の高木がチェルニーのクロスに頭で合わせてついに勝ち越した。観戦に訪れた国見高校の小嶺忠敏監督も教え子の高木を「大きく伸びた。サッカーを始めたのが遅かったから、彼はまだまだ伸びます」と激賞した。これでサンフレッチェは11勝2敗。首位の清水を1差で追走する。キャプテンの風間は「優勝争いを楽しんでいる」とコメント。文字どおり初優勝へのプレッシャーを楽しみながら、ここから一気にチームは頂点に上り詰めていった。

スポニチの田辺一洋は、その快進撃をこれぞスポーツ紙という得意の筆致で書きまくった。横浜F戦の見出しは「ご当地ヘッド高木」「父の目の前でやった！」

5月4日対浦和レッズ（1対0）「トップへ矢の勢い広島」「ハシェック　残り30秒散髪した頭で決めた！」

5月18日対ヴェルディ川崎（4対1）「広島V固め」「巨人が広島を完全試合で下した夜／川崎の等々力《とどろき》神話粉砕！」「ハシェック　ハシェック　ハシェック　ハットだ！」「溜飲《りゅういん》を下げたという今西総監督は、広島のプレースタイルが今後の日本サッカーの進む道だと確信している」

6月4日対清水エスパルス（2対1）「高木だ！　2発」「日本平《にほんだいら》決戦　紫の歓喜！」「広島最短8日V」

6月8日対ジェフ市原（4対2）「ハシェックだ　柳本だ　高木だ　森保だ」「広島V王手」「後半炎の4発」「身を乗り出すようにして戦況を見入っていた今西総監督からは高木を称賛する言葉が相次いだ」

マジック1となった6月11日のジュビロ磐田戦、相手の指揮官はくしくもハンス・オフトであった。今西は試合の前にベンチを訪ねてしばし談笑した。思えば、このオフトを招聘《しょうへい》するところから改革は始まったのである。続いてイングランド人ビル・フォルケス、そして辿《たど》り着いたスチュワート・バクスター。

このバクスターも、無名時代に今西がその慧眼《けいがん》から選んだ指導者である。Jリーグ開幕を前にマツダが北欧遠征を組んだ際、スウェーデンで同リーグ2部のハルムスタッズBKと練習試合を行なった。前半はサンフレッチェが押していたが、後半に相手ベンチが動いた。選手を一気に交代させるとフォーメーションも変えて、全く違うスタイルで挑んできた。その変化があまりにスムーズで、今西はあたかも違うチームが出現したかのような印象を受けた。そして何より、ハルムスタッズの新たなシステムは、サンフレッチェの急所を的確に突いてきた。みるみる失点を重ねて敗戦。

バクスターに日本サッカーがプロ化をすることを伝えて興味があるかとアプローチをすると、前向きの返事が返って来た。後にイングランドU-19代表、南アフリカ、フィンランドなどの国家代表監督を歴任することになる指導者をかように早い段階で見いだし、招聘することに成功した。92年に来日させたバクスターは、就任するとサッカーにおけるグッド・ハビッツ（正しい習慣）を徹底的に選手に刷り込んだ。当時こんな発言をしている。

「（それは）バスケットでいえば、リバウンドを制すということに当たるでしょう。いくら技術があってもリバウンドを取らなきゃ試合では勝てない。同じことはサッカーでも起きます。例えば、センターフォワードに渡ったボールが落とされた時に、他の選手がその『セカンドボール』を先に拾える位置に入っていなきゃだめだ。その動きを習慣化させるのがプロですよ」

そして上意下達ではなく常に選手と同じ目線でチームを作り上げていった。

「ＵＣＬＡでバスケットの監督をやっていたジョン・ウッデンが書いた本で『私のために試合をやらないで、私と一緒にやろう』というくだりがぴんと来た。選手が指導者と同じ立場でプレーしてくれれば、負けた時に『監督を裏切った』という罪悪感がなくなる。もう一つの利点は、立場が同じだとお互いに教わっていくことにもなる」

（「Ｎｕｍｂｅｒ」1994年7月7日号）

試合開始のホイッスルが鳴った。序盤は、選手たちが硬くなっていた。29分に遠藤昌浩にゴールを割られる苦しい展開であった。が、高木が局面を打開する。38分にチェルニーのコーナーキックを柳本が折り返し、それを頭で叩きつけた。1対1。その後もジュビロに押され続けた。同点で終わるかと思われた終了28秒前にチェルニーがついに決勝弾を決めた。優勝！である。

歓喜を伝える田辺の筆は心地よく滑る。

「お祭り男の森山が、片野坂が、そして佐藤がスタンドに駆け寄りユニフォームを投げ込む。限界を超えた右足で大地を踏みしめた同点ゴールの高木は長男・利弥君（一つ）を抱え咆哮《ほうこう》一発」

盛り上がった表彰式の後で慣れないスタッフが手を滑らせてチェアマン杯を割ってしまい、それを森山佳郎のせいにされてしまったのは、ご愛嬌《あいきょう》であった。

スタンドにいた今西を風間が呼びに来た。キャプテンが総監督にこんな言葉をかけるのをメンタルトレーナーの木村は真横で聞いている。

「今西さん、行きましょう！　長かったですね。本当に長かったですね。でもついにやりましたね！」

風間は中長期にわたる今西のチームマネージメントをしっかりと見据えていた。今西は胴上げの輪の中に放り込まれて宙に舞った。河野、佐藤、柳本、上村、片野坂、森保、風間、笛、チェルニー、ハシェック、高木、森山、松田、小島、島、前川……。感謝を伝える彼らの両腕は何度も何度も恩師を夜空に押し上げた。

昇格請負人──小林伸二

小林伸二。昇格請負人である。過去指揮を執ったJ2の大分トリニータ、モンテディオ山形、徳島ヴォルティスをすべてJ1にステップアップさせている。特筆すべきはそれらが皆、初昇格であるということ。すなわちクラブにとって経験のない未踏の頂に導いており、その価値は極めて高い。

それだけではない。小林はこの年にJ2へ降格した清水エスパルスの監督に就任。オレンジ色のジャージーに身を包み、この名門クラブを一年でJ1に復帰させた。さらには2019年にJ3の最下位だったギラヴァンツ北九州を、これもたった一年で優勝させ、J2へ導いている。これはJリーグ史上初の快挙であった。

都合、五つのチームを昇格させている名将の時計の針を、現役時代にまき戻す。

島原商業で九州初の全国制覇（高校総体）を成し遂げた後に、大阪商業大学に進んで大学日本一も経験した小林が、83年にマツダに進路を固めたのには、やはり今西の勧誘が大きかった。FWで勢いよく敵陣に突っ込んでいくスタイルを見て「弾丸みたいな選手」と評価した今西は、教育大時代の先輩である上田亮三郎（大商大監督）に家庭環境などを聞いた上で、広島のマツダが長崎の実家に近いという利便性を説いて獲得に成功する。

小林が配属された職場は課長が今西、主任が高田豊治（後にJヴィレッジ副社長、現東日本国際大学サッカー部監督）とまさにサッカー部の直属であったために、チーム改革の情報が伝わってくるのも早かった。

「今度、オランダからオフトという監督を連れてくるぞ」

84年のことである。小林は島原商業時代に高校選抜で、スイスのベリンツォーナで行なわれた大会に出る際に、オランダで1週間キャンプをしたことがあり、そのときにオフトのコーチングを受けていた。若かったオフトが左足から繰り出すフリーキックが凄く上手かったという記憶があった。そのオランダ人が来日し、指導を始めた。他のマツダの選手同様に、そこで小林が受けた衝撃は大きかった。

「オフト監督はサッカーにおいてすべてが具体的なんですよね。言葉もそうなんです。一番最初に言った言葉が、タイミング、アングル、ディスタンス。要するに機会（間）、角度、距離ですよね。タイミングが悪くないか、距離として遠くないか。真後ろだった角度はアングルが変わることで三角形を作れてひとつ前が見えるというような、そういうサッカーの構築。まず個人技術があって、次に個人戦術、それがグループ戦術に変わっていくための言葉をオフト監督は話すわけです。そういうキーがもの凄く多くてサッカー観が変わりました。

僕は一応高校も大学も日本でトップのところではやりましたけど、じゃあ実際、そこまで考えてサッカーをしていたかということになると、そうではないわけですよね。ただし、出逢《であ》ったのが24歳ですからもったいなかった」

オフトはチーム戦術のみならず技術指導も新鮮だった。当時のフォーメーションは

4-3-3で、小林はトップウィングをやっていた。ここでオフトはウィングの抜き方や持ち方を改めて示した。

「ステップだけじゃなくて肩を入れろ！」

自身が左でドリブルして、ターンからボールを浮かして抜く動作を見せてくれた。

小林は今西の言う「弾丸」よろしくスペースに走り込む動きはできていたが、下がってボールを収めたり、ましてやターンをする動作は苦手であった。しかし、この指導で体得していった。

相手ディフェンダーを背負った状態でターンができれば、一気に視野が広がってワイドに展開できる。実はここで小林が教わった楔《くさび》としての技量が、連綿と日本のストライカーたちに伝授されていったのである。

まずは高木琢也。小林が現役を退いた後、コーチ1年目に高木がフジタから移籍してきた。

「あの当時、今西さんが野球のようにサッカーも全体を動かす練習だけではなく、個人指導があってもいいんじゃないかと、そういうことを言われたんです。お前はFWだったし、高木とは同郷だし、高木をストライカーとして育てるために個人指導してみたらどうだ、という提案をいただいたんです」

そこから小林と高木のマンツーマンのストライカー養成指導が始まった。

郷原のグラウンドでチームの全体練習を午前中に終えると、ランチを取って午後は鯛尾《たいび》のサテライトチーム専用練習場に移動して、たった2人で楔の練習を繰り返した。ディフェンダーを背負った状態でのボールの受け方やターンの仕方を延々とやり、それが終わると小林がクロスを入れてヘディング。苦手なボールの受け方と落とした後のコントロールをみっちりとやると、最後は、必ず高木の得意なメニューで気持ちよくトレーニングを締めるということを心がけた。

練習だけではなく、当時珍しかったスカウティング活動も行なった。試合をすると高木だけを追いかけてビデオで撮り、終了後に高木と映像を見て、タイミングやアングルを何度も確認した。すると約半年後に大きな結果が出た。強豪日産に3－1で勝利した試合で高木が大活躍。楔からのターンやヘディングでゴールを量産したのである。

これを大きな契機として高木は日本代表まで上り詰め、「アジアの大砲」として名を成していった。小林は結果的に代表監督として舞い戻ったオフトに、自分が受けた指導を通して成長させた高木というFWをプレゼントしたとも言えようか。

「今西さんは高木をうまく（フジタから）取ってくれて、個人指導の重要性を説かれて、自分は駆け出しのコーチだったのに、担当させてもらいました。それは幸せでしたね。ボールのタッチという意味では僕もあまりうまくはなかった。でも、オフトに出逢ってそれを意識することが少しずつできるようになった自分があるから、伝えやすいんですよね。自分が丁寧に教えることによって、相手も集中してトレーニングするし、長くなって集中が切れたら、もう終わる。それで週何回か続けていくだけで簡単に成果が出たのでビックリしました」

高木だけではない。小林が指導したのはその後、大分時代の高松大樹、船越勇蔵、山形での豊田陽平、長谷川悠……。

「この指導を15年ほどやっていますけど、ストライカー指導の原点・ソースは広島にあって、それは自分の中にすごく生かさせてもらっています」

小林は現役引退と同時に指導者としてストライカー育成の醍醐味《だいごみ》を味わっていた。やがてJリーグの開幕を控え、マツダサッカー部はサンフレッチェ広島に移行していく。

「そうしたらですねえ……」。青天の霹靂《へきれき》が起こる。「お前、明日からユースの監督をやれ」

1993年にサンフレッチェ広島の下部組織として、サンフレッチェユースが立ち上がった。そこの指揮官に今西はいきなり小林伸二を指名したのである。潤沢な強化予算を持たず関東、関西からも距離のあるチームにとって、育成の組織が必要であることは小林自身も痛感していた。しかし、よもやいきなり自分にその任務が回ってくることは思ってもいなかった。

「『えっ、俺ですか！』って感じですよ」。後のJ1昇格請負人も当時は初々《ういうい》しかった。

「明日からお前は監督と言われたときは本当に照れ臭くて。だって監督って呼ばれたことがそれまではないんですから。本当に突然言われて驚きましたよ」

対して今西は小林の抜擢《ばってき》をこう考えていた。

「あれは選手のときから、情熱があったからのぅ。高木（琢也）なんかを指導しとるのも見とったし、若い10代を教えるんには最適やと思うた」

小林はこうしてサンフレッチェユースの初代監督に就任して、指揮官としてのキャリアをスタートさせる。まず考えたのは選手への接し方である。相手は成人する前の高校生、当然ながらトップチームのように上から押さえつけるような語り口では絶対に選手は寄ってこない。

「スポーツとしてのサッカーを楽しませながら、上手くなっていくように指導することと。それと精神的にはまだ子どもですから、厳しく教えることも重要。面接しても高校生だから、きちんと話せない子もいるんです。そういうときも例えば、正対せずに横に座って話しかけるとか、『昨日の試合は自分で採点すると、何点くらいだと思う？』とか、具体的に質問してあげると話が膨らむんですよ。これもまた今西さんの紹介で始めたメンタルトレーニングで学んだことであるんですが」

Jリーグブームとも相まって、多くの中学生が県外からも入団セレクションに訪れ、15人が評価を受けて入団した。こうしてユースチームは立ち上がったが、寮をすぐに建てるわけにもいかず施設面はまだ追いついていなかった。小林と今西はグラウンド(吉田運動公園)のある吉田町(現安芸高田《あきたかた》市)の役場を訪問し、協力を約束してくれた企画室課長とともに、ユースの選手たちを受け入れて住まわせてくれるところを探した。小林もまた腹をくくって、家族とともに広島市内から吉田町に引っ越した。小林はマイクロバスの必要性を訴えた。

「他のチームとどんどん試合しないと強化にならないんですが、うちはまだできたばかりでどこも吉田町までは来てくれないですよ。こちらから出向くためにもバスを何とかなりませんかね」

小林の脳裏には、島原商業時代に自らマイクロバスを運転して本州の強豪チームとの連戦に挑んだ小嶺忠敏監督の姿が浮かんだのかもしれない。「ほうじゃな」。今西は即答して、マツダ本社にかけ合ってくれた。バスが手に入り、1年目は高田純や原田紘介という逸材が順調に育ちつつあった。

ユース創設2年目を前にして今西と小林はさらに英断を下す。1期生が15人いて、翌年2期生は25人を予定している。そうなればもう今の下宿では受け入れられない。寮を造ることを決断した。近郊には5000坪と1000坪の土地があった。500

0坪の方を押さえてじっくりとトップの施設も一緒に造ったらどうかという意見もあったが、小林は反対した。

「まずはユースの寮ですよ。絶対に必要なものですから。1000坪でいいから、こちらを早急に造りましょう」

今西も賛同した。サンフレッチェが育成型のクラブとして舵《かじ》を切った瞬間とも言えよう。寮は夏過ぎから設計を始めて、翌年の3月にはもう完成した。2人部屋で20床。1階に浴場、筋トレ室、ミーティングルーム、食堂、奥には畳の宿泊部屋も造り、若い選手の両親が来たときに泊まってもらえるようにした。当時、ユースの寮としては日本一を誇る施設の三矢《みつや》寮である。寮長は今西がマツダのマンモス独身寮を運営していた時代に苦楽を共にした後輩の稲田稔に依頼した。稲田は信奉する今西からの頼みということで、24時間全身全霊で寮生に向き合っていく。

今西は、2期生からは全員が地元の県立吉田高校に入学するというシステムを築きあげた。現在、幾つものJリーグの育成組織が取り入れているユースチームと高校の提携という試みを最初に行なったのが、この94年の段階のサンフレッチェである。選手たちはユースのサッカー選手である前に「良き高校生であれ」と教えられ、寮を起点に学校とグラウンドというトライアングルを往還する。試験で赤点を取ったら練習はさせてもらえない、という規律が存在したので、学業にも自然と取り組むことになる。

努力をしてもやはりプロの壁は厚いもので、ユースからトップチームに昇格できるのは一握りの選手である。いつかサッカーを辞めるときのためにもしっかりと勉強もさせようという今西の考えは徹底していた。小林もまたサッカーの指導以外の領域にも飛び込んでいき、積極的に授業参観に参加したり、遠征の度に土産《みやげ》などを持って吉田高校に挨拶に行った。そして、ちょうど3学年がすべて揃った95年、サンフレッチェユースは見事にJユース選手権大会で優勝する。

準決勝は稲本潤一、新井場徹を擁し優勝候補と目されていたガンバ大阪ユースであった。前年までは歯が立たなかったが、石川裕司の活躍を引き出した小林の采配が当たり、この試合を6対3というダブルスコアで下す。決勝のヴェルディ川崎戦も3対1で勝利した。MVPは2ゴールを挙げた1期生の高田純。ユース組織を立ち上げて、たった3年での全国制覇を成し遂げた。

以降、この確立されたシステムの中から、駒野友一、森崎和幸・浩司兄弟、前田俊介、髙萩洋次郎、槙野智章、柏木陽介などが巣立っていくのは周知のとおりである。

4年目が過ぎると、今西は小林をトップチームのスカウトに配置変換させる。3年で日本一という結果を出した現場指導者をなぜ、1年後に編成部門の管轄に入れたのか。今西はこう述懐する。

「スカウトいうもんは、まずは選手を見るわけですが、それ以上に高校、大学の指導者とのコミュニケーションが大事な仕事なんです。小林には、さらにもっと多くの指導者と交流して、学んで欲しかったんです。見方を変えるいうんかな。若いうちはひとつの仕事だけではなくて、いろんなセクションにつけると、後々になって総合的に全部の力が伸びていくんです」

小林自身はこの時期、スカウトを担当したことで『人を大事にすること』を学んだという。

「選手を取りにいくと、どんな選手もプロになる前に、いろいろなコーチや監督の指導を受けていると感じます。いわば、そんな愛情や情熱をかけられてきた人間を預かるわけですから、丁寧に人生に寄り添わないといけないと考えるわけです。それは現場指導でも活きる。得意分野で伸びていく前の準備をさせてもらったと思いますね」

小林は97年、98年とスカウトを担当し、99年にはナショナルトレセンの中国地域の指導も担当する。やがてトップの若い選手を育てたいという気持ちに駆られて、アビスパ福岡のサテライトの監督に就任する。

「これも今西さんに言って、広島を出させてもらいました。ある部分、無理を聞いてもらったところがありますから、恥ずかしいことをしないように、近況報告は欠かさずにしていきました」

福岡の若手を伸ばすと、今度は大分トリニータからオファーが来た。2002年日韓W杯の開催地として、プロチームを立ち上げて、J1昇格を狙っていた大分は、育成の重要性を痛感していたのである。2001年に大分のサテライトの監督として、2年契約で迎えられた。ここで高松大樹、松橋章太という若いFWの指導にあたる。特に高松は、多々良学園高校時代から中国トレセンで注目しており、嬉《うれ》しい再会でもあった。

小林が担当した大分のサテライトチームは短期間で強くなっていった。J1のチームとやっても負けないのである。3月11日に始まったサテライトリーグCグループでは初戦のセレッソ大阪に2対2で引き分けると、以降4月15日のガンバ大阪（3対0）、4月22日のヴィッセル神戸（3対0）、5月13日のサンフレッチェ広島（3対2）と、すべて格上のチーム相手にハイスコアを叩きだして3連勝を飾る。

その直後、小林の人生において2回目の「青天の霹靂」が起こる。夜も深まりつつある午後9時頃、クラブのスタッフから電話が入り、大分市の繁華街、都町《みやこまち》の中華料理屋に来て欲しいという。駆けつけると溝畑宏、立石敬之《たかゆき》、柳田伸明、藤原司、小澤正風……当時のトリニータの主だった役職の人間がほとんどいた。

そこで当時のGMであった溝畑（後にトリニータ社長を経て第2代観光庁長官）から「明日から、トップチームの監督をやってくれ」と言われるのである。溝畑は自治省のキャリア官僚で、当時出向して来ていた大分県でのW杯開催を提唱しており、裸踊りも陰毛炎上も辞さないどぶ板営業でチームを作っていた。W杯を翌年に控えて、J2からJ1への昇格を目指しながら、トップは苦戦をしていた。第11節を終えた段階で6勝5敗、7位（昇格圏は2位）という成績であった。フロントは1999年、2000年と2年連続で3位、わずかの差で昇格を逃してきた石崎信弘監督に3年目を託していたが、5月12日のモンテディオ山形戦の敗戦を受けて解任を決めたのであった。小林にすれば寝耳に水であった。

「えっ、俺なのっていう感じですよ。トップチームはイシ（石崎）さんがJ1に上げられるものだと思っていましたし、全く関心がなかったですから」

溝畑は小林を県庁に連れて行き、平松知事に新監督です、と紹介した。「一村一品運動」で有名な豪腕知事は負けが込んでいたことでピリピリしていた。「どうせ負けて恥をかくんだから、ビッグアイ（現昭和電工ドーム大分）で試合をするな。あんな立派なスタジアムを造ってやったのに。Jリーグに言って試合を県営陸上競技場に代えてもらえ」。知事にとってW杯開催は6期目の集大成であった。溝畑はあわあわしながら、いつもの調子で取りなした。

とにかく窮地を救って欲しいということで、次の3試合を監督代行という形で登録されて指揮を執った。すると、ここで3連勝してしまう。3試合目はW杯を開催する通称ビッグアイのこけら落としであった。2万9226人の大観衆を飲み込んだ京都サンガとのこの試合も、高松のビッグアイ初ゴールに続き、梅田高志、佐藤一樹が得点を決める見応えのある内容で3対1と圧勝した。平松知事も破顔一笑で大いに満足したコメントを寄せている。

メインスポンサーのペイントハウスの星野初太郎社長も、このV字回復の結果を受けて、代行を外して正式に小林をトップの監督として迎えることを決意した。私は星野社長になぜこのタイミングで小林を監督に据えたのかを直接聞いたことがある。星野は「人間性」と言った（『爆走社長の天国と地獄——大分トリニータV.S.溝畑宏』小学館新書）。

「ただ自分は、純粋に教えられることを選手に教えようとしただけです。でもね、コーチと監督は全く違うんです。監督になると誰もしゃべりに来なくなるんです。それまでだったら、全体練習終わったら『個人練しようか』とかこっちからも言えるし、『伸二さん、こういうのお願いします』と選手からも寄ってくる。『お前、それはいいアイデアだから監督に言ってみろよ』と伝えると『いや、監督には言えないから、伸二さんから言ってくださいよ』となったり、気さくに話せる。

ところが、監督になると誰も何も言ってくれない。で、孤独になると俺の練習はダメなのかな、このままじゃいけないのかな、と思ってしまう。怖いんですよ、ひとりぼっちで。そこでまた生きてくるのが、今西さんの時代に受けたメンタルトレーニングなんです。そういうときは、監督が自分の方から寄っていって情報を取るんだと。変なプライドに振り回されずに『今日のトレーニングどうだった』とか聞いていく。そういう経験をしながら、あの年は進んでいましたね」

小林はまた裏方スタッフとの交流も密に図った。鹿児島実業で全国制覇し、選手としてトリニティ時代に入団した後、社員になっていた豊東和夫は「いろんな監督が来られましたが、早々に若い社員全員と、大分川でバーベキューする会を開いたり、食事に招いてくれたのは伸二さんが初めてでした」と言う。

2001年、途中で監督を引き継いだ小林のトリニータは、第2クールでは暫定1位にまで上昇する。若いチームは運動量も豊富で、ラインを高くしてボールを奪うスタイルが機能して、指揮を執り出してから8試合無敗という好成績を生んだ。この年は結局、6位で終わる。この段階で大分の幹部から今西の元に電話が入った。「小林さんはよくやってくれましたが、新しい監督にオファーをしようと考えています」。今西は思わず受話器に向かって叱った。

「バカなことを言うな。途中投入で自分の望んだスタッフがいない中であれだけ結果を出したんだ。あれは来季こそJ1に上げるけん、小林を代える言うんなら、わしはもう大分のアドバイザーはせんけえの」

今西は大分でW杯を開催したいという相談を受けて以来、このチームのJリーグ加盟に向けて支援を続けていたが、監督の扱いを知らない場当たり的な強化方針を否定していた。「2年目こそ、勝負じゃろう」

小林はその期待に見事に応えた。翌2002年は強化予算を削られながら、サンドロ、有村光史など効果的な補強を断行する。ヘッドコーチのリオ五輪日本代表監督の手倉森《てぐらもり》誠と組み、キャプテンには中盤で声の出せる浮氣《うき》哲郎を指名した。ラインを引き気味にして守備を固め、むしろ前のスペースを作って、アンドラジーニョの飛び出しや西山哲平のドリブルを生かすスタイルが奏功した。ついにJ2優勝を達成、大分にとっての悲願であったJ1昇格を決めた。

小林の「J1昇格請負人」としての軌跡はここから始まった。最後に、かつてのサンフレッチェからこれだけの指導者が育っている理由は何かと聞いた。

「今西さんが偏った見方をしていなくて、懐が広いんですよね。風間八宏だったり、松田浩だったり、私だったり、若手の森保だったり、いろんなタイプを取ってきて、それに合ったものを提供してくれているんですね。『お前ら、全員こうだ』ではなくて、それぞれ違ったソースを分けて与えているんです。ある程度伸びると、違う仕事に挑戦させたりして、さらに伸ばす。決めつけずに押しつけずに伸ばす。それは今の自分の指導にも影響を与えてくれています」

強化の中枢――松田浩

ヴィッセル神戸、アビスパ福岡、栃木SCで監督を務めあげた松田浩とは新幹線の三島駅で待ち合わせた。規律を重んじるサッカーで福岡と神戸を2年連続でJ1に昇格させ、予算の少ない栃木ではハードワークを徹底させることでチームの底上げを図った。その手腕は大きく評価され、2014年からJFAナショナルトレセンのコーチ、2018年からはV・ファーレン長崎の育成部長として日本サッカー強化のための中枢を担っている。

松田は1980年、筑波大サッカー部2年生のときにブラジルのポルトアレグレに留学している。日本ブラジル交流協会という組織が立ち上げた「ブラジル研修留学プログラム」の1期生で、松田の科目は「サッカー&FUTEBAL」、いわばブラジルの国技であるサッカーに向けて日本の代表ということで送られたのである。

ポルトアレグレでは名門インテルナシオナルが研修先として受け入れてくれ、ジュニオール（18～19歳世代）に所属して練習に参加した。チームには当時17歳で、すでにセレソンのユース代表だったドゥンガがいて、にらみを利かせていた。ブラジルでは20歳までにプロになれなければ、職業としてのサッカーを諦めなくてはならない。必死に生き残りをかけるために誰も自己主張は強いが、とりわけドゥンガは、特別でトップ下のポジションから年上の選手を遠慮なく怒鳴りつけてはゲームを仕切っていた。松田に対しては口も利いてくれず、まだ10代でかわいらしいマッシュルームカットのヘアスタイルをしていても、ドゥンガはもう〝ドゥンガ〟だった。松田は学生でありながら、ブラジルで真のプロの厳しさを嫌というほど体感する。

1年間の留学を終えて帰国すると1学年下の風間八宏、鈴木淳らと同学年になり、筑波大の黄金時代を築き上げ、1983年の関東1部リーグで優勝を果たす。卒業に際しては、ユニバーシアード日本代表にも選出されることになる松田を多くの日本リーグのチームは放っておかなかった。いくつかのチームの練習に参加もしたが、決め手となったのが広島で直接話をした今西の存在だった。

「この人にならついていけるなと思えたんです。他の実業団ではサッカー部の選手はほとんど正業に就いても仕事らしい仕事を任せてもらえないと聞いていたのですが、今西さんは社会人としても成長しろと言ってくれたし、仕事面でも鍛えてもらえそうだった。当時はプロもなかったですし、僕は元々、将来は地元の長崎に帰って教師をやろうと考えて大学を選んだんです。親にもそう言って出してもらった経緯があったから、引退しても仕事で会社に残れるような生き方をしたかったんです。今西さんはペラペラと偉そうに『わしに任せとけ』なんて絶対言わないんですが、そういう面倒見の良さがオーラとして漂っていたんですね」

スカウトがよくやる口八丁の勧誘トークを今西はしないし、できない。性格的なものもある。マツダの総監督に就任するときも、多くのOBたちが自分が再建したいと自から手を挙げていたが、今西はむしろ固辞していた。「職場に戻ってサッカー界を離れて久しい。今のサッカーを私は教えられません」という理由であったが、会社は今西しかいないということで託したのである。

数年後にもこんなことがあった。会社には昇級試験制度があり、サッカー部の社員もそれに備えた予行演習ということで、先輩や上司に模擬面接などをしてもらっていた。実直な松田はボソボソと呟《つぶや》くように受け答えをするので、多くの先輩は「もう少し流れるように話せないのか」とダメを出した。しかし、今西だけが「いや、わしは松田のそういう朴訥《ぼくとつ》な感じのところがええんと思うんじゃがのう」とやはりボソボソとした口調で認めてくれた。

1984年松田は同じ名前のマツダに入社をしたが、ショックなことに入部時にチームが2部リーグに降格していた。正直、「何だよ」と落胆もしたが、次の監督がハンス・オフトであるということを知って、急速にモチベーションがV字回復していった。外国人監督に教わるということ自体が、珍しい時代であった。「自分では教えられない」と無駄なプライドを排して宣言した今西が、代わりにサッカー先進国から連れてきた財産であった。

松田にとってオフトの教えはすべて新鮮に映った。FW出身のこのオランダ人は技術もあって、現役を引退して久しくても「まだラスト15分だけなら公式戦に混じってもゴールをするんではないか」というほどに上手かったし、ファンクショナルなテクニックを伝授することに長《た》けていた。そして何よりも組織戦術を注入してくれた。象徴的な試合がある。

マツダは韓国遠征をすると、それまで大学のチーム、高麗大や延世大にもなかなか勝てなかった。当時の日本代表のサッカーにも共通していた問題であるが、11対11の局地での個人戦を韓国に仕掛けられると、技術も体力も劣っていた日本はスペースを食い破られて失点を重ねてしまう。ここにオフトは組織で守るシステムを注入した。相手チームの選手のトラップが乱れるなどして、すぐに蹴れない状況になると「チェイス！」と叫んで全員がラインを上げてボールに向かってプレスをかけるのである。慌てて蹴ろうとしても当時のルールでは、直接プレーに関与していなくても取り残されるとオフサイドになるので、面白いように相手は引っ掛かった。この「チェイス」をかけるタイミングはオフトによってFWからセンターバックにコンバートされていた松田に任されていた。さすがに全員によるボール狩りはハードワークなので45分ハーフごとに2回しかやっていけないことになっていた。しかし、それで十分だった。

相手は一度やられるとその恐怖でミスを連発していた。さんざんやられていた「こういう守り方があるのか」。衝撃的でそして痛快だった。オフトでまずモダンなサッカーの洗礼を受けると、次の監督はイングランド人のビル・フォルケスであった。

フォルケスは父親のような存在であった。マンチェスターUが遭遇し、23人の死者を出した飛行機事故「ミュンヘンの悲劇」から生還した人物であることは選手も知っていた。ある日のミーティングで戦術について語っていたとき「何か質問はあるか？」とフォルケスが聞いた。河内勝幸が手を挙げた。「あの事故について語って欲しい」

（えっ、何を聞くんだ河内さん。それはタブーだろう）

松田は驚いたが、フォルケスは少しの逡巡《しゅんじゅん》の後に訥々《とつとつ》と体験を語りだした。

フォルケスの任期が2年間で終わると、松田が終生大きな影響を受ける指導者スチュワート・バクスターとの出逢いが訪れた。

松田自身は実はフォルケスの任期が切れた91年のシーズンを最後に現役を退いていた。31歳のときである。コーチに就任することが決まり、翌92年になると母校の筑波大学へフィジカルコーチの勉強に行くことになった。1月から3ヶ月の予定で筑波に滞在していたが、2月を過ぎた頃に今西から電話が入った。「マツダの次の監督が来

ハンス・オフト監督時代のマツダ。チームは劇的に変わった。

週成田に着くから、お前は研修を切り上げて迎えに行って、そのまま広島に連れてきてくれ」。マツダがスウェーデン遠征した際、実際にマッチアップし、今西が高い評価を下したハルムスタッズBKの指揮官スチュアート・バクスターがビル・フォルケスの後釜に決まっていた。

入社以来、松田が配属されていた海外営業部は新入社員に対して、朝6時45分からの英会話講座の受講を義務付けていた。教師はセレステという名前の女性で、当時三菱自動車がランサー・セレステという車を販売していたために、彼女はよく「私はセレステですが、マツダ自動車に教えにきました」という挨拶で受けを摑《つか》んでいた。ユーモアのセンスも併せ持った美女が教えてくれるということで学習のモチベーションも上がり、松田は英会話をみるみるうちに習得していった。コーチ兼通訳ということでバクスターに付くことになった。

バクスターにとっては、成田空港に迎えに来た最初の広島側の人間が松田ということもあり、コミュニケーションは出逢いから良好だった。当時は外国人監督も社宅住まいである。バクスターは4号棟の401号に入居が決まった。松田は301号であったから、ちょうど部屋は真下になり、以来ピッチ上での通訳のみならず、私生活も含めたほぼ24時間を一緒に過ごすようになった。これが非常に勉強になった。北欧のエコロジー的観点からか、練習場に行くときも「同じ建物から同じ練習場に行くのに、2台の車で行くことはない。月・水・金は俺が車を出すから、火・木・土はお前が出せ」と互いに便乗して通うことを提案してくれたので、松田はいつでも往復する車内でサッカーについて聞きたいことが聞けた。

練習が始まると、松田は通訳兼フィジカルコーチ兼アシスタントコーチとして、ピッチ上で奔走した。初めて聞くゾーンディフェンスのメソッドは新鮮で、聞いた英語を自分の言葉で翻訳して、選手に説明していくうちに自然と戦術も理解していった。筑波のスポーツ医学の教授に作ってもらったリハビリメニューをこなしながら、選手の足りない紅白戦などに出場していくうちに、回復を諦めていた膝がどんどん回復していった。そうなると最も戦術理解をしているのは当然、松田ということになり、バクスターは自分がやって欲しいプレーを忠実にこなしてくれるプレーヤーとして、現役復帰を求めてきた。同じポジションには国見高校から高卒で入団した路木《みちき》龍次がいたが、レギュラーにはまだ時間がかかりそうであった。

しかし、松田には躊躇《ちゅうちょ》があった。一度身を引いた人間が、再びJリーグ開幕直前の晴れ舞台にしゃしゃり出ていくのは、どうにも気が引けたのである。「では、1ヶ月間選手と一緒に練習してみて、それで使いものになるようでしたら復帰します」と、日本的で曖昧な提案をした。

「うるせえ」と即座にバクスターは却下した。

「俺が戻れと言ったら、戻りゃあいいんだよ。今西には俺から言っておく」

ドライな外国人監督でなければ、この後サンフレッチェで3年、ヴィッセル神戸で2年と続いた松田のプロサッカー選手としての人生は、ここで終わっていたとも言えよう。

Jリーグ開幕の前年に行なわれたナビスコカップで現役復帰を果たした。復帰した7節のガンバ戦で、初めてバクスター直伝のゾーンディフェンスをかぶせたときの快感を、今でも松田は忘れられないでいる。3対1で勝ち、続く横浜フリューゲルス戦も5対1で勝利した。続く鹿島との1戦には敗れて、決勝トーナメントには進めなかったが、これまで一度も経験したことのない斬新なサッカーに酔った。

「ディフェンスって、こんなにもクリエイティブで面白いのか！　ボールが動けば、この流動的になるから100％マンツーマンも100％ゾーンも実質存在しないが、この戦術がベースにあれば、何にでも対応できるぞ」

実際にバクスターの持ち込んだゾーンプレスは、Jリーグ開幕と同時に日本のメディアがもてはやした加茂周（当時、横浜フリューゲルス監督）のゾーンプレスよりも数倍洗練されたレベルのものであった。

加茂のゾーンプレスが、ボールの動きを無視してエリアも時間も関係なく、やみくもにプレスに行くのに対して、バクスターのそれはクォータープレス（1／4プレス）の別称を持ち、特定のエリアに入ってきたときに一気にプレスをかけてボールを狩る。相手が引いているときは行かず、穴を見つけてから一気に襲い掛かるのだ。前から行くのもリトリートも、どちらが正解ということではなく、大切なのはいつプレスに行くのが効果的なのかを見極めるということだった。

プレッシャーゾーンに入ると佐藤康之、柳本啓成《ひろしげ》のセンターバックがラインを一気に押し上げ、森保一、風間八宏のボランチが挟み込み、サイドからは、盧廷潤やパベル・チェルニーがフォローしてセカンドボールを拾いまくる。加茂のそれとどちらが合理的かは明確で当時のサンフレッチェは「フリューゲルスのプレスが来たときは、両サイドに張っているやつにまず蹴って渡せ」が決まりごとになっていた。そうすると外は必ずフリーだった。中途半端にドリブルで突っかかると網にはまるが、シンプルに外に出せば、面白いように試合を支配できる。同じゾーンで守っているからこそ、相手の粗《あら》が手に取るように分かった。

サンフレッチェはフリューゲルスに絶対的な自信を持ち、93年から94年にかけて、このカードで6勝2敗という勝率を誇っている。それでも当時のサッカージャーナリズムの取材は関東中心で、加茂とバクスターのこの力関係を分析するメディアは最後まで現れなかった。後に日本サッカー協会の強化委員になった今西が、早々に加茂代表監督の更迭《こうてつ》を進言したのも、すでにその実力をフリューゲルス指揮官の時代から見切っていたからとも言えよう。

松田は、2年目になると大きな手応えを感じていた。バクスターのサッカーは前線、中盤のプレスが効果的に連動していて、フィルターで濾過《ろか》するように相手の攻撃を封じ込めるので、最後のDFはボールを奪い取るだけだった。「守備は安定している。ここに高木（琢也）のパートナーとなる点取り屋がいれば、必ず勝てる」と考えていた。

そこにイワン・ハシェックという大物外国人の加入が決まり、最後のピースが埋まった。89年のチェコスロバキアの非暴力民主化運動「ビロード革命」の際、100万人の民衆で埋まったヴァーツラフ広場で「この革命を我々サッカー代表チームも支持する」とスピーチして革命を成就させたチェコ代表キャプテンは、リーグ戦32試合で

19ゴールを挙げて期待に違《たが》わぬ活躍を見せた。

筑波大で1年後輩にあたる風間八宏の変貌にも目を見張る思いだった。

「あいつのリーダーシップも大きかったです。大学時代の八宏はテクニックが凄くて、もう狂ったように上手かったから、3人くらいに囲まれてもゴリゴリ突破していった。それがドイツで揉《も》まれて帰ってきたら、ほとんどドリブルをせずに1タッチか、2タッチではたくプレーになっていた。バクスターがやろうとしているチームに必要なものを率先して注入してくれた。生活も学生時代とは比べものにならないくらいに、凄くストイックになっていた」

手応えどおりにサンフレッチェは1994年の1stステージで優勝を飾る。

前後するが、松田にとってバクスターは、戦術のみならずメンタルマネージメントでも大きな影響を与えてくれた。93年にチームは一時不調に陥り、9節から5連敗が続いたことがあった。次の試合で負ければ「バクスターは更迭」というような新聞辞令が躍った。「こんないい監督を俺らのせいでやめさせるわけには絶対にいかない」と松田たち選手はナーバスになっていた。

しかし、当のバクスターはそれを見透かすように試合前に言った。

「お前らがどれだけよい試合をやったって負けるときもある。逆に酷《ひど》い内容でも勝つときはある。サッカーの勝敗は、選手がコントロールできないところで決まることがある。だから、結果に対してお前らがプレッシャーを感じることはない。そこは俺が取るべき責任で、お前らはディシプリン（規律）を持って、ハードワークすることだけに集中しろ」

としれっと言い放った。これで一気に肩の力が抜けた。雨中であったが、松田はラインコントロールを完璧に指揮して、名古屋グランパスに2対0で勝利した。

このときのバクスターの振る舞いは、後に松田がアビスパやヴィッセルで監督となり、昇格などをかけた一戦を前に、選手に対して声をかける際の大きな原点となった。

「今西さんには自分のサッカー人生において、本当にいい監督につかせてもらったという思いがありますが、もうひとつ凄く大きく感謝していることがあります」

89年、プロになる前のマツダサッカー部の頃に香港遠征をしたときのことだ。練習試合を順調に消化し、いよいよ明日帰国という日の晩であった。ホテルで打ち上げが行なわれた。ひととおりの宴が終わり、松田がひとりで自室にいたときだった。ノックの音がした。ドアを開けると今西が立っていた。

「どうしたんですか」「ええか、落ち着いて聞けよ」。神妙な顔つきで言った。「弟さんが亡くなられた」。打ち上げ直後の予想もしない発言に「変な冗談よしてくださいよ」と思わず口から抗議の言葉が出た。「こんなこと冗談で言えるか！」伝える今西も悲しかったからこそ、怒気を孕《はら》んで叱ってしまった。

あまりに突然のできごとだった。11歳年下の弟、剛は受験期で、この日ちょうどセンター試験の1日目が終わり、自宅で翌日に備えての勉強をしていた。就寝した後に出火した。1階から逃げようとすれば逃げられたのであるが、責任感が強く119番をしようと電話に向かったところで、一酸化炭素中毒になって亡くなってしまったという。

松田にとって剛は、年も離れていたこともあり、親子に近い情のようなものもあった。小学1年生の授業参観のときに家業の酒屋の配達が忙しくて、母親が出席できなかった。「嫌だ嫌だ」と駄々をこねる剛を見て、「じゃあ俺が行ってやるよ」と高校3年生の松田が代わりを買って出たこともあった。そんな思い出が詰まったまだ18歳の弟の突然の死を異国の地で受け入れるのはあまりに酷であった。同じ住居に住んでいた両親も気道を火傷《やけど》して、集中治療室に入ったままだという。今すぐにでも飛んで行きたいが、それも叶《かな》わない。明日の便までどういう精神状態で過ごせというのか。

今西は「お弔いをわしでよかったら、付き合うけえ」と言って、ウイスキーを持って来てくれた。「弟さんとは、やっぱりいろいろと思い出はあるんじゃろ」。無骨な言葉であるが、朝近くまでずっと話を聞いてくれた。

「帰国して妻と一緒にすぐに長崎に行って、弟の葬式を行ないました。そのときに弟の友人たちから寄せられた追悼の文章を読むにつれて『ああ、こいつはこんないい男になっていたんだ。俺はこいつのことを何も知らなかったんだな』と思い至ったんです。僕よりも妻に心を開いていたようで『そうだよ。剛くんはそういう子だったんだよ』と妻も言ってくれました。辛《つら》かったですが、香港のあの夜の今西さんの恩は忘れられないですね。やっぱり大きな恩師ですね。プライベートではよく釣りやキャンプなど、アウトドアでも遊んでもらいました。凄くいい顔して、遊ばれるんですよ。僕は、今西さんは本当はサッカーの世界に戻りたくなかったんじゃないかと思うんです。仕事して、素潜りして魚を突いたり、サザエを獲《と》ったり。でも、自分を犠牲にして日本サッカーのために尽力された。そのおかげで、個人的にも広島で数多くの優秀な外国人コーチから学ぶ機会を得られた。本当にありがたかったです」

アジアの大砲――高木琢也

2015年4月3日。V・ファーレン長崎の練習後、高木琢也監督（当時）がメディアの囲み取材を受けている。通常トレーニングの後は疲労に加えて、練習中に見えたチームの課題分析に早く取り組みたくて気が急《せ》くもので、ぞんざいに扱う指導者も少なくない。特に高木はミーティングで選手に見せる試合映像の編集作業も人任せにせずに自ら行なっているので、時間はいくらあっても足りない。それでも彼は記者たちの質問に対して184センチの長身を折りたたみ、それぞれの目を見て丁寧に答える。ミステリーの謎解きを話すように、前節の布陣の意図やスカウティングの成果などを綺麗《きれい》な敬語で訥々と語る。朴訥で誠実な性格が見て取れる。

すべての質問が終わり、囲みが解けるとこちらを向いて「あそこでやりましょう」と練習場の会議室に招かれた。

「今西さんのことですね」。少し間をおいて続けた。

「元々僕は大商大でサッカーをやってはいたんですが、自分がサッカー選手として、飯を食べていこうともいけるとも思っていなかったんです。当時はJリーグの前で日本サッカーリーグ時代でしたが、そういうレベルでプレーできるとも思っていなかった。だから、卒業したらサッカーはもうやめるつもりでいたんです」

しかし、大学3年の春休みに転機が訪れる。長崎県北有馬町（現南島原市）の実家に里帰りしていたところ、大学から一本の電話が入った。「マツダのサッカー部の人が、君に会いに行きたいと言っているから、時間を作っておきなさい」。それが今西だった。

関西学生リーグでは知られた存在であったが、社会人でサッカーを続ける自信もなく、4年のシーズンを最後に引退するつもりであった高木にすれば、思いもしないできごとだった。名門マツダの総監督がわざわざ長崎の田舎《いなか》まで会いに来てくれるというので、ガチガチに緊張した。今西と自宅の居間で向かい合ったときの具体的な会話の内容はよく覚えていないが、強烈な広島弁が強く印象に残った。と同時に自分は上のカテゴリーでもやっていけるんだという大きな自信に繋がった。

当時の大商大の監督は、大学サッカー界の名伯楽として知られた上田亮三郎。今西が東京教育大学に入学した際の最上級生で、自分の下宿に居候させてかわいがってくれて以来、強い信頼で結ばれていた。

上田は早い段階から今西に「高木は身体がデカいから奥手なんや。技術はまだまだやが、あいつは必ず伸びよる」と伝えていた。実際に上田は新入生の頃から辛抱強く高木を起用し続け、この3年時には関西学生リーグの得点王に育てあげていた。

今西もまた、そのプレーを注視し続けてきた。打点の高いヘディングは他を圧しているし、前線でチームのために身体を張るひたむきな性格も成長を期待させる。先手を打って日本リーグのどのチームよりも先に獲得の意思を示したのである。

案の定、4年になってポテンシャルをさらに開花させた高木に周囲は高い評価を与えた。多くのチームからのオファーが殺到した。高木は悩んだ末、フジタへ進むことを決めた。真っ先に駆けつけてくれた今西の熱意と誠意には心から感謝していたが、当時マツダが2部リーグにいたことがネックになった。筋を通す意味で直接会って報告と詫《わ》びを述べた。

「すみません。自分はフジタに行こうと思います。せっかく誘っていただいたのに申し訳ありません」

「ほうか、残念じゃのう。縁はなかったが、頑張れよ」

こうしてフジタに進んだが、チームのスタイルになかなか馴染《なじ》めなかった。高さの利を生かしハイボールには必ず競りにいくし、献身的にタメを作ることも潰れ役になることも厭《いと》わない。高木自身は使い勝手のあるFWであったが、しかし、当時のフジタの試合の作り方にフィットしなかった。

今西はこの頃、広島から高木のプレーをこう見ていた。

「あいつのスケールの大きいプレーは、外国人監督の指導でこそ花開く。もったいないことをしたかのう」

最終的にフジタも89－90シーズンでJSL11位となって2部に降格してしまう。ちょうど93年からプロ化が成立して、Jリーグがスタートすることになっていた。どうせなら初年度から勝負したいという気持ちがある。移籍を念頭に母校大商大の上田監督に相談に行った。

「トップリーグでやりたいのです」。上田は再び今西を紹介した。今西は一度断りを受けながら、高木の意向を伝え聞くと、何の逡巡もなくマツダの代表として即座に手を挙げてくれた。高木もこれには感激した。契約条件を挙げることもなく、「お世話になります」と頭を下げた。

今西のケアはそれだけではなかった。当時のレギュレーションで、日本リーグのチーム間の移籍においては移籍証明書が1年間、発行されないことになっていた。すぐにマツダでプレーすることはできないが選手としては受け入れるしかない。高木は1年間、浪人するつもりでいた。4月で期が変わるとフジタを退社し、大阪の友人の下宿に転がり込んで大商大の練習に参加していた。しかし、長きにわたって実戦から遠ざかれば、せっかく身に付けたフィジカルも技術も停滞する。

今西はここで高木に対して、前監督ビル・フォルケスの伝手《つて》を辿って、マンチェスター・ユナイテッドへの留学をセットする。前年からこのシステムは作動していて森保も含めた若い選手が渡英していたが、高木はまだ選手登録さえされていないのである。

この計らいで「アジアの大砲」はイングランドに渡る。

すべてが目から鱗《うろこ》だった。当時のマンUはデビッド・ベッカムがユースにいて、トップチームではライアン・ギグス、ガリーとフィリップのネヴィル兄弟、ポール・スコールズがしのぎを削っていた。練習に参加すれば、3メートルのパスでももの凄く速いボールが供給される。トラップミスをすれば「それくらい、止めろ」という対応をされる。言葉の問題もあり、苦労はしたが、数日前まで日本の大学チームの練習に出ていた身からすれば、すべてが新鮮で衝撃的であった。何よりもプロとしてのサッカーに対する考え方に大きな影響を受けた。

浪人どころか、ステップアップするために必要な貴重な欧州体験を授かった。約2ヶ月が経過して選手とのコミュニケーションが取れ始め、プレーを認められて生活も楽しくなった頃、フジタの重松良典社長が便宜を図って移籍照明書を発行するという報が入って来た。

1年を待たずに帰国することになった。「僕は絶対に今西さんに恩返ししなきゃいけないなとそのとき、凄く強く思ったんです」。恩返し。高木はマンチェスターから帰国すると、その一念からハードな個人練習を自らに課した。

一見豪放に見えて、実は自他共に認める過度の心配性だからこそ、不安を打ち消すためにトレーニングに没頭した。全体のトレーニングが終わっても、必ず居残って1時間以上はシュートを打ち続ける高木の努力をまた今西も見ていた。数えてみたら、必ず100本は打ってから上がっていた。ストライカーとしての個人スキルを高める一方、チームシステムの中におけるFWの動きを1992年よりサンフレッチェの監督に就任したスチュワート・バクスターから学んだ。

イギリス人のバクスターは高木を一目見て、この大型選手をターゲットマンにしたフォーメーションを描いていた。現在の高木が「自分が一番選手として成長して変わったなと思うのは、スチュワートのとき」と回顧するように、楔《くさび》の入り方、2トップでのパートナーとのコミュニケーションの取り方を徹底的に教え込まれた。アジアの大砲・ヘッダー高木の最初の大きな覚醒も、このイギリス人との出逢いによって生まれたと言えよう。

94年6月11日。サンフレッチェ広島優勝。

この瞬間をスポーツニッポンの田辺一洋はこう伝えている。「研ぎ澄まされた矢じりはそのまま、果てしなく遠かった優勝の的を射抜いて〝中央集権〟のJリーグにハンディを背負う地方から新風を吹き込んだ」と。

ヴェルディ川崎（現東京ヴェルディ）、横浜マリノス（現横浜F・マリノス）という神奈川の2強時代が続くかと思われていた時代に、バジェットの少ない広島のチームが優勝したことは、Jリーグの原点を再注視する意味でも画期的であった。同じくスポニチの紙面に高木はこんな手記を寄せている。

「優勝が決まった瞬間、今西総監督を無意識のうちに探していた。ポイチ（森保）たちが飛びついてくる。嬉しさがこみ上げてくるが、涙は出ない。92年に宿敵・韓国を破り得点王になったダイナスティ杯、続く秋のアジア杯決勝で決勝ゴールを決めた時も、ただただうれしかっただけ。次のバネとするために『泣くなら悔しい時』と決めていたからだ。でも、今西さんの姿を見つけた途端、胸の中がカーッと熱くなり、姿が滲《にじ》んでいった。今西さんはボクを拾ってくれた恩人でもある。そして誰よりも優勝を望んでいた人。その今西さんのためにも勝てた……。感謝の気持ちとともに胸の中がいっぱいになった」

恩返しができたと思えた瞬間、涙がとめどなく溢れた。

今、高木はすでに五つ目のクラブを指揮する監督となっている。S級ライセンスを取得してもJリーグの指導者は飽和状態ゆえに、その仕事に就ける者はわずかという現状の中、評価の高い証左であろう。故郷長崎の監督時代には、地元でタクシーやホテルのフロント、至るところで期待の声を聞いた。実際に2017年にはチームをJ1初昇格に導いた。

ここで高木の現役時代にすでに指導者としてのポテンシャルの高さを感じさせれられたエピソードをひとつ記したい。それはあのドーハの悲劇の瞬間である。90分20秒を経過したアディショナルタイム、このワンプレーをしのげばアメリカW杯出場が決まるとなったイラクのCKからオムラム・サルマンのヘディングシュートが放たれた瞬間、高木はベンチにいた。

「GKのシゲさん（松永成立《しげたつ》）が見送ったんで、これは入らないなと思ったんです」。

しかし、ゆっくりと弧を描いたボールは無情にも日本のネットを揺らした。刹那、ほとんどの選手がバタバタと倒れ、頭を抱えてうずくまる中、高木だけは監督のオフトにすぐに視線を飛ばした。

「北朝鮮と韓国の試合結果如何《いかん》では、チャンスがあると知っていたんです。それでオフトを見た。オフトはスタンドにいた協会関係者にジェスチャーで途中経過を聞いたんですが、次の瞬間、吸っていたタバコをピーンと放り投げた。それで分かったんです。これでダメだと。意外と監督よりも選手の方が冷静なのかもしれないですね」

否、あの時間と空間の中で、ここまで冷静だったのは高木だけであろう。この冷静な視点から今西について再度聞いた。

「僕のサッカーへの野心は日本代表どころか、中学時代にただ小嶺（忠敏）先生の島商のユニフォームを着たいというそれだけでした。国見に進んでそこでやめるつもりが、選手権に行けなかったので、じゃあもう少し大学で頑張るか。そこまででした。日の丸を背負う意識は全くなかったんですが、ここまで来られた。今西さんとの出逢いですね。今西さんは、立場から言えば会社側の人間なんですが、いつも選手のことを考えてくれていた。ナチュラルに選手の気持ちやそのときに置かれている状況が分かるんですね。あるとき、複数年契約をしてもらおうかと考えたときがあるんですが、契約の場所に行ったら、逆に今西さんからそれを提案してくれたんです。で、結局僕の方でそれを取り下げたんです。やっぱり甘えが出るかと思って（笑）。会社対選手ではなくて親身になってくれるので信頼関係は絶大でした。今西さんじゃないと腹を割って話せなかったし、契約のときは代理人もいない時代でしたが、すべて言われたことに納得して採めたことはなかったですね。プライベートで言えば、いつも遠征に素潜りの道具を持ってきては、海でいろんな獲物をとって来ては食べさせてくれました。今ではありえないですが（笑）」

肝っ玉小僧――風間八宏

1994年1stステージでのサンフレッチェの戴冠を語るとき、今西はマツダ時代から築いて来たチームの育成・強化の結実を勝因として挙げる。その中で「あれの獲得が特に大きな転機だった」と振り返る人材が「風間八宏」である。

清水商業在学中に同世代に類を見ない突出したタレントとして、マラドーナがMVPに輝いた79年のワールドユース日本大会に出場した風間のところには、すでに高校卒業時に実業団、大学を問わず、ほとんどのチームが勧誘に来ていた。風間が学校から帰宅すると、母親が営んでいる磯《いそ》料理の店のカウンターにはずらりとスカウトが並んで、飲みながら待っていた。

母は女手ひとつで長男の自分を筆頭に3人の息子を育ててくれていた。風間には4歳年上の姉がいたが、彼が1歳のときに白血病で亡くなっていた。母がそんな悲しみの中で、自分たち兄弟を養ってくれているのを知っていた。だからこそ、早く楽をさせてあげたい。「俺は進学はないな」と考えていた。

進路を決めなければならなくなったある日、清水商業高校監督の大滝雅良に体育館の教官室に呼ばれた。「おい、結局お前はどこに行きたいんだ」。関東大学1部リーグの名門校をはじめとして10校を超える大学が入学の勧誘に来ていた。受ければ受かる。私学であれば「○○大学に行きたい」と言った瞬間に進学が決まってしまう。一計を案じた。

「はい、東大ですね。もしくは慶応の医学部です」。とたんに大滝のパンチが飛んで来た。

「てめえ、大人が真面目に心配してやってるのにふざけんな!」本気で怒られてしまった。受けても落ちるだろうというところを狙う作戦は失敗した。しばらくすると、清水東の勝沢要監督から「筑波に行かないか」と言われた。「これだ」と思った。東京教育大を前身とするこの国立大は、実業高校からはまだ推薦を取ったことがないという。ここなら落ちるだろう。「はい、受けます」と答えて受験に向かった。

科目は面接と筆記作文である。落ちる気マンマンであったが、面接官がやたらと商業高校のことばかり聞いてくるので、思わずカチンとなった。それからは周囲が驚くほど理路整然とした受け答えをして高評価を受けてしまった。反骨心に火がついたことで作文も同様にロジカルな筆致で持論を展開して、気が付けば、実業高校からの筑波大入学第1号となっていた。結果的に風間は今西の後輩ということになった。

プレーにおいても後に「中盤でアシストの前を組み立てることのできる天才」と称賛される技術の高さはカレッジサッカーの枠を超えており、大学1年で日本代表に選出される。2年、3年と進級にするにつれて「今度こそ」という日本リーグの各チームの風間争奪戦が激しくなった。

当時の筑波大の監督は松本光弘で、今西の教育大時代の1年後輩にあたる。今西は松本を通しての会談を申し出た。当然マツダに欲しい人材だと考えていた。しかし、風間からは「お会いできません」という回答が戻ってきた。

「走るスピードはめちゃくちゃ速いというわけじゃない。ほうじゃが、風間は少し見るだけで、ボールコントロールが上手いしクレバーな選手というのは分かった。リーダーシップもある。わしが直接会ってチームのことを説明して何で来て欲しいのかを説明しようと思っとったんやが、残念ながら断られて会えんかった。生まれ育ちと高校が静岡で、大学が関東じゃから、やっぱり広島には縁がないんかとも思った」

このときの心境を風間はこう語る。

「実はもう自分は大学を卒業したら西ドイツ（当時）に渡ろうと決めていたんですよ。代表にもなっていたし、このまま日本リーグに入ってレギュラーになる。そうしたら漫然と目標がなくなってしまう気がしていた。だから本気でヨーロッパでサッカーをやりたかった。行く気持ちがないのに、今西さんにお会いするのはその方が失礼だと思っていたんです。そりゃあ、貧乏な学生でしたから、会ってメシはご馳走《ちそう》になりたかったですが（笑）」

風間は84年5月、西ドイツに忽然《こつぜん》と旅立つ。恩師である松本の紹介でブンデスリーガ1部のレバークーゼンのテスト参加のめどが立ったのである。インターネットどころか、ファックスもまだ普及していない時代である。出発は直前に言われた。「明日もう行くしかないそうだが、どうする？」「分かりました」

元東京タイムス記者の森岡理右サッカー部長が翌日、東京駅の喫茶店で記者を何人か集めて待っていてくれた。

「立て替えて買っておいた。これがチケットだからこれで行け」

ユースの頃から海外遠征は頻繁に行っていたが、ひとりで渡航するのは初めてだった。風間はそのヨーロッパ南回りのチケットで40時間かけてフランクフルトに降り立った。代理人も通訳もいない。冷戦時代であるから欧州連合体などという発想もまだない。当然ボスマン協定も存在しない。チームの外国人枠は2名しかない。契約書も自分で翻訳して交渉しなくてはならない。そんな環境下で5年間揉まれ続けた。しかし物怖《ものお》じは全くしなかった。三つ目のクラブ、ブラウンシュバイクでは監督のウベとは、よく大ゲンカになった。たいていは風間がぶつけていった。

「なぜ、俺たちはホームもアウェイも同じプランで試合をしなきゃいけないんだ」

「何だその口の利き方は！　では、ここにマラドーナはいるのか」「いなくてもできるだろう」「カザマ、お前は何だ！　どっちが監督なんだ」「あなただ」「だったらいい」

どれだけ怒鳴り合っても、ウベは風間を試合で使い続けた。ふだんはコミュニケーションもろくに取らず、挨拶くらいしか交わさない。風間が靭帯《じんたい》を損傷して手術した際も見舞いに来たウベは励ますかと思いきや、「お前の契約もあと半年だからな」とだけ言い残して帰っていった。「この野郎！」と思ったが、3ヶ月して復帰したら、すぐに先発で使い出した。調子が上がらず風間自身が納得できない出来であっても使い続けた。そのうちパーンとはじけるようにパフォーマンスが元に戻った。注意して見れば、ウベはプレーや判断については心が折れそうになるくらい厳しい言葉を投げかけてくるが、絶対に人格を責めるようなことだけは言わなかった。

「ふと、思ったんです。俺が監督だったら、こんなにガミガミ言ってくる選手は使えねえだろうな。でも使う。つまり、俺とお前は別に友達じゃないけど、ここで同じ仕事をするんだ。それについてはすごく言うが、それ以外はどうでもいいんだってことなんですね」

サッカー先進国ヨーロッパのプロフェッショナリズムを身体で受け止めていたこと

になる。西ドイツに渡った風間を今西はずっと注視し続けていた。いつかはチームに呼びたいと思っていたのだ。年に一度は渡独してチームや身体の状態を聞いたり、ときには当時のマツダの監督であったオフトを伴ってきた。オフトはマツダで何をテーマに指導しているかを伝えてきたが、風間にしてみれば、あまりに基礎的過ぎて興味がそそられるものではなかった。

「自陣ゴール前ではミスしちゃいけない、中盤は前に持っていく、最後はチャレンジしてもいい。今さらそんな話をされてもな、と。後から思えば、オフトさんは本当にチームの現状をしっかり把握していて正しかったというのが分かった。土台を作っていたのだから。でも、当時の自分は今西さんに『申し訳ないけど、この監督とは俺は無理だ。面白みを感じない』と言ったんです」

そうこうしているうちにマツダが2部に落ちてしまった。今度は今西が慎重になってしまった。「ドイツのプロでバリバリやっとる選手を日本リーグの2部に来てもらうわけにはいけんじゃろう」

ところが、89年、風間は行きますという回答をしてきた。幾多の1部のチームからのオファーを断って、今西のマツダを選んだその根拠がプロらしいものであった。

当然ながら風間のもとには、日本リーグ1部に所属する強豪チームや海外のチームからのオファーが殺到していた。高校は静岡の清水で、大学が茨城の筑波の男にとっては、帰国したとしても縁遠い広島に行くこと自体、リアリティがないと思われた。しかし、10代の頃から日の丸を背負ってきた屈指のMFが選んだのはマツダであった。

「今西さんのところだけが本気だというのが分かったんです。ドイツでやっている5年間、ずっとヨーロッパに見に来てくれていた。もちろん、最初は自分にとって面白くも何ともない話ばかりでしたよ。サラリーもやりがいも観客数も全然、ドイツの方があった。でも、マツダのチームビジョンというのがしっかりと伝わってきたわけです。『リーダーとしてお前が欲しい』『真っ白のチームだから、本当のプロのマインドをチームで示して欲しい』と、自分の役回りも明確に言ってくれた。そして、契約書から何から提示の額まで、しっかりと持ってきてくれたのが今西さんだけだったんです」

単なる口頭による勧誘ではない、最もプロフェッショナルなオファーを示したのが2部リーグ、マツダだった。順位、環境、年俸以上にプロとして向き合おうとした、その姿勢が風間を突き動かした。この風間の帰還は注目を浴び、当時サッカーの記事など、ほとんど掲載されなかった朝日ジャーナルが2週にわたって、武田薫による特集記事「渇えし者たちの夢（風間八宏）」を載せている。

それは鶴見俊輔と久野収という哲学者同士の対談の次のページに組まれた。同記事の中で、今西は風間をスカウトした理由を「ブラジル人選手を入れて派手にやることもできるでしょう。ただ、私はチームのきちっとした骨組みを作りたいし、それがマツダのやり方だとも思っているんです」と語り、呼応するように風間は「プロってお金じゃなく、仕事なんです。責任のことです。お金は責任への報酬なんですね」と応えている。プロとして、自らの責任を果たそうとして広島のチームに参入した。

しかし、いざマツダの練習に参加してみると、そのギャップは想像以上だった。

「こんなにも遅いのかよ、というのが正直な感想でしたね。プレーも判断も、ドイツに比べると本当に遅かった。今西さんは真っ白なチームと言っていたけど、これでは確かに色も何も付いてないよなと」

今西は即座にキャプテンに指名しようとしたが、風間は「いや、マッさん（松田浩）にお願いしましょう」と一歩引いた立場で、初年度はチームの様子を見ようとした。

「チームメイトがどういう人たちか見なきゃいけないし、リーダーは他の人がいいと思ったんです」

それでも、いざシーズンが開幕すれば遠慮はなかった。試合に負けたにもかかわらず、シャワー室で「まあ、次があるよ」と談笑している先輩には「てめえら、一生、そう言ってろ！」とシャンプーを投げつけた。ピッチ上での要求も遠慮会釈がなかった。

試合中、走り込むスペースに出してくれれば1点という場面で、ある先輩のパスが手前で滞った。「そこじゃない、ここだ!」「ごめん、ごめん」。しばらくして同じ局面が整った。再び裏へ抜けようとすると、またも同じミスパスが来た。次の瞬間、風間は試合中にもかかわらず、いきなり先輩の胸ぐらを摑んでいた。「はっきりしろ! 謝らなくていい。できねえならできねえと言え! そうしたら俺が引くから。できるならちゃんと出せ!」

縦社会である日本のスポーツシーンでは考えられないような行動であったが、先輩たちもその振る舞いをチームのためとして認めてくれていた。そして、それは有効に機能していった。

韓国遠征のときであった。ソウルのクラブチームとの練習試合の中で、何でもないシュートをGKの前川和也がトンネルしてしまった。これまでこんなとき選手たちは「ドンマイ」と声をかけて切り替えを促すのが常であった。しかし、「てめえ、そんなボールも取れねえのか」と風間は怒鳴りつけた。さらにベンチに向かって「他にキーパーはいねえのか」と叫んだ。

「これだ」と今西は膝を叩いた。「肝っ玉小僧がやってくれた」。ミスはミスとしてはっきりさせて傷を舐《な》め合わない。前川にとっても、この糾弾は効いた。「俺はあのときの言葉は一生忘れない。あれから絶対にヤヒさん(風間)には練習でも1本も入れられないようにしようとした。それで俺は上手くなった」と周囲に語っている。

2年目からは満を持す形でキャプテンに就くと、ますますコーチングは激しくなった。

「でも、どれだけひどいことを言っても先輩も後輩もついてきてくれた。やっぱり本気で勝ちたいチームに俺は来たんだなと思えた。実際にどんどん皆、強くなっていったんですよ」

そのリーダーシップは誰もが認めた。香港のキャンプでサウナに入っていると、監督のビル・フォルケスが入ってきた。マンチェスター・ユナイテッドの元キャプテンに選手たちは気を遣って、三々五々抜けていくが、少し遅れて入ったこともあって風間はずっと残っていた。するとビルが話しかけてきた。

「お前を初めて見たときはびっくりした。イングランドにもお前みたいなやつはいない。もっと厳しくやっていいぞ」。そう言って先に出て行った。

しかし、マツダがサンフレッチェ広島になった頃、風間はぴたりと厳しい言動をやめる。

「最初は確かに苦労しましたよ。日本人にありがちな頭でっかちな選手も多くて、サイドバックとウイングの違いに悶々《もんもん》と悩んでいるやつさえいた。『そんなの高さだけで変わらないよ。何かまずかったら、監督が注意してくれるから好きにやればいいんだよ』と伝えるところから始めなければならなかった。でも、そのうちに意識が変わったと思えたんで、俺はきつく振る舞うのをやめたんです。『最近、優し過ぎないですか』と言われたんで、『それはお前らが下手《へた》だったからで、今はそうじゃねえよ』と返してやりました」

やがて94年のJリーグ1stステージの優勝を勝ち取る。このときも風間は満足せず、チェコスロバキア代表のキャプテンを務めたハシェックと共に監督のバクスターに何度も「これだけでは物足りない」と具申している。

「優勝しても、僕自身は面白くないと思うところが多々あって、いろいろ意見をしたんです。バクスター監督は『お前の言うことは分かるが、今は他のメンバーにも、このサッカーをやり続けさせる勇気を与えてやってくれ』と言うので『それは理解した』と。チームが変わっていくのは、凄くよく分かった。やはり今思えば、あのタイミングでバクスター監督を起用した今西さんは、チームの発展段階をしっかりと見据えていたんだと思います」

疑問があれば、優勝戦線を走っていても遠慮なくぶつけ合う。バクスターと風間と今西は互いに決して馴《な》れ合わない緊張感の中にいた。

オフトは、日本代表監督に就任したときに風間を代表に呼びたがったが、風間はこれを拒否。サンフレッチェからはすでに高木、森保、前川と3人が招集されており、自分が抜けることを良しとしなかったのである。このときは今西が強化委員の立場でありながら、協会に断りの連絡を入れてくれている。

「今西さんから言ってもらって、大丈夫ですか?」「大丈夫じゃ。わしも中途半端にお前を出したない」

風間は今西のチームマネージメントをこう振り返った。

「ただの強化部長と違って、親会社からサッカー協会に至るまで、あらゆることに精通してすべてを網羅していましたね。後に僕も協会に行くんですが、そのときにチームと両方をやることの大変さが改めて分かりました。どこに対しても骨身を惜しまず、信頼関係をしっかりと作ってこられた。今西さんの凄さはそれに尽きると思いますよ」

今西の母堂が亡くなったとき、風間の母親は風間と一緒に葬儀に参列している。女手ひとつで男兄弟を育てあげてくれた母親は「あなたをここまでちゃんとさせてくれたのは、今西さんだから」と風間に語ったという。

日本をW杯へ導いた進言

戴冠以降も今西の選手を見る目は変わらなかった。あるシーズンオフに、前川、横内、コーチの月岡利明の3人の仲人《なこうど》を立て続けに頼まれたことがあった。前川は当時、日本代表だったので、マスコミ各社も式に来ることが予想された。娘の祐子が「着物やバッグは良いのにしないとね」と妻と話しているのを聞きつけると、「前川が日本代表だろうが、スタッフだろうが、(区別はせず) 同じでいい」と口を挟んだ。常に平等に接したいという気持ちがあった。仲人を頼みに来る選手が引きも切らないので、森山佳郎が来たときは「もうわしはできんけえ、高田 (豊治=サンフレッチェ広島育成部長) にやってもらってくれ」と断った。以降は引き受けていない。

予算の少ない地方クラブというハンディを乗り越えてサンフレッチェを優勝に導いた今西のチームマネージメントの手腕は日本サッカー協会に高く評価された。オファーを受けて1995年より、強化委員会 (後の「技術委員会」) の副委員長の任に就いた。最大派閥である早稲田卒でも古河OBでもない人間が協会の要職に就くことは稀有《けう》なことであった。

この時期、日本代表はW杯フランス大会出場に向けて加茂周監督の指揮の下で戦っていた。少し時間を戻してみよう。

カタールのロスタイムでアメリカW杯への夢は潰《つい》えたが、そのままオフトの代表監督続投という選択肢はゼロではなかった。しかし、最終的にはサッカー協会の幹部会は監督を代える方針を固めた。人選のテーマは「世界で戦った経験のある人物」ということで、1994年に元ブラジル代表監督のロベルト・ファルカンを招聘《しょうへい》する。

この頃になると代表監督にかけられる予算も増えていたのである。期待されたファルカンであったが、同年広島のアジア大会で宿敵韓国に準々決勝で敗れ、「最低でもベスト4」というノルマを果たせなかったために更迭されてしまう。

そして1995年1月に「コミュニケーションが取れる日本人」ということで横浜フリューゲルスの指揮官であった加茂周が代表監督に就任したのである。しかし、加茂は1月のインターコンチネンタルカップでナイジェリア、アルゼンチンに2連敗。以降11ヶ月にわたって指揮を執るも、手詰まり感は否めなかった。加茂の契約満了期に強化委員会（加藤久強化委員長）から提出されたレポートは加茂の続投ではなくネルシーニョ（当時ヴェルディ川崎監督）の登用であった。

今西を含む強化委員会のネルシーニョに対する評価は「ヴェルディでチームが大きな結果を出しているが、それだけではなく内容的にも若い選手の才能を見抜いて使っており、抜擢された若い選手が勝利に貢献している。彼が日本代表の監督になれば将来的にも長く活躍する選手が生まれるであろうし、何年か後の日本サッカーのためにもなる」というものであった。

加藤久委員長が推し、他の強化委員のメンバー、今西、田嶋幸三、金田喜稔《のぶとし》が全員一致でネルシーニョが次期監督というリポートに賛成して協会に持っていった。

しかし、年俸が高額で予算が合わないということで幹部会で却下されて加茂の続投が決まってしまった。内々でオファーを受けていたネルシーニョが、話が違うと、「日本協会には腐ったミカンがある」と言った事件である（これは長沼会長が関西学院の後輩である加茂にやらせたかったからという理由が流通しているが、私が今西ではないある強化委員から直接聞いた話によると、間に入った協会某スタッフがネルシーニョの要求してきた金額を改ざんして長沼に提出していたという。わざと破談に追い込むための行為である。興味深いところであるが、取材途中であり本稿のテーマからは外れるのでここでは触れない）。

この一件で強化委員会のスタッフは全員辞めてしまった。当然であろう。彼らからすればせっかく監督人事のリポートを上げてもトップダウンで決まってしまえば、何のための強化委員会かと憤ってしまう。

今西はまだ志半ばということで加藤久に『悪いけどわしは残るぞ』と伝えた。加藤は『それは今西さんの自由ですよ』と言ってくれた。当時、広島の先輩にあたる重松（良典）が協会の専務理事をしており、「皆を引き留めてくれんか」と頼まれたが、「それは無理ですよ」と断った。今西は組織改変されて技術委員長になった大仁邦彌《だいにくにや》に「加茂さんが自分を解任しようとした今西さんがいると煙たがると思うので五輪代表の方を見て下さい」と言われて、西野朗監督のアトランタ・オリンピック代表の方を担当することになった。

若い世代を見ることは好きだったので、U-23世代で構成される五輪代表の練習に熱心に足を運んだ。前園真聖《まさきよ》、城彰二、川口能活《よしかつ》、小倉隆史《たかふみ》、松田直樹、服部年宏、サンフレッチェからは上村健一、路木龍次……、そこには多くの逸材がいたが、ひとりの才能に目をつけた。その選手は最年少でありながら、しっかりと大人の目を見てのコミュニケーションが取れた。同世代同士でつるみたがる年頃であるが、むしろ年上のコーチたちとの会話を好み、まるで知的好奇心の塊に見えた。他の選手がゲームソフトなどに興じている中でも孤高を貫いて読書などをしている。東洋工業のマンモス寮の寮長時代から、それこそ何千人という10代の若者と接してきたが、出逢ったことのない早熟な印象を受けた。

「君は少し変わっているな。まだ19歳だが、キャプテンの器だな」と話しかけると

「サッカーは変じゃないとできないですよね」と中田英寿《ひでとし》は笑った。

このチームは見事に28年ぶりの五輪出場を勝ち取り、マイアミで王国ブラジルを倒すという偉業をやってのけた。

しばらくすると、大仁にとってはやはり年上の加茂が相手ではコミュニケーションが取りづらかったのか、今西はまたA代表に戻された。サンフレッチェがフリューゲルスをカモにしていたことからも分かるように、今西は加茂のサッカーの弱点を早い段階で見極めていた。サッカーメディアが盛んに持ち上げていた加茂の戦術ゾーンプレスであったが、96年12月15日のアジアカップのクウェート戦に敗れた際に、小野剛

（当時サンフレッチェ広島強化部コーチ）もまたその限界についてレポートを出していた。

W杯予選が始まった。序盤は9月7日ホームの国立でウズベキスタンに6対3で勝ち、9月19日にはアブダビでUAEと0対0で引き分けた。レベルが低い上に試合前日に来日したばかりでコンディションが最悪の状態のチームに3点を取られたウズベキスタン戦、幾度となく三浦知良《かずよし》にスルーパスを通し、自らもダイビングヘッドを放って得点の匂いをさせていた中田英寿を後半にベンチに下げてしまったことでスコアレスに終わったUAE戦。勝ち点4を稼いではいたものの、加茂の日本代表はすでにほころびを見せていた。

97年9月28日に東京で行なわれた韓国戦は、さらにそのウィークポイントがさらけ出された試合だった。

小野は韓国に対してはゾーンディフェンスにするべきだという分析報告を上げていた。守備的ミッドフィルダーの柳想鐵《ユ・サンチョル》（後に横浜F・マリノス、柏レイソル）がするすると後方から上がって来る。これがやっかいで捕まえないといけない。しかし加茂はなぜかマンツーマンで対応して混乱を招いた。67分に山口素弘（横浜F）がループシュートで決めた1点を守る意図で、73分に呂比須《ロペス》ワグナーに代えて秋田豊を投入した。ところが秋田のマークするFWの選手（高正云《コ・ジョンウン》）が交代で消えていた。相手が状況を変えることを予想していていなかったのか、想定外のことが起きると全く対応ができなかった。混乱は深まり、84分に徐正源《ソ・ジョンウォン》、87分に李敏成《イ・ミンソン》と次々にゴールを割られて逆転負けを喫してしまった。

10月1日、スタッフで緊急の話し合いが持たれた。今西は「選手は頑張ったのにこれはすぐに監督を代えにゃあいけん」と声を上げた。日本代表は10月4日に行なわれる次の遠征先であるカザフスタンに向けてすぐに出発しなくてはならなかったが、たとえカザフに勝っても必ず具申しようとその段階で決めていた。何よりチームが混乱した雰囲気であった。カザフスタン戦は前半22分に秋田のヘッドで先制。単調に長いボールを蹴るしかないこの格下相手にはさすがに勝つだろうと目されていたが、89分にズバレフのゴールで同点に追いつかれてしまう。

ここに及んでも加茂の作る試合の内容そのものは変わっていなかった。フリューゲルス時代にサンフレッチェがつけ入った守備の構築も相変わらずワンパターンなら、2代前の代表監督オフトのような攻撃の型も持っていない。W杯に行けるか否かという以前に、このままでは日本サッカーは進化どころか退化してしまう。カザフの首都アルマトイに帯同している技術委員は今西と大仁だけであった。ここでもう監督を代えないといけない。幹部の待つ部屋に向かった。長沼がいて、小倉がいて、川淵がいた。加茂解任は決まった。しかし、後任を誰にするのか。代表チームは日本に戻らずにこのままアウェイを転戦して1週間後の10月11日にはタシケントでウズベキスタンと戦うことになっていた。ある幹部は言った。「ここはジーコだ！」今西は頭を抱えた。ビッグネームであるが、監督経験のない人間にこの修羅場をいきなり任せるのか。しかも鹿島ですらもてあましているのに、足元を見られるこの現場ではいったいいくらふっかけられるのか分からない。そもそもウズベキスタンのビザがそんなに急に取れるのか。

今西は断言した。

「岡田（武史＝コーチ）しかおらんでしょう。練習もチーム状態も全部見とったし、選手との信頼関係も厚いじゃないですか。彼に頼みましょう」

こうして岡田が呼ばれた。それまでJリーグでの監督経験すらなかった人物である。しかし、今西の進言によって結果的にW杯へ2回、日本代表を連れて行く指揮官がこのとき誕生した。

最初の言葉は「感謝をしなさい」――片野坂知宏

2016年、片野坂知宏は大分トリニータに13年ぶりに指揮官として帰ってきた。かつて日韓W杯の開催地に立候補するために母体のないところから創設され、県リーグからJリーグまで驚異のスピードで上り詰めたトリニータは、2008年にはナビスコカップを制して地方クラブの雄と称《たた》えられた。

しかし、そんなクラブも翌年からは下降の一途を辿り、2015年の入れ替え戦では町田ゼルビアに敗れ、J3に降格していた。カップ戦まで制した元J1クラブが3部リーグに落ちるのは、史上初という屈辱であった。この窮地を救う切り札として片野坂はオファーを受けた。すでにガンバ大阪でヘッドコーチとして高い評価を受けていながら、敢《あ》えてその座を捨てて古巣に馳《は》せ参じた。J1の強豪からJ3への移籍である。おそらく環境や待遇面ではかなり厳しい変化があったと推察されるが、OBとして火中の栗《くり》を拾う決意は固かった。監督就任を決断すると、即座に恩師に報告の電話を入れたという。

「そうしたら、今西さんは『本当に大変な仕事だと思うけれど、何かあれば協力するから遠慮なく言ってくれ』とおっしゃったんです。考えてみたら、トリニータの創設にも今西さんは関わっておられたわけですから、そこに戻ってきたのも大きな縁を感じています」

まさにゼロから船出したこのチームは、スタートの段階からクラブ運営の経験豊富な今西和男を頼って、アドバイザーとしての指導を仰いでいる。当時の大分県サッカー協会理事長は今西と東京教育大学時代の同級生であった篠永武（故人）で、そのパイプを活かしたのである。

今西は広島でGMの任にあっただけではなく、日本サッカー協会の副技術委員長という重責を担っていたが、この大分での大役を（無償で）引き受けていた。最初の選手セレクションにも出席し、チーム編成ではサンフレッチェから現役の選手や指導者をトリニティ（創設時の名称）に送り込んで、産声《うぶごえ》を上げたばかりのチームを駆け足で昇格させるために、献身的に支えていった。今西は、その意味でトリニータ創成期の育ての親と言っても過言ではない。だからこそ、片野坂は自らが指揮官として率いることの責任の重さを感じて、口にしたのである。

片野坂が今西と出逢ったのは1989年、鹿児島実業高校3年のときであった。希望していた大学進学の道が潰《つい》えてしまっていた。別の進路を鹿実の松澤隆司監督に相談すると、今西が総監督を務めるマツダへの入社を勧められた。松澤はそれまでにも今西と強い信頼関係にあり、ふだんから密接なコミュニケーションを取っていた。

一方で、今西は松澤の指導を高く評価しており、鹿実の選手に対しては「責任感が強くて、自分の仕事をしっかりやろうとする。それも言われたままではなく自分の頭で考えて行動できる地頭が鍛えられている」という印象を持っていた。キャプテンをしていた片野坂のプレーも当然注目しており、「スピードはそれほどでもないが、技術はあるしメンタルも強い。広島に来てくれるのなら、ぜひ欲しい」と考えていた。松澤から「片野坂をマツダで受け入れて欲しい」と言われて、躊躇《ちゅうちょ》はなかった。

入社して今西が片野坂に最初に言ったのが、「感謝をしなさい」ということであった。まず、育ててくれた親に対して。そして、サッカーを教えてくれた今までの指導者の先生に対して。そういう人たちのおかげで、今サッカーができることに感謝しなさいと説いた。

「それから、たとえサッカーをやめた後でも、そのまま会社に残って仕事ができるように、今から考えて生活をしなさいと。僕はまだサッカーで成功するかどうかも分からない新卒の1年生ですし、本当にそこは大事だと思いました」

研修ではデスクワークだけではなく、車を製造する現場での作業も学ばされた。塗装、板金、タイヤ交換など……、突然大きなケガなどをして現役をやめざるをえなくなっても、いろいろな職場で対応できるようにしておけという今西の指示だった。さらに初日の仕事が終わると、「社会人として仕事をして」というテーマでレポートを提出するように言われた。配属された部署はサッカー部の先輩である横内昭展、前川和也と同じセクションで、片野坂は遮二無二社業にも励んだ。実直な性格はここで培養された。

「今思うと高卒1年目の新人に対する教育で、非常に重要なことを教えられたと思います」

基礎をしっかり作るという教育方針では、サッカー選手に対する育て方も同様だった。いきなりJSLでデビューということではなく、最初はマツダのサテライトにあたるマツダSC東洋（当時は地方リーグの中国リーグに所属）でプレーをするように言われた。フィジカルを鍛えて社会人のレベルに慣れてからトップチームで出場させようという意図であった。この辺りは今西がマンモス寮の独身寮の寮監時代に何千人もの10代の新入社員たちと向き合ったことで蓄積した経験が活かされている。まず自分の将来をしっかりと認識させること、その将来に向けての努力の仕方を具体的に教えて、最後は不安を払拭させて自信を持たせるのである。特に片野坂の場合は第一志望が大学であったために、余計に今の環境を前向きに捉えるように気を遣った。

1993年、マツダがプロ化してサンフレッチェ広島になると、入団3年目を迎えた片野坂も満を持していたかのようにトップチームのレギュラーに上り詰めていく。監督スチュワート・バクスターは、さかんに「ディシプリン」という言葉を使ったが、その決め事の中で片野坂は左SBとしての動きを徹底的に仕込まれた。特にサイドでプレッシャーをかけられたときに、ノールックのように素早くはたくプレー（＝ワンタッチフリック）の出し方は繰り返し教わった。

そのスキルがJリーグ開幕の初陣《ういじん》で見事に花開いた。同年5月16日、日本プロサッカーリーグの第1節サンフレッチェ対ジェフの前半開始1分であった。サンフレッチェのFKから前に運ばれたボールが左サイドで詰まって、一度、中盤まで戻されてきた。

「バックパスか……」。いったんトラップして組み立て直すと誰もが考えて、弛緩《しかん》した空気がピッチ上を流れた。しかし、このボールを受けた片野坂は神経を研ぎ澄まし、次の瞬間に抜群のアイデアを発揮する。ダイレクトでペナルティエリアに絶妙のアーリークロスを入れたのである。ただひとり感じていたのは、ボランチの風間八宏だった。2列目から脱兎《だっと》のごとく走り込み、ディフェンダー2人の間を食い破って、見事なボレーシュートを叩《たた》き込んだ。

Jリーグにおける日本人による記念すべき初ゴールであった。記録したのは風間であるが、この得点をアシストしたのが左サイドから相手の急所を突いた片野坂。弱冠22歳の若手とドイツで揉まれて帰国した31歳のベテランとの意思が、自然にシンクロしていた。両者共に今西のリクルートによって入団した選手であり、当時のサンフレッチェの組織としての強さを象徴する得点シーンであった。

やがて片野坂と言えば、大胆不敵なオーバーラップと相手陣形が整う前に放り込む速いクロスが代名詞になっていく。どのように判断して攻撃参加をしていったのか。

「それは予測してのアクションです。まず見るのは味方がどのようにボールを持っているのか、そして相手のディフェンス陣が自分のマークをどのようにしているか。対《たい》峙《じ》する敵の右サイドバックはもちろんですが、その奥の選手のポジショニングも確認して、パスが来たらどこにスペースができるか、二手三手先を読んで動いていました。あの頃はまだ20歳そこそこで自分のことで精一杯でしたけど、チームを勝たせるためには何ができるか、それを徹底的に考えていました」

1994年のサンフレッチェの強さをひと言で言えば、バランスの良さであった。ポジションにも年齢にも偏りがなく、選手のタイプも速いハシェック、強い高木、一発のあるチェルニー、ゴリゴリとドリブルで仕掛ける盧廷潤と、個性豊かなタレントが多彩な攻撃を司《つかさど》っていた。

一方、ディフェンスにおいてはバクスターの戦術が浸透し、22歳の片野坂は左サイドバックの位置でその組織的守備の心地よさを享受していた。ボランチの風間、森保が相手にプレスをかければ躊躇なく挟み込みに行った。それに伴って最終ラインから佐藤、柳本というスピードのある選手が必ずサイドのカバーに来てくれるのだ。だから、機を見ての得意のオーバーラップも後ろを気にせずガンガン上がって行けた。

自然とパスコースは増え、ときに前線の高くて速い選手に自らの武器である早めのクロスを入れて得点を狙い、ときに左サイドハーフのチェルニーにワンタッチで出して局面をがらりと変えた。象徴的なプレーは、この試合に勝てば優勝に王手がかかるという6月8日に行なわれた第20節のジェフ市原（当時）戦で見られた。

0対0で迎えた後半8分、楔の高木にボールが入る。小林伸二とのマンツーマントレーニングで鍛えられた高木のポストプレーは堅実で、ディフェンダーを背負いながらもしっかりとターンすると左に回り込んだ。ドリブルで直進し、そのままボールを前方に流し込むとゴールラインぎりぎりで追いついたチェルニーがヒールで後ろに戻す。そこに片野坂が猛スピードで駆け上がってきていた。倒れ込みながら左足でダイレクトクロスを上げると、ボールはピンポイントで中央で待つハシェックの頭上に飛来し、チェコ代表のキャプテンはディフェンス2人と競《せ》り合いながらこれをゴール右隅に叩き込んだ。組織として意思とアクションが見事に連動したあまりに美しい先制点だった。

　これでサンフレッチェは勢いに乗り、4対2でジェフを破った。当時日本五輪代表監督であった西野朗は、スポーツ紙の解説でこのように書いている。

「広島のサッカーを一言で言えば、組織力のサッカー。各選手の役割分担がはっきりし、それを11人が完璧に理解し、実践しているために安定感がある」

　さらに個人技に頼るヴェルディと比較して、「川崎は軸になる選手が一人抑えられるとチームとして機能しなくなる。（広島は）この出来と勢いなら優勝は99％間違いないだろう」と断言している。事実西野のこの予想は当たるのであるが、片野坂自身は当時のサンフレッチェをこう冷静に分析する。

「システムもそうですが、選手同士のコミュニケーションが取れていました。中心がキャプテンの風間さんで、風間さんが周囲の選手に対して意見をガンガン言うし、逆に周りの意見も聞いてくれたんです。本当にリーダーとして引っ張ってくれていて、高木さん、前川さん、森保さんという日本代表選手もチームのためを第一に考えてプレーしていました。まだ若かった僕はそれに従ってやっていただけですけど、一体感が凄くありました。今思えば、そういうひたむきにサッカーに向き合う選手、ストイックな選手を今西さんは集めていたのかなと思います」

そしてサンフレッチェの選手の個性について、こんなことを言った。

「Jリーグが開幕したばかりの頃ですから、派手な関東のヴェルディとか横浜マリノスとかのチームの選手と比べると広島は個性がないと捉えられていたかもしれません。メディアの前でも、プロ選手というムードを見せる以前に普通の社会人として振る舞っていた人が多かったんです。23年経《た》って今はだいぶ変わって来ましたが、昔のマスコミの方にとってのプロの個性というのは、ビッグマウスや派手な服装や装飾品であったりしましたから、広島は地味な印象であったんでしょう。でもよく見てもらえば、フィールドで行なっているサッカーでは玄人《くろうと》受けする凄く個性的な選手がたくさんいましたよ」

その個性については先述した。この1994年優勝時の広島の先発メンバーのうち、実に4人が（かつてヴィッセル神戸で指揮を執ったハシェックを入れれば5人）Jリーグで監督をしている。

片野坂は1995年のシーズン途中から柏レイソルに移籍し、4年半で通算103試合出場する。アーリークロスの威力は絶大で、名古屋グランパスのサポーターからすると一時「空気を読まない片野坂」と言われていた。1996年9月28日の瑞穂《みずほ》競技場で退任するベンゲル（元アーセナル）監督の最後の試合で、クロスをそのままゴールに放り込み、決勝点にしてしまったのだ。日本のラストゲームを敗戦で終えたベンゲルの挨拶時の苦笑した表情が印象的であった。

柏から大分トリニータ（2000年）、ガンバ大阪（2000〜2001年）、ベガルタ仙台（2002年）とキャリアを続け、2003年に再び移籍した大分で現役を終えている。

「指導者を具体的に意識したのは2000年に大分に入団したときですね。このときに溝畑GM、立石強化部長と話をさせてもらって、将来はフロントに入って活躍して欲しいと言われて、ゆくゆくはそういう立場になろうと決めたわけです」

実際に約束どおり、引退後はまず大分でスカウトとして活躍。古巣広島の皆実高校から森重真人を獲得するのに成功している。

2006年にS級ライセンスを取得すると指導者としての力量を高く評価され、J1の強豪クラブから引きも切らないオファーを受け続ける。翌年から3年間、ガンバのコーチ兼サテライト監督、2010年からは4年間、広島のヘッドコーチ、2014年からは再び2年間ガンバのヘッドコーチに就任。この間、3位、天皇杯優勝、3位・天皇杯優勝（ガンバ）、7位、7位、優勝、優勝（サンフレッチェ）、優勝（ガンバ）と勝者のメンタリティーを全身にまとったと言えよう。継続してJ1のガンバでコーチを務めるという道を断って、J3大分で監督になることを決断したのは、小林伸二（現ギラヴァンツ北九州監督）に対する恩義も大きかったという。

「僕は2002年に現役の契約は切れるんですが、そのときに小林さんに大分に呼んでいただいて何とかまた1年間プレーができました。その後も強化に携わってチームの中のことも分かるようになったし、S級も取らせていただいた。その恩を返さないといけないと思ったわけです。サンフレッチェではペトロビッチさんに魅力的なサッカーの作り方を、ガンバでは長谷川健太さんに選手とのコミュニケーションの取り方を学びました。それらを大分で実践していきたいです」

J3開幕戦3月13日、片野坂率いるトリニータは、長野パルセイロに1対0で勝利した。大分が開幕で勝利したのは片野坂が現役で先発に名を連ねた2000年以来、実に16年ぶりであった。この日は今西が広島から観戦に来ていた。今西が育成した人材の大分における継承は小林、片野坂と続く。

バブル崩壊後の再建

1996年を過ぎると急速にJリーグバブルが弾《はじ》けていく。サンフレッチェも観客動員数が一気に減少した。しかし、親会社のマツダもフォードとの間での経営再建の途中であり、資金の持ち出しは期待できなかった。高騰した選手の年俸を払うことができなくなったために、やむなく多くの主力を放出せざるをえなくなった。選手との契約も担当する今西は、手塩にかけた選手に減俸を提示せねばならず断腸の思いだった。

96年にハシェック、森山、片野坂、97年には高木、森保、路木、98年に柳本がそれぞれ紫のユニフォームを脱いでいく。それでも彼らは「今西さんに言われたら判を押すしかないし、数字に納得できずにチームを出たいと言っても『その方がお前のためじゃ』と言って親身に人生の相談に乗ってくれるので、切られたとか、追われたとか全然思っていないです」と口を揃えた。

この頃、首都圏の試合に必ず応援に駆けつけていたマツダサッカー部時代からの友人は、今西からこんな言葉を聞いている。

「歳《とし》をとって体力も落ちてきたし、忙し過ぎてしんどいと思うことが増えてきたけど、若い子たちには将来がある。じゃけえ、やっぱりやつらの先のことはちゃんと考えてやらんといけんと思っとる」

97年の年間予算は16億円で、リストラは断行せざるをえなくなったが、今西は教育予算だけは絶対に削らなかった。どんなに苦しくても人を育てるシステムだけは放棄してはいけない。選手は財産という発想があった。プロ化がなされて5年が経過したこの時期になっても、すべての選手に年2回、新人は2ヶ月に1回、必ず面接を施した。サポーターから送られてくる手紙には必ず返事を出し、どこで調べたのか携帯にかかってくる「何で○○を出すんだ」というようなクレームにも対応した。「クレームを言いにくる人はその時間をわざわざ作ってくるんじゃ。そんだけ熱心な人は話せば分かる」。人間関係の不信感はコミュニケーション不足から来る、それをクリアーすれば必ず分かり合えるというのが今西の持論だった。

監督は95年にバクスターからビム・ヤンセン、97年にはエディ・トムソンへと代わる。この時期はトップチームが世代交代と故障者の多さに苦しむ一方で、アカデミー、ジュニアユース、ユースの育成組織が充実の時代を迎えようとしていた。森崎和幸、森崎浩司、駒野友一が広島ユースから順調に昇格していき、2000年元日には久保、藤本主税《ちから》、上村健一、ポポヴィッチ、フォックスらを揃えて天皇杯のファイナルにまで駒を進めた。

「そろそろ攻撃的なサッカーを」。2001年には今西は頃合いと見てロシア人監督のヴァレリー・ニポムニシにオファーを出した。1990年のイタリアW杯においてカメルーン代表の監督として38歳のロジェ・ミラを起用して暴れ回り、アルゼンチン、ルーマニア、コロンビアに土をつけてアフリカ勢で初のベスト8に導いた指導者である。

今西はヴァレリーが1994年に指揮を執った韓国Kリーグ・富川油公（現済州ユナイテッド）での超攻撃的なスタイルを見て、いつかは日本に呼ぼうと考えていた。下部組織とも連動させてアグレッシブなサンフレッチェサッカーをクラブとして確立し、その魅力を発信していくことで経営的にもプラスに転化させようという戦略であった。頃合いを見てヴァレリーのマネージャーを通じて打診した上でモスクワに飛び、一気に契約に結び付けた。

ヴァレリーは就任すると4－3－3の3トップを採用。久保、大木勉《すすむ》、藤本という自分で点を決められるストライカーを前線に3枚並べた布陣は、抜群の破壊力を誇った。選手は当初は戸惑いがあったものの、戦術が浸透してくると結果がついて来た。2ndステージは3位という好成績で次シーズンに大きな希望を持たせるものとなった。育て上げた人材は豊富だった。日本代表候補の上村、藤本、久保、3年後に控えたアテネ五輪代表候補にはU－21の常連となった森崎浩、森崎和、闘莉王《トゥーリオ》、駒野がいた。

「攻撃的なサッカーでリーグ優勝を果たす」。それは日本サッカーを広島から牽引《けんいん》するという大きなミッションでもあった。しかし、年末に不測の事態が起こり、ビジョンは暗転する。ヴァレリーが家庭の事情を理由に突然辞任を申し出てきたのである。

オファーした監督には最低でも2年間は指揮を任せてきた今西にとっては、大きな誤算であった。後任を探したが、芽吹いたサッカーを継承できそうな人材はなかなかいない。結局、当事者であるヴァレリーが推薦したFCアンジ・マハチカラのロシア人監督ガジ・ガジエフに任せることになった。今西が長く外国人監督を招聘して来た中で唯一、その試合を観ずに決めた監督人事であった。

ヴァレリーを信じようとした末の決断であったが、その期待は裏切られた。ガジエフは初めての外国での指導ということもあり、始動時からスタッフや選手とのコミュニケーションを欠き、迷走していく。どういうコンセプトで戦うのか、意思統一ができず、開幕前にキャプテンの上村が大ケガをしたことも尾を引いて、全く勝てなくなってしまった。6月の日韓W杯による中断期間中のキャンプでもチームを立て直すことができず、7月にガジエフは解任となった。これまでシーズン中に監督が代わるのは、初めてのことであった。

今西はこのとき、専門誌にこう言っている。「ヴァレリー、ガジエフ両監督の辞任でチーム作りが半年以上遅れてしまった」。自信をなくしてしまったチームはリードしていても終了間際に失点を繰り返した。最後は柏、神戸との残留争いになり、ついに最終節にもつれ込んだが、そこで力尽きた。

この年、マツダの現役時代から指導し、身内の不幸の際には香港で共に偲《しの》んで一夜を明かした松田浩が監督を務める神戸が残留し、同様にユースの指導者として鍛え上げた小林伸二の大分がJ1昇格を決めた。強烈な「恩返し」をされたが、2人の成長が嬉《うれ》しくもあった。

J2降格が決まると、今西は「どうであれ監督を選んだのは自らの責任である」として、潔く総監督を辞任した。61歳、還暦を過ぎていた。ゼネラルアドバイザーとしてサンフレッチェには関わりながら、サッカー専用の「スタジアム推進プロジェクト」の事務局長に就任する。

2005年には、吉備《きび》国際大学でスポーツ社会学科教授として教鞭《きょうべん》を執ることになった。教え子に対する熱い指導は変わらなかった。学生たちには毎回レポートの課題を出し、多忙な中で毎月90人分の添削指導を欠かさなかった。

文章が書けない学生がいると「小中高と、教師は誰もこの子に日本語が書けるようにしてやらんかったんか。わしはその憤りの方が大きい」と呻《うめ》きながらマンツーマンで指導した。このまま広島でその後の人生を過ごしていくと本人も家族も思っていた。

ところが、意外なところから風が吹いてきた。岐阜である。99年にサンフレッチェに在籍していた森山泰行から、故郷の岐阜にクラブチームを作るにあたり、ぜひ力を貸して欲しいと頼まれたのである。今西には広島を離れられない理由があった。しかし、頼まれると断れない性格が頭をもたげた。大学の授業もあるので週に数回、チーム作りに関する部分だけなら、という条件で東海社会人2部リーグに所属するFC岐阜の顧問を引き受けた。

会話しない天才ストライカー——久保竜彦

久保竜彦は心に決めた。「俺はもう絶対にここではしゃべらんとこ」

福岡県筑前町から出て来た18歳の少年にとって、広島は大都会だった。自分の口から出る九州の訛《なま》りが恥ずかしくて仕方がなかったのである。極度の人見知りであったから、プロ入りを意識したのは筑陽学園高校の1年先輩である久藤清一《くどうきよかず》がジュビロ磐田への入団を決めてからで、漠然と自分も行きたいと思ったにすぎなかった。3年生になると、校長室に同級生の大場啓《あきら》（1996〜2006年　大塚製薬／徳島ヴォルティス）と一緒に呼ばれた。部屋の中ではサンフレッチェ広島の強化担当という人が精悍《せいかん》な顔つきで待っていて、いくつか質問を受けた。久保の当時の記憶では「なんか偉い人の部屋で、今西さんと会ったのは覚えてます。印象は、何もないですね。怖そうな顔でした。『怖いわ、これ多分』って思ってました」

一方、今西は筑陽の吉浦茂和監督から見てもらいたい選手が2人いるという連絡を受けて、現場に河内勝幸コーチを飛ばしていたが、サンフレッチェの予算からすれば、取れるのは1人だと思っていた。河内の報告では久保が面白いということだった。しかし、学校で会ってみると、キャプテンでもある大場はハキハキと話すのに対し、久保はボソボソと単語を繋ぐだけで、全く会話にならなかった。

「困ったのう。うちはチームとして勝とうとしとんじゃが、これでは会話にならん」

それでも、類まれなポテンシャルの高さは感じることができた。インターハイにも選手権にも出場はしておらず、全国的には全く無名の選手であったが、今西は野育ちゆえの久保の素材の確かさを認めていた。後に「日本人離れした」と必ず形容される身体能力の高さはすでに備わっていた。

久保はサンフレッチェ入団と同時に、マツダの社員寮でもあった小磯寮に入る。冒頭の決意は、そのときになされたものである。今西は選手に対しての人間教育を重視し、特に新人に対してはサッカーバカにならないように、ことあるごとに説き、様々な研修を施していた。若い選手には講師を派遣しての話し方教室を行ない、コミュニケーション能力を磨くことを義務付けた。しかし、久保はこれが嫌で嫌で仕方がなかった。

「先生が来て何か言われるんですけど、自分は福岡の南の田舎で訛《なま》ってるし、もうしゃべるのはやめておこうと。そんときも寝てるか、行かないか、どっちかでした。行かないと叱られるんですけど、やっぱり行かなかった」

唯一、心を開いたのが、チームドクターの寛田司だった。入団のメディカルチェックのときには注射を嫌がってさんざん手を焼かせたが、寛田の親が宮崎出身で九州の言葉が話せると分かると、急に親近感を持って接するようになった。「俺も九州や。お前も普通にしゃべればよか！」と寛田は言ってくれた。

しかし、日常においては純朴な久保は孤独だった。寮では一切、誰とも口を利かなかったし、加えて食堂で供給される食事が合わなかった。アルマイトの食器も嫌だった。自他ともに認める偏食家でもある男は、コンビニの弁当や惣菜《そうざい》パンばかり食べていた。これから身体を作るアスリートの食生活がこれでは話にならない。

今西は寮の横にある旧知の居酒屋「うみ」のおばちゃんに頼み込んだ。「うみ」は、今西が現役を引退した直後から馴染みにしていた海鮮料理の美味な料理屋であったが、店主が亡くなっていたこともあり、すでに店を閉めていた。そこを何とかして欲しいと頭を下げて、久保のために特別に食事を作ってくれるように取り計らった。「うみ」は元々日本代表にも選出された東洋工業のDF川野淳次が「凄く旨《うま》い魚を食わせる店がある」と言って、サッカー部に広めた店である。賄《まかな》い料理も新鮮な海の幸がふんだんに使われており、久保は口にしてすぐに気に入ってしまった。「これ、九州の味に似とる。めちゃくちゃ旨い」。以降は入り浸った。「うみ」の明かりが点《つ》いているので、勘違いした一般客が「復活したん？」と店に入ってくることもあったが、おばちゃんは「いや、違うんよ。久保くんは身内やからよ」と丁寧に断っていた。

食生活が安定すると、プレーにも余裕が出た。最初はサテライトリーグでセンターバックやサイドバックをやっていたが、FWにコンバートされると、一気に才能が開花した。久保はものが違う！　とトップの高木琢也や森保一も一目置くようになった。

「外国人ストライカーもよく見てきましたが、タツは見劣りしないどころか、それよりも凄いと思わせるものがありました」（高木琢也）

サンフレッチェを背負って立つことは疑いのないところで、今西はこれを機会に久保の私生活を安定させようと決意した。相変わらずチームメイトと口は利かなかったが、九州の男らしく酒が好きで、街で飲み歩くうちに酒場で飲み友達ができていた。飲み友達に呼ばれて外出し、泥酔して帰って来て、寮の前の電柱に寄りかかってチームの名前の入ったジャージーを着たまま寝てしまっていることもあった。今西は秘密裏に高校の恩師に連絡を取り、彼女の存在がいることを知ると単身、福岡の両親のところに向かった。

「どうぞ、竜彦くんを早く結婚させてあげて下さい。彼はまだ若いけれど、私も23歳で結婚しました。サッカー選手として一番重要な時期です。責任を持たせて、生活も安定させてプレーに集中させてやって下さい」

丁寧に早婚を勧めた。広島に帰ると久保の飲み友達のところへ回って、大事な時期じゃけえ、これからはタツを飲みに誘わんでくれと訴えた。入団3年目、21歳で久保は挙式する。

「最初に見た今西さんは怖かったけど、怒鳴られたこととかは全然なくて、自然にいろんなことを気付かせてもらいました。僕は若い頃は勉強もせんと、好きなことしかせえへんかった。プロやしカネがあったから毎日飲み歩いてて、僕はふだんしゃべらんけど、酒を飲むとすぐに友達ができるんです。でも、それじゃあダメやと分からせてくれたし、結婚も無理やりじゃなくて、自然に決めてもらった感じでうまくいきました。カッコいいんです。それから、あの人の、人への接し方とか、じっと見ていて真似《まね》しようとかしていました」

久保には強烈な記憶がある。

「海が目の前にある鯛尾のグラウンドで練習したときなんですけど、ぼうっとしていたら、いきなり海の中から今西さんがブクブクって現れたんです。『よーし、これ獲《と》ったから練習終わったら、皆で腹一杯食え』と言ってサザエやアワビをくれたんです。

何しとったんですかって聞いたら『わしはいろんな海に潜るのが好きなんじゃ。タッは外国に行っても何も食わんけど、遠征に行ったらその土地の市場に行ってみい。市場に行ったら、美味しいもんがいっぱいあるんで』って。漁業権とかあるかもしれんですけど、その態度に惹《ひ》かれました」

無骨でぶっきらぼうだが、選手のために何か食わせてやりたいという、その振る舞いに驚き、この人について行きたいと思った。若い久保がイエローカードをもらってばかりいた時期があった。そんなときも、今西は戒めてくれた。

「審判に突っかかって退場になることばっかりしとったんです。そんで結構、東京のJリーグの偉い人のとこに謝りに行ったんです。そういうときに『タツ、カーッとなったときは深呼吸してみろ』と言ってくれたんです。そんなことできるんじゃろか、と思ったんですけど、チームに迷惑をかけとるんは分かっとったから、やってみたんです」

落ち着きを取り戻すと久保は徐々に頭角を現し、結婚した翌年にはエースとして定着した。試合で活躍すれば、ホイッスルの後は当然インタビューが待っている。ファンに肉声を伝えるのもプロ選手の務めである。しかし、ブレイクし出した当初のやりとりを見て今西は頭を抱えた。

「試合を振り返っていかがですか」「……」「シュートの瞬間は」「分からん」「次節の

目標は」「知らん」

今西は久保に話し方を教え込むと同時に、純朴で口下手な男のために試合後のヒーローインタビューの際にはレポーターに「事前に何を聞くかタツに教えてやっておいてくれ、質問も三つ以内で」と頼んでいた。それでもキャスターの長嶋三奈が父親ゆずりの無邪気さで、いきなり五つも六つも速射砲のように聞き出したときは、目が回った。

高校時代に全く無名であった久保は、98年10月28日のエジプト戦でA代表に初招集されると、翌年も1試合、2000年には5試合に出場して着実にA代表での実績を重ねていく。トルシエもジーコも、何より対戦した相手国の監督が、そのポテンシャルの高さを評価していた。しかし、久保本人にとって代表は決して居心地の良いものではなかった。

「ジーコの頃になると、後輩も増えて、飲んで本心が分かる相手もできてきたけど、それまではやっぱりしゃべる人もおらんかったし、しんどかったしね」

そういう中で、今でも忘れられない試合があるという。トルシエ時代の2002年5月14日、アウェイのオスロで行なわれたノルウェー戦である。

「どこか覚えとらんですけど、何か寒いところでやったときです。本当にしゃべる人がおらんで、息苦しかったときに先発やったんですね。ほんで始まる前に（ピッチから）スタンドを見たら、そこに今西さんがおって、目が合ったんです。来とるんや、と思ってびっくりしてたら、こうやってガッツポーズを作って見せてくれたんです。ほんで『ヨッシャー、やったる！』と思いましたね。ビビってたわけじゃないけど、腹が据わるというか、そういうのがありました。でも試合じゃ何もできんかったけど（笑）」

しかし、この4年後の２００４年4月28日。ネドベド、コラー、ロシツキー、ポボルスキーを擁し、世界ランキング1位（当時）であったチェコとの一戦で、久保は周囲を驚愕《きょうがく》させるスーパーゴールを決める。前半32分、右サイドを駆け上がり、ワンフェイクを入れて切り返すと次の瞬間、目の覚めるようなシュートでこの年に７００万ポンドでレンヌからチェルシーに移籍することになる鉄壁のGKチェフのブロックの右隅を抜いたのである。規格外のプレーにかわされたチェコのDFのウイファルシは「一瞬で何かを起こすタイプ」と絶賛した。

環境にさえ順応すれば海外でも十二分の活躍が期待されたはずである。W杯には無縁であったが、返す返すも代表の久保をもっと観たいと思ったサポーターは多かったはずである。

そんな久保が密《ひそ》かに憧れている選手がいた。ＡＦＣユースの１９９４年大会で安永聡太郎（当時、清水商業高校）と2トップを組んで大活躍をした1学年上の大木勉（当時、青山学院大学）である。

「テレビで観て驚いたです。FWとしての細かいステップやったり、独特の間合いやったり、ディフェンスが予測する前にアクションを起こして先手先手で仕掛けるタイミングとか、カッコええなあ。あそこに近づきたいなあと思ったし。そうしたら、急にうち（広島）に来るっていうんで『やったあ！　キターッ！』って」

大木の青学大を中退してのサンフレッチェ入団にも、今西の力が介在していた。大木は大学サッカーでのプレーを一度は選択したものの、日本代表ユースでの活躍からプロ志向に切り替わってきたとの情報を得た今西は、いち早く東京に飛んでいた。その高い技術を評価していたので、ぜひ欲しいと考えていたが、もしかしたら関東のチームに行きたがるのではないかという懸念があった。

「愛媛の南宇和高から青学に行くくらいなんで、中央志向が強いんかと思っとったら、僕は広島に行きたいと言うんで『しめた！』と思うてね」

当時、絶頂期にあったヴェルディ川崎や横浜マリノスを出し抜く形で、大木の入団が決まった。しかし、今西にはもうひとつの心配事があった。

「ボールを止めること、蹴ること、特にシュートの正確性は私が関わってきたサンフレッチェの中でも間違いなくトップクラス。しかし、久保と同様にコミュニケーションが苦手な子じゃった。大木は性格的に、大学という場所の空気に馴染めんかったんじゃろうね。向き合って話しとっても、すぐにうつむいて視線を外してしまうんで、ひと月に一度は必ず会って『大木くん、ちょっと上を向いてごらん。下を向いていたら、俺と話したくないように思われるぜ』って会話を重ねとったんですよ」

一方、久保は遠くから見ているだけの存在であった大木の入団が嬉しくて仕方がなかった。

「1回、練習を見ただけで『何じゃ！　この人は！』って思って。自分の間《ま》で勝負できるし、2トップでこれに付いていったら、めちゃくちゃ面白くなりそうやなって思ったんで、必死にそばに行って練習しましたね。2人1組の練習も初めてやのにべったり付いていって『誰や、お前！』って言われるくらい一緒にいました。しかも寮の部屋も隣なんですよ。『うわっ、近い』って引いたけど、好きやったんで、ちょっと行ってみようと思って。そんで入っていって『ズボンください』とか言うて、もらったりしてました。ほんで話すようになって大木さん大学どうでした？　って聞いたら『ああ、一日も（大学の）授業出んかったわ』とか言うてました」

「ミュージシャンズ・ミュージシャン」という言葉がある。素人は気付かなくても、同業者の目は確かである。才能は才能を知る。大木のプレーが久保を魅了し、結果的に心を開かせたのである。そこに言葉は必要なかった。久保と大木はいつも一緒にいた。

今西は選手教育の一環として、講師を招いてのプレゼンテーションやスピーチ、ディスカッションの講座を催していたが、この2人が組むと全く会話が進まなかった。

「あの2人は今何をやっているのか、分からないもんだから、『皆の前で話し合え』と言っても止まってしまいよるんですよ。ところが、これがプレーになると、まさに阿吽《あうん》の呼吸と言うんかな。トントントンと素晴らしいコンビネーションプレーを見せよるんですよ」

ピッチでは、ボールという最大のコミュニケーションツールがあった。久保は早い結婚によって私生活が落ち着いてきたこともあり、不動のFWとして順調にキャリアを重ねていった。

今西は大木についても試合に出さないと成長しないと考え、J2の大分トリニータへレンタルに出すなどして、キャリアの覚醒を図った。大木の場合は技術の高さは誰しもが認めるところであったが、ケガの多さと運動量の少なさから、実力に見合う評価を外国人監督から受けられなかったことが災いしていた。レンタル先の大分でも、ケガに見舞われて満足な活躍ができず、2000年のシーズン終了時に解雇されてしまう。

J2をクビになった選手をJ1のレンタル元が戻すわけにはいかない。他のクラブのテストも受けたが、どこも不合格になり、大木は故郷、愛媛に戻ってハローワークで職を探していた。そこに今西から電話がかかってきた。「何をしとるんや」「仕事を探しています」「広島に戻って来ないんか」「えっ、まだサッカーできるんですか」「お前はまだできる。わしがまた取るから帰って来い」

一度は戦力外とした選手に対し、会社のトップは、いま必要なのはディフェンダーじゃないのかと渋い顔をしたが、守備の選手はシステムに馴染むのに時間がかかることを説明し、2001年7月までの半年契約でねじ込んだ。入団後、苦闘は続いたが、6月20日ナビスコカップのFC東京戦、まさにもう後のない崖っぷちから大木は這《は》い上がった。1－1で味方が退場者を出した劣勢の延長から出場。ここで結果を出せなければ、解雇は決まっていた。盟友の久保からのパスに身体が自然に反応した。ボールを受けるとワンタッチで返し、そのまま前方への爆発的なダッシュを敢行した。久保はダイレクトパスで、これに応える。大木は織り込み済みだったそのボールを落ち着かせて、DFを1人かわすとそのままゴールにぶち込んだ。

「どうする？」「行け！」「よし、出せ！」

話し方教室では身じろぎもせず、全く無言だった2人の、これ以上ない雄弁なボールの会話であった。大木はこの決勝点で残留が決まり、久保、藤本（主税）らと攻撃を担う貴重な戦力となった。2007年には故郷の愛媛FCに移籍して、2012年までJリーグで現役を務める。あのときに広島に戻っていなければ、その後の人生は、全く違ったものになっていたであろう。

久保はその後、2015年まで、廿日市FC（Jリーグをトップリーグとすると5部リーグに相当する地域リーグ中国リーグに所属）で現役を続けながらNPO法人廿日市スポーツクラブでストライカー養成コーチを行っている。就任の経緯は序章に記している。大木が愛媛FCを引退すると、すぐに電話をしてチームに誘い、広島県リーグで再び一緒にプレーしている。

「ベンさん（大木）は現役辞めて車の販売の仕事をしていたんですけど、電話したら『仕事に行きたくねえ、サッカーしてえ』ってずっと言ってて、ヤバかったです。そんなら、また2トップ組もうやって言って誘ったんです。将来はS級取ってプロの指導者というよりも、僕が一番サッカーが楽しかったのは三輪小学校のときやったんで、そういう楽しさを子どもたちに、まず教えたいと思ってるんです。（ツエーゲン）金沢で引退して広島に帰るのを選んだのはやっぱり、自分を人として成長させてくれた人がおったからです。人生の節目では『タツ、そういうときはな』といつも僕を信じて指導してくれました」

実は久保は、2010年に金沢に移籍する前に今西からFC岐阜に来ないかというオファーをもらっていた。しかし、これを断っている。

「もう自分のスピードが衰えとるのも分かっとったし、今西さんに迷惑かけたくないとめっちゃ思ったんです。社長さんやったしね」

今西のマインドを今、久保は広島市で巡回コーチをしながら子どもたちに伝えている。

第3章

クラブは地域のために——FC岐阜

2011年、FC岐阜にとっては苦難の年だった。

©アフロ

J2昇格への戦い

2007年。今西は請われてFC岐阜のGMに就任した。このチームは元々、2012年に開催される岐阜国体向けに設立されたNPO法人スティックルバック・スポーツクラブのサッカー部門であった。1997年に大垣にある西濃《せいのう》運輸のサッカー部が廃部になって以来、県内に社会人チームのトップがなくなっていたので、国体の受け皿用に岐阜県サッカー協会によって作られたのである。

2006年にこれがJリーグ加盟を目指すということになり、同年8月に法人化されて株式会社岐阜フットボールクラブとなった。初代社長は岐阜経済大学教授の鈴木誠であった。

ユニフォームの色は青から緑に変わり、チームの本拠地もこの2007年を機に大垣から岐阜に移った。岐阜の政財界はこの大垣市を中心としたいわゆる西濃地区と岐阜市をメインに据えた岐阜地区に大きく二分されており、後述することになるが、この大垣から岐阜へのホーム移転が後々まで尾を引くことになる。移動しようとすれば列車でほんの12分ほどの距離にすぎないが、金融機関も前者のメインバンクが大垣共立銀行、後者が十六銀行ときっちりと分かれており、あたかも連邦国家のような様相を呈している。しかし、サンフレッチェのジェネラルアドバイザーを辞して広島から参画した当時の今西は、そんなことを知る由もなかった。そしてチームの内情も……。

前年（2006年）に東海社会人リーグ1部からJFLへの昇格を決めていたFC岐阜は、次のステージとしてJ2に昇格するための戦いを始めていた。しかしその組織はサッカーの現場以前に会社の体《てい》を成していなかった。資本金は当時の役員4人が50万円ずつ供出した200万円しかなく、常勤スタッフも確保されていない状況であった。当時を取材した岐阜新聞の記者によれば、

「若い連中が勢いだけで作ったクラブで、まあ作ったことについてはとりあえず評価もします。ただ、大垣の経済人たちに言わせると、商工会議所加盟の各企業の担当者を集めて支援を求めてきたんだけど、あまりに軽く考えていて、要するに手順もないし誠意もないし、そんな連中が何やらサッカークラブをやっているんだという、地元財界は最初から突き放した形になっちゃったんです。そんな高いハードルがもうできた中で今西さんが見えたんです」

整備されていない状態はJリーグへの加盟申請の書面にも如実に出た。2月に提出した準加盟申請は諸々《もろもろ》の条件を満たしていないということで、理事会で承認されずに継続審議となった。

何より今西が、選手契約が終わっている2月に着任して驚いたのは、すでに前任の

経営者たちによって、クラブの累積債務が2億円(第2期決算までに2億1300万円の繰越損失=十六銀行による確認)にも膨らんでいたことであった。招聘《しょうへい》された立場としてチーム強化についてのみ担当するつもりでいたが、クラブはすぐに職員への給与も払えないような事態に陥っており、職域外の資金繰りにも乗り出さざるをえない状況になってしまった。

青いユニフォームの時代から、FC岐阜のチームトレーナーを担っていた村橋淳一は当時のことをこう語る。

「僕は東海リーグからチームに関わってきましたが、日本のGMの第一人者が岐阜に来てくれるということを聞いて凄《すご》く興奮しました。怖い人かと思っていたら、実際に今西さんに会ってみると凄く腰は低いし、謙虚に頭も下げられるんでまたそれにも驚きました。クラブが大変な状況だったんで、どこにもひとりで足を運んで率先して現状を把握しようとされていましたね。チームが昇格を急いでいたときに前の経営者が置き去りにしたものがたくさんあって、そういうところのフォローをしっかりとされていたんです。ただ、本来は違う仕事で来られたはずなのに、資金のことも含めて皆が過剰に今西さんに頼り過ぎていた部分が凄くありました。あの人に任せておけば大丈夫だろうという感じで丸投げにされていました」

遮二無二強化した結果、選手の人件費がかさんでいた。さらにクラブがプロにもなっていない状況にもかかわらず、年俸1000万円以上で10年契約を結んでいる選手までいた。

Jリーグへの準加盟については再審議で承認されたが、その際には経営基盤の甘さを指摘され、多くの条件を付けられて8月までに営業を強化することを求められた。岐阜には縁もゆかりもない今西であったが、資金繰りに立ち上がらなくてはならなくなった。

岐阜大学附属中学から岐阜高校という地元のエスタブリッシュメントの通る王道を経て東京大学に入学し、電通に入社した中西謙司は同社のSP局で稼ぎ頭として働いていたが、94年に家業の製菓業を継ぐために岐阜に帰ってきていた。実家は西岐阜の老舗《しにせ》の製菓業、山中製菓である（現在、ディズニーストアで売られているディズニーキャンディの製造を一手に任されているのがこの山中製菓である）。

中西は2006年の暮れ頃に名古屋テレビに勤める友人から、「お前も岐阜の人間なら、FC岐阜を応援せんといかんだろ」と言われた。「何やそれ？」と聞き返すと、来期からJFLに上がり、やがてはJリーグ加盟に向かうサッカーチームが地元にあるという。中西自身も東大時代にラグビー部で鳴らしたこともあり、スポーツ好きであった。友人が「お前が興味あるなら、やっとる人も紹介したるで」と言うので後日、経営者に会ってみた。しかし、話をしてみると、ビジョンがまるでないことに失望してしまった。大手広告代理店でマーケティングや販促を実践していた人間からすれば、あまりに幼稚な経営戦略で白けてしまったのだ。「まあ、チケットだけは買って応援しましょう」と、当初はそんな関心でしかなかった。やがてクラブにGMとして就任した今西と知り合った。今西はスポンサーを探しているという。それなら自分が県の異業種交流会というのに参加しているのでいらっしゃいませんか、と声をかけた。ぜひという今西を連れて会場に出かけた中西は、そこでの振る舞いにすっかり感じ入ってしまった。

「『皆さんに紹介しましょうか』と聞いたら、『いえ、僕が挨拶します』と言って、自分から岐阜の中小企業のおじさんたちひとりひとりにペコペコとていねいに頭を下げているのを見て、自分なんかは逆に心を打たれてしまったんです。日本サッカー界の大重鎮が見ず知らずの岐阜に来て、なんでここまでできるんやろうと。その姿勢を見とってこれは素晴らしい人やな、応援せんといかんなと思ったわけです。それまではシーズンチケットをポッと20枚くらい買っとっただけだったんですけど、それじゃあただの観客なんで、しっかりとスポンサーになろうと。そうすると今西さんとまたいろんな話ができるなと思ったんです」

中西は5月のゴールデンウイーク明けに100万円を投じて看板スポンサーになった。以降、GMとスポンサーの社長という関係の中で、地域のサッカークラブはどうあるべきかを語り合ううちに、今西の理念に深く共鳴していった。

「こう言われたんです。『クラブの価値っていうのは強いことだけじゃない。それだったらお金次第で何とでもなる。そうでなくてクラブの価値は善良なこと。地域に役立つクラブ、地域を愛するクラブを作っていきますよ』と。そのときに、ああこの人は、外から来たのに岐阜を心から信じてくれて愛してくれているんだと思ったわけです」

2007年、チームの戦績は勝ちを重ねてJFLの上位をキープしていったが、肝心の準加盟のOKがなかなか出なかった。リーグに加盟できる順位（JFL4位以内）を達成したとしても、果たしてFC岐阜は経営面の問題をクリアーできるのか。審査は長引き、8月23日13時にJリーグから経営諮問《しもん》委員会のメンバーが、知事と市長と財界のトップにヒアリングしに来岐するということになった。この前日の22日午後、中西の携帯電話が鳴った。着信を見ると今西からだった。

「中西さん、あなたに話があるんだ」

聞けば、財界を代表してJリーグのヒアリングに出席する予定であった十六銀行のトップが、直前になって出られないと言い出したという。岐阜にホームが移転した段階で西濃運輸をはじめとする大垣の財界にとってはすでに他人事《ひとごと》になっており、頼みの綱は岐阜の企業を束ねるこの十六銀行であったが、前日になって「岐阜財界の総意としてFC岐阜を支援するとはJリーグに言えない」として傍観の立場に回ってしまった。地方銀行として立場上、会うということはすなわち、認めてしまうことになるのだ。

広島でなら多くの人脈があったであろう。しかし、岐阜では何の伝手《つて》もない。今西は経営の代表者ではなく、責任の範疇《はんちゅう》外であるが、このままではJFLで好成績を収めてもJリーグに加盟できない。それでは必死に戦っている選手があまりに気の毒である。困窮した今西は、中西にヒアリングに参加してくれないかと頼んできたのである。「僕なんかでいいんですか?」「いや、とにかく誰か出てくれないとまずいんだ。あなたしかいないんだ」

翌日、事務所のある岐阜市の未来会館で今西と中西は、やってきた経営諮問委員会の面々と向き合った。「僕の家業は飴屋《あめや》です。今、サポーターに向けて応援のど飴を作っています。これがそれです」。内袋にサポーターから募った応援メッセージをプリントしたのど飴を諮問委員に配った。「思いはひとつ　J2昇格」「岐阜からJへ子供たちに夢を」「FC岐阜は僕たちの誇り」「その日を信じて　我らは吼《ほ》える」等々そこには全部で33種類の熱い言葉が記されていた。

中西は電通仕込みのプレゼン能力を発揮して、立て板に水で話しまくった。

「大きな責任企業ではなく、Jリーグのクラブを我々中小企業が支えることこそに、大きな意味があると思っています。小さな会社がFC岐阜を応援することで従業員のモチベーションも上がるし、ロイヤリティも高まる。地域を大事にするというJリーグの100年構想から言ってもその方が意味があり、本質的な動きではないでしょうか」

実際、Jリーグの理念から言えば、この熱弁のとおりであった。大きな親会社がすべてを差配するビッグクラブがすべてという価値観は旧来のプロ野球のもので、「地域に根差したスポーツクラブの普及」こそがJリーグの理念である。

当初は地元の大手企業がヒアリングに出て来ないことに不満そうな表情を見せていた委員たちのムードも一気に変わっていった。メンバーのひとり、原田宗彦早稲田大学教授からは帰り際に「分かりました。またお会いできるかもしれませんね」という言葉を中西は受け取った。何とか銀行不在のヒアリングを乗り切ることはできた。

とはいえ、Jリーグからは継続して会社組織の構築や財務状況の改善を要請されており、9月28日までに増資計画を提出する条件が提示された。中西は各Jクラブの株主構成を調べ上げ、「市民持株会」のアイデアを出した。市民が出資して株を購入するが、経営を安定させるのが目的なので議決権は放棄するというやり方で、コンサドーレ札幌（サポーターズ持株会）などが行なっている。中西は山中製菓内にFC岐阜持株会設立準備事務局を設置した。9月8日のFC刈谷戦の会場では、アウェイであるにもかかわらず、早々に入会申込書のチラシを配ってアピールした。こんな文面である。

「8／23に実施されたJリーグ経営諮問委員会のヒアリングの結果、FC岐阜の債務超過解消が実現していない為《ため》、準加盟承認の審査を12月に延ばすことになりました。債務約3か月の猶予期間に、債務超過解消と来期の大口スポンサーにめどを立てることが条件です。具体的には、9／30のJリーグ加盟申請締め切りまでに1億5000万の増資実現のめどが必要です。現在までに固まっている増資金額は4000万円とか。あと一か月弱で1億1000万円。何とかしなくてはなりません。そこで下記の通り、FC岐阜を応援する仲間が力を合わせ、FC岐阜の持株会を結成し、FC岐阜に投資することを提案いたします」

1株の発行価格は5万円で1次締め切りを9月26日とした。クラブ側も代表の鈴木誠社長を筆頭に取締役の連名で資本参加のお願いをリリースした。

このアクションで2週間で550万円が集まった。大口増資には届かなかったが、県内にクラブの存在を認知させることと、県民の当事者意識を喚起させる上で、大きな役割を果たした。

地域に必要とされるサッカークラブを

チームはJFLで3位に滑り込み、昇格の条件を満たした。あとは経営面の審査であった。JFAハウスでリーグの幹部と長い討論がなされた。休憩が持たれ再開されると、最後に鬼武健二チェアマン（当時）が条件を出した。今西が社長になれば加盟に向けて推せるというものであった。サンフレッチェ広島での功績のみならず、大分トリニータ、愛媛FCの立ち上げにも尽力した手腕には、大きな信頼があった。そして県庁の担当者からも古田肇《はじめ》知事が今西さんしかいないから（社長を）やってもらいたいと言っている、というオファーが届いていた。

しかし、今西には広島を離れられない理由があった。長男の隆史が生まれながらにダウン症を患っており、介護の関係があって遠隔地に住むわけにはいかなかったのである。

隆史が生まれたのは1966年6月23日、今西がまだ現役の日本代表で海外遠征に行っているときであった。国際電話で一報をもらった。長男の誕生が何よりも嬉《うれ》しかった。

仕事柄、今西は遠征やスカウティングで家を空けることが多い。そんな中で障がいのある息子の世話を妻の美代は献身的に行なってきてくれた。過去に様々なクラブからオファーがあってもガンとして動かなかったのは、隆史が馴染《なじ》んだ施設がある広島から動きたくなかったからである。

教育大の同期である大分の篠永武は、「今西は奥さんの出身が東京なんだから、協会の仕事でも簡単に東京に移ればいいのに、それまでもお子さんのことがあって広島を離れられなかった。チェアマンや会長になっていても全くおかしくない人材だから、もしも若い頃に東京で仕事をしていたら、日本のサッカーはもっと変わっていたと思いますね。だから『なぜ岐阜に』というのはありました」と言う。

FC岐阜の負の遺産はまだ清算されておらず、相変わらず、岐阜財界からの支援は遠い見通しであった。代表取締役になることは、すでにある1億円以上の負債の保証人になることを意味していた。それでも自分が社長にならなければこのクラブの成長は止まってしまう。悩んだ結果、社長の就任を決断した。

Jリーグの理事ではヴァンフォーレ甲府の海野一幸社長がFC岐阜の昇格に反対したが、議論の中で鬼武チェアマンが今西を評価する発言を繰り返し「チャンスをやろうじゃないか」となった。12月3日。Jリーグは臨時理事会を開き、J2加盟チームについて審議が行なわれた。根回しは終わっており、満場一致で加盟が決まった。岐阜県内初のプロスポーツクラブの誕生に、サポーターは沸き返った。

翌日4日の岐阜新聞のインタビューで、今西はビジョンについて聞かれて、こう答えている。

「今年は資金難で営業活動が多かった。これから本当にチームがJ2で通用できるようにする、本来のGMの仕事ができる」

本来の仕事に集中できる環境を渇望している心象が垣間見《かいまみ》られる。3月にはGMでありながら、苦しい財務状況を会見で訴えて頭を下げるという役割まで担っていた。それでもすでに社長に就任する決意は固めていた。

十六銀行から金庫番としてFC岐阜に出向して来た戸田成人は、こんなふうに今西を評して言う。

「兄貴肌と言うんでしょうね。困った人を見ていると放っておけないんですね。面倒見が良過ぎるんです。私に言わせれば、あの財務状況の段階で社長になるというのが、とんでもなくお人好《ひとよ》しなんですよ。就任時の状態は普通の会社ならとっくに倒産していました」

12月7日、FC岐阜を運営する岐阜フットボールクラブは臨時株主総会を開き、代表の鈴木誠岐阜経済大学教授が退任し、今西和男GMが代表に就任することを発表した。

頑《かたく》なに広島県外に転居することを拒んでいたが、ついに今西は岐阜に骨を埋《うず》める覚悟を決めた。社長になるにあたっては、実現させたい大きなテーマがあった。それは、サッカークラブが地域に必要とされるような存在として認められるようにすること。すなわち試合に勝つだけではなく、地域貢献を恒常的にしていくことで地元の人の支えになるような理想のクラブを作ることであった。

「サッカーに興味がない人にとってもこの町にあって良かったと思われるようなクラブ」。J2加盟後の岐阜新聞での鼎談《ていだん》で、今西はFC岐阜を全国に先駆けたそのモデルケースにしたいと語っている。被爆によるコンプレックスに苛《さいな》まれていた少年がサッカーによって開放的になれた。そのスポーツへの恩返しでもあった。

社長に就任する以上はチーム強化のセクションを誰かに任せなくてはならなくなる。ひとり、目をつけた人材がいた。東京学芸大、東京ガスのサッカー部でプレーし、現役引退後はFC東京で普及部を立ち上げた後、故郷の刈谷に帰ってFC刈谷のGMをやっていた服部順一である。若いながらにビジョンを持って行動できる人間であると判断していた。今西は携帯の番号を入手して、何度も電話をして口説いた。

しかし、服部は固辞し続けた。服部は同じ東海地方、同じJFLというカテゴリーの刈谷からFC岐阜の創成期のずさんさをいやと言うほど見聞きしていたのである。あの今西和男がGMとして来たということで、これは変わっていくだろうと注目はしていた。しかし、よもや一面識もない自分にスタッフとして声がかかってくるとは想像もしていなかった。

マツダ時代に高木や前川を口説いたときと同様に、電話のみならず直接、今西は二度も家にやって来た。その度に「わざわざすみません、申し訳ないですが」と断っていた。三度目は「もう一回、会えないか。何も言わん。ただわしの愚痴を聞いてくれんか」というので、会った。

さすがに今西にここまで頼まれるのは名誉ではないかと思い、東京学芸大学の恩師である瀧井《たきい》敏郎（2001年ユニバーシアード北京大会日本代表監督）のところに相談に行った。そもそも服部が学芸大に進学したのもサッカー戦術の権威である瀧井教授の授業を受けたいという理由からであり、決断をする上で尊敬する人物から意見を聞いておきたかったのである。しかし、Jリーグの経営諮問委員会のメンバーであり内情を知っていた瀧井は言った。

「絶対にダメだ。行くな。今西さんはもちろん尊敬できる人物だが、今のFC岐阜を立ち直らせるのは並大抵のことではできない。教え子を苦労させるわけにはいかない。それだけ前の経営がひどかったんだ」

重い言葉であった。自宅に戻り、母親に「やっぱり岐阜に行くのをやめるよ」と告げた。女手ひとつで育ててくれた母は当時、ガンを告知されて家で療養していた。服部が刈谷での仕事に固執していたのも、母親の看病をしたいという思いからであった。

ところが、そばにいることを喜んでくれるかと思った母親は言った。

「あなたは今西さんのところへ行きなさい」

それまで一度も進学や就職にあたって意見をしたことのなかった母親が初めて自分の考えを示した。思えば母は一度だけスタジアムで今西に会ったことがあった。そのときの印象で息子をこの人に預ければ成長すると思ったのか……。さらにその夜、昼間別れたばかりの瀧井教授から電話が入った。

「さっき、今西さんから電話をもらったよ。あの人の熱意は凄い。お前の行きそうなところにすべて連絡をしているんだろうなあ。俺はもう何も言わん。お前が決めろ」

これで服部は腹を括《くく》った。翌日、「お世話になります」と今西に電話をかけた。

入社してみると、瀧井の心配したとおりであった。FC岐阜は全市町村が株主になっている。挨拶に回ると、そこで批判や罵声を浴びせられた。西濃地区は予想どおり会うことも難しかった。かつての天領である飛驒高山《ひだたかやま》市に行くと、いきなりサッカー協会の幹部から怒鳴られた。

「FC岐阜が何をしに来たんだ！」

クラブを立ち上げたときの非礼をさんざんと聞かされた。じっとそれを聞いて謝り続けるしかなかった。ところが、そのうち、服部が刈谷の出身であることが分かると、担当者の表情が柔和になってきた。「あなたは服部正義先生と同郷ですか」。１９７７

年の第1回全小（全日本少年サッカー大会）で刈谷サッカースクールを率いた服部正義という刈谷のサッカー指導者が過去、飛騨のサッカー普及に大きく貢献していたという歴史があった。飛騨の人は義理堅かった。「同じ服部という名前だし、そういうことならこれから応援しよう」と言ってくれた。服部は改めて地域貢献活動の重要さを感じ入り、丁寧に市町村を回っていった。

新しいスタッフも、この理念に共鳴していった。

大阪体育大学でサッカー部のマネージャーをしていた水野友季子は3年生時、JFL時代のFC岐阜でインターンシップを2週間経験している。地元出身ということで最初は働きたいと考えていたが、やっていくうちにあまり良いクラブではないなと思うようになってしまった。最終日にGMの今西に呼ばれて面談となった。「やってみてどうだった？」いきなり本音を言うのは失礼かと思った水野は「はい、すごく勉強になって良かったです」と礼を言った。「いや、本当のことを言っていいんだぞ」。見抜かれていた。それから水野は堰《せき》を切ったように語り出した。

「選手の態度が良くないと思いました。試合に行ったときにサインが欲しいと言って待っている子どもたちがいるのに、面倒臭いから無視して行こうぜって言っているレギュラーが何人かいたし、スタッフも良い方もいるんですが、正直ミーハーでがっかりする人も結構いて残念でした」

今西はじっと聞いていたが、「それは自分も同じように感じていた」と口を開いた。「変えていきたいと思っとる。サッカークラブは選手もスタッフも地元の人に好かれんといけん。そのためにはクラブも地元を、岐阜を信じて好きにならんといけん」。水野は改めてこの人と仕事がしたいと思った。「就職で何かあったら相談に乗るからのう」と言われたので、携帯の番号を教えてもらった。

翌年、4年生になって早々に電話をすると「うちは今、運送車の運転手を探しているが、重い荷物を持たないといけないので女性には無理だ。何か他の道を探しなさい」と断られてしまった。「荷物も運ぶし、大型の免許も取りますからお願いします」と食い下がったが、OKは出なかった。がっかりしながら他の会社の就活をしていると、夏頃に連絡が入った。「広報にひとり欠員が出た。やる気があればやってみるか」。水野は即座に「挑戦させてください」と答えた。文章を書くことなどはどちらかと言えば苦手であったが、取り組むことで体得していこうと考えた。こうして2009年に入社が決まった。「今、思うと、私の進路のこと考えてくれていたんですね。伝手を辿《たど》って安易に就職を決めるんじゃなくて、いろんなところを見て回るのも大事だと教えてもらいました」

入社すると、早々に「今夜イマニシ会というのをやるから来なさい」と言われた。社長主宰の会食ということで緊張して、指定された大福屋という店に行くと、何と今西が厨房《ちゅうぼう》に入っていて「いらっしゃい！」と言われた。いつの間に店主と仲良くなったのか、大福屋の食材も使って今西が調理をしていた。東洋工業、マツダ時代と同様に、部下を招いてもてなすことが好きな男は、岐阜でも社員を定期的に招いてはコミュニケーションを取っていた。役職も年齢も性別も分け隔てなく、すべての社員を少人数ごとに呼んでは気さくに話しかけ、盛り上げ、悩みを聞いた。楽しい時間であったが、必ず最後には目標や今思っていることを話す時間を設けて社員の仕事に対する意識を向上させていった。

今西がいつも言う言葉があった。それは、「いいスポンサーを連れて来い」でも「いい選手を連れて来い」でもなく、「岐阜のために仕事をしろ」。その言葉に感銘を受けた若い社員たちは、大きなやりがいを感じていた。そしてそれは選手たちにも伝《でん》播《ぱ》していった。

心に傷を持った子どもたちとの交流

きーとす岐阜という県内の母子生活支援施設がある。場所はこれ以上書けない。ここはＤＶ（ドメスティック・バイオレンス＝家庭内暴力）で命の危険を感じた母親が子どもと共に逃げ込むシェルターの役割を果たしているからである。夫の暴力にあい、文字どおり着の身着のままで警察に逃げ込んだ母子が保護される場所として紹介されて入所するケースが多く、常時20世帯が暮らしている。子どもたちは下は乳児、上は18歳までと幅広く、私が訪ねたときはちょうど下校時間と重なり、小学生たちが競うように玄関から中に入ってくるところだった。

施設長の玉木ひとみはここで様々なケースに対応し、母子と向き合ってきた。ある母親は包丁が刺さったまま病院に運ばれてきた。それでも彼女は被害にあったとは絶対に言わなかった。夫を社会的に悪者にしたくなかったのである。傷害事件を起こす父親を子どもに持たせたくないという一心から我慢し続けてきたが、ついに保護を求めてきた。ある母親は、再婚した相手が幼い娘に性的虐待を繰り返していることに気付き、逃げてきた。

最近ではDVではなく貧困から入所してくる若い母も多い。児童養護施設で育った子どもが出産してそのまま親になっていくときに、行き場所がどこにもなく頼られるのである。

玉木は母親に対する生活保護の手続きから、乳児の子育て支援、就職の世話に奔走する。居場所が分かれば、夫が連れ戻しに来てしまうので、不審な人物から防衛するのにも必死だった。あるときは広域暴力団のネットワークで探し出されたことを事前に察知して、母親に電話し、そのまま帰宅させずに逃がしたこともあった。

母子生活支援施設「きーとす岐阜」の子どもたちに、世界の国々の話をする。

一方で子どもたちにも神経を使った。親から虐待を受けた子は、その連鎖で自身も暴力を他の子どもに振るおうとするケースが多々ある。ある子は、ケンカの際に台所から刃物を取り出して同級生に突き付けた。聞くと父親からナイフで脅されて、ベランダから宙《ちゅう》吊《づ》りにされた経験があるという。「自分はこんなことができるんだぞ」という示威《じい》行為だった。施設を立ち上げたばかりのときは、寄付されたぬいぐるみが、何かの拍子に怒った子どもたちによってすべてバラバラに引きちぎられてしまった。

　虐待を受けた子どもたちは、自衛をしようとするために極めて敏感でデリケートである。実習生が来れば、この職員は信頼できるかどうか、「試し行動」を行なう。相手が男性ならば後ろからいきなり蹴飛ばしたり殴り掛かったり、女性ならば傷つくような酷《ひど》い言葉を投げかけて反応を試すのだ。実習生は必ず一度は泣かされていた。玉木はそんな子どもひとりひとりと話をし、寄り添っていった。

ある日、旧知の県会議員から「子どもたちにサッカーの試合を観せてあげたらどうか」と誘われた。チケットをもらってFC岐阜の試合を観に行き、そこで今西と服部に出逢《であ》った。招待のお礼を述べたら逆に縁を持ちたいと言われた。

「おふたりは、『私たちの方こそ、これからお付き合いしてもらいたい。今、選手たちは現役で華やかに見えるけれど、彼らの引退後の将来というのは見えていない。我々はそんなところまで守っていかないといけないのでサッカーしか知らないという人間にしたくない。ぜひ施設訪問をさせてください』というようなことを言われて、それから服部さんが率先して来られて、次に選手をたくさん連れて来られました」

玉木は同じ系列の障害者施設にも案内し、施設の果たす社会的な役割やDVにおびえる人々の背景などを説明した。やがて選手たちは自発的に施設にやって来て、子どもたちと交流するようになっていった。

2008年に高知大学から入団したMFの菅和範《かんかずのり》は、2009年にはキャプテンに任命された。時間が空くとすぐに自転車で駆けつけた。「おーい、遊ぼうぜ」と声をかけてボールを蹴ったり、鬼ごっこに興じた。菅はこんなふうに振り返る。

「とっかかりはクラブで公式に訪問したときですが、次からもうプライベートで。とにかく最初に会った子どもたちの印象が強かったんです。『こいつ誰やねん？』という目で見てたのが、一緒に遊んで慣れてくると激しいくらいのスキンシップで向かってくるんですね。それは玉木さんから、男の人ときちんと接した経験がないからなんだと聞いて納得しました。僕なんか何もやっていないですよ。FC岐阜に入団した最初の教えです。地元にサッカークラブがあることで子どもたちの励みになったり、夢を持ってもらえたりできるようになればと思ってやっていたにすぎません」。玉木が言う。

「子どもたちが直接的にサッカーと絡むことは事例的にそんなにたくさんはないんですが、一番大切なことは、彼らにとってそれまで周りにいる大人の男の人はお父さんだけで、それはとても怖くてドキドキしながら関わる存在だった、ところがそうではない、凄く優しくて自分を受け入れてくれる男性と出逢うことができたということ。それが最も子どもたちにとって大きいんです」

施設長として、入所してきた母親とまず話し合って、何が問題でどう解決していくべきかを考えていく。DVの場合は離婚を視野に入れて弁護士に入ってもらう。子どものの転校手続きもするが、暴力を振るう夫の追跡から逃れるために絶対に前の学校には教えない。何より自分が母子に信頼されないと前に進んでいけない。玉木には神経が休まるときがないが、FC岐阜の選手やスタッフの存在が大きなサポートとなった。

折りを見て、今西が子どもたちに向けてトークにやって来てくれた。現役、サンフレッチェ、技術委員会のそれぞれの時代に回った国々の名産品と地球儀を室内スペースのテーブルの上に据えると、ひとつひとつを指さしながら説明し出した。「これはサッカーで行ったこの国から持って来たお土産《みやげ》だ。世界にはこんな国があるんだよ」。日本代表DFとして遠征した台湾やタイ、マツダの総監督としてオフトに会いに行ったオランダ、ビル・フォルケスに選手の受け入れを頼んだイングランド、バクスターを認めたスウェーデン、加茂周の更迭《こうてつ》を具申したウズベキスタン、悲劇の地カタール……。まだ見ぬ世界の話に子どもたちは車座になり、目をキラキラさせて聞き入っていた。

やおら、今西はズボンをたくし上げて、靴下を脱いだ。ケロイドでただれ、固まってしまった足首を見せた。

「僕はね、4歳のときに原爆にあってそれからずっと足が悪いんだよ。それでも頑張ってサッカーをやって選手になれたんだ。だから君たちも夢を持って頑張れば、きっと何かを実現できる」

このときの話の感想文を参加した子から集めた少年指導員の川橋尊はそれを読み、子どもたちの意識が外に向き、夢を見ることの大切さを信じてくれたことを感じたという。

「サッカークラブの存在は、試合を観て勝った負けたというそれだけじゃないんだと、僕もそのときに気が付きました。今西さん、服部さん、岐阜の選手たちはサンタにもなってくれたし、バーベキューなんかも一緒にやってくれたんですが、印象的なのは最後の後片付けまで一緒になってやってくれるんです。地域貢献だから、お客さんとして来ているんじゃないっていう意識の表れですね。偉ぶることがないんです」

菅は選手としても成長し、2011年の暮れに栃木SCの松田浩監督からオファーをもらった。評価は嬉しかったが、キャプテンの自分が最下位（当時）のチームを出ることで、ますます迷惑をかけてしまうのではないかという大きな葛藤があった。

「ありがたいお話だったんですが、そのときに今西さんに腹を割って相談したんです。僕を岐阜に呼んでくれた今西さんが行くなと言われたら、残るつもりでした。ところが、『お前とやりたいのはやまやまじゃが、ここで松田のところでプレーできたらお前はあと5年はまだプロとしてやっていける、頑張ってこい』と言われて。僕はそれを聞いて号泣してしまったんです」

菅は移籍後、すぐに松田の信頼を得て先発で起用された。

「今年（2016年）でちょうど5年目ですけど、本当に言われたとおりになりました。栃木でも施設の訪問は続けていますし、栃木のラジオ（SCFM）でDJもさせていただいています。僕は今西さんの岐阜に行っていなかったらこんな人生を歩めていないと、本当に思っています」

菅は岐阜に行くことがあると、今でもきーとすを訪問している。

広島と沖縄

宮城亮《たすく》は沖縄市（旧コザ市）で生まれ育ち、大学も宜野湾《ぎのわん》の沖縄国際大学に進んだ。2003年の学生時代にFC琉球の立ち上げに関わり、クラブ設立についてのノウハウをいろいろな人から学んでいく中でFC東京にいた服部と知り合った。

町中が火の海になったというコザ暴動（1970年に米国施政下の圧政に対して起きた沖縄市民による暴動。当時は米国軍人・軍属が犯罪を犯しても琉球警察は捜査権を持たないため、著しい人権侵害があった）の話を幼い頃に親から聞かされ、事あるごとに「沖縄人（ウチナーンチュ）の自分たちには、やっぱりどうしても守らなくてはいけないものがある」と言われて育った宮城には夢があった。

自分たちの自尊心やアイデンティティーを平和裏にスポーツで発信していくことである。服部は丁寧にサッカークラブの作り方を教えてくれた。普段から人当たりが良く、ひょうきんな宮城は子どもとコミュニケーションを取ることが抜群に上手《うま》く、サッカースクールなどをするとすぐに人気者になるので、以降は何かあると服部に重宝がられた。宮城はコーチングのスキルがある上に芸人顔負けのMCトークやインチキ空手のパフォーマンスなどが得意で、どんなに白けた現場でも一気に空気を変えることができた。

2007年の12月3日。東京で宮城が服部ともんじゃ焼きを食べていると、店内にあるテレビから、その日の午後にFC岐阜がJ2昇格をしたというニュースが流れてきた。ぼうっと見ていると服部の携帯が鳴った。何やら服部が相手に向かって丁寧に断っている。会話が終わった。

「誰なんです?」「あの人だよ」

服部はテレビ画面を指さした。取材を受ける今西が映っていた。

「岐阜に誘われているんだ」

宮城は行かないだろうと思った。自分もFC琉球で岐阜とは何度か試合をしたが、子どもの前でも平気でタバコを吸う選手が目につき、決して良いクラブとは思えなかった。

ところが、年が明けたら服部は今西に三顧の礼で迎えられて入社を決めてしまったという。お前も一緒に来ないかと言われたが、大学院に行くことが決まっていたので丁寧に断った。

それから、約20ヶ月が経過した2009年の8月下旬、飛騨でFC岐阜がサッカースクール合宿をやることになった。大切な場所であるが、夏場で人手が足りない。服部は信頼する宮城を応援に呼んだ。宮城は沖縄から飛騨に飛んで来た。合宿地で、さあ、子どもたちにサッカーを好きになってもらおうとグラウンドに飛び出そうとしたそのとき、沖縄にいる兄から電話がかかって来た。

「親父《おやじ》が亡くなった」。何の前触れもなく父が脳梗塞で死去したのである。「でも今日帰るわけにはいかない」。宮城は誰にも言わず、必死になって子どもたちを盛り上げた。合宿は成功に終わった。

その夜、食事の会場に今西が合流した。今西からすれば見慣れないスタッフがいる。

「お前は誰だ？」

「はい、僕は今回、服部さんに呼ばれてにぎやかしに来たお笑い担当です」

宮城は今西のことを知らなかったが、何か気合いの入ったおじさんがいるなと思って遠目から見ていた。

「そうか、こっちに来んさい。何を普段はしとるんかね？」

「はい、僕は沖縄にいてサッカースクールを立ち上げようとしています。基地の問題なんかがありますが、賛否を大人が押し付けるのではなく、子どもたちを自分の頭で考えて行動する人間に育てていきたいと思っています。そのためにはスポーツは有効な手段だと考えているので……」

自分の思いを語った。育成に対する考えが今西とシンクロして話が弾んだ。

「沖縄か、昔、会社の寮に沖縄のやつがおった。わしは広島でなあ」

集団自決を迫られた沖縄戦やコザ暴動について話題が及ぶと、しんみりと今西が言った。

「本土復帰した後も、米軍基地はあるしのう。沖縄のお年寄りの方々はわしなんかよりも本当にもっと辛《つら》い思いをされたじゃろう。そんな辛い思いを沖縄だけに押し付けているかと思うと、申し訳ない気持ちでいっぱいじゃ。沖縄の人は皆、苦労されて、今も危険と隣り合わせでのう」

宮城は驚いた。この人は自分も被爆されてるのにそんなことを言うのか。宮城の叔《お》父《じ》は、九州の大学に進学したときに酷《ひど》い沖縄差別にあっていた。少し上の世代であれば部屋を借りようにも就職をしようにも「沖縄お断り」と言われた時代であった。

「本土の皆さん、日本と沖縄は違うじゃん、っていう思いがそれまであったんです。それが原爆の被害にあった今西さんのような人が、沖縄の人たちを思いやってくださったことに衝撃を受けたんです。今でも思い出すとちょっと泣きそうなんですけど、『沖縄に痛みを押しつけて申し訳ない』とそんな言葉を僕は県外に出て、かけられたことがなかったので、これは僕だけが受けちゃいけない言葉だと思ったんです」

気が付くと、合宿の打ち上げで盛り上がっている中で、今西と宮城の2人だけがわんわん泣いていた。

「うちの親父も変わっていて、税理士や宅建主任、海事代理士の免許だとかいろんな資格を持っているんですけれども破産していて、母親いわく親父は自分の会社は問題なくしっかり堅くやってたらしいんですけど、友人たちがどんどん倒れていくので『自分がお金を貸さないとこいつらは死ぬ』って言って、どんどんお金を貸してたんですね。法律とか詳しかったので、自分は別に自己破産して離婚すればあなた方に累は及ばない、みたいな整理もしていたんです。変な話ですけど、僕が中学校に通っているときになんか黒塗りのクラウンがパッと目の前に止まって『君のお父さんに昔凄くお世話になった』って知らないおじさんに10万円もらったことがあるんです。岐阜で親父の訃報を受けて、勝手に今西さんが親父に思えてしまえたんです」

宮城もまた今西に惹《ひ》かれる形で2010年からFC岐阜で仕事をすることになった。地域貢献活動では水を得た魚のように県下の保育園、小学校、施設を回って交流を重ねた。社交的ではない子どもでも、明るい宮城にいじられると率先して前に出るようになった。

かつて日本と沖縄は違うじゃん、という意識があった宮城が初めての土地で「岐阜のために」を考えて奔走した。何も知らずに行った地方のサッカー協会で、何年か前におたくのサッカー教室に30万円払ったのに凄い手抜きをされて誤魔化されたと、自身の関与しないことで叱られても、素直に頭を下げて黙々と信頼の回復に努めた。今西に言われた言葉で忘れられないものがある。

「『同じ仕事でもどうすれば岐阜のためになるか、考えて仕事をしなさい』と。元々、子どもと遊ぶのは大好きなんですけど、今西さんと仕事をするとサボれないんですよ。いや、正確には時間はサボれても思いの部分ではサボれないということ。俺はこのFC岐阜の仕事を何でやっているんだろう、地域貢献って何のためにやっているんだろうと考えると、どんなに疲れていても絶対に気持ちの上ではサボれない」

今西と打ち合わせをしていると、その最中に携帯が鳴って中断させられることが幾度もあった。聞くとはなしに聞いていると、電話に出るときはたいてい就職や転職の相談に乗っている相手のときだった。「ほうか、今は、何の仕事をしよんじゃ。分かった、そういうことならわしが紹介するけぇ」。宮城が寡黙な今西の行動を見て最も影響を受けたのは、優先順位をいつも一番困っている人に置いて考えている姿だった。

茶目っ気もあった。郡上八幡《ぐじょうはちまん》踊りで有名な郡上市の小学校に行ったときのこと。子どもたちと校庭でサッカーをしていたら、いきなり「わしもやりとうなった」と言い出した。「亮、ちょっとこれ持っとけ」とジャケットを脱いで革靴のまま参戦していった。もう70歳に手が届こうとしていたが、海と日頃のウォーキングで鍛えた身体は屈強で、得意のスライディングこそなくとも縦横に走り回った。キープしたボールを子どもたちが奪えずにいると、どよめきが起こった。「あのオジさんはねえ、ああ見えて元日本代表なんだよ」。宮城が言うとますます盛り上がった。

2009年　走力では負けない

2009年は大きな血の入れ替えを余儀なくされた。株主総会で発表された1月期決算報告では純損益は8600万円、債務超過額は1億4000万円であった。今西は、まず経費削減でアウェイの遠征は札幌、仙台、九州以外はすべてバス移動にすることにした。そして経営を圧迫していた人件費を抑えるためにレギュラーを含む15人の選手を放出し、新たに新卒の15人の選手を入団させることとなった。選手の平均年俸を420万円から315万円に下げ、スタッフの人件費も2割カットしたのである。プロとはいえ、月収にすれば26万2500円である。もとより有名な選手はいなかったが、集めたのはすべてひたむきに試合の最後まで走りきる選手たちだった。

風間八宏が監督を務める筑波大学からは永芳《ながよし》卓磨、田中秀人《しゅうと》、西川優大、野本泰崇《やすたか》の4人のレギュラーを迎え入れることができた。練習を観に行った今西に対して風間は「彼らは十分戦えますよ」とお墨付きを与えた上で送り出してくれた。J2を戦う上で上手くはないかもしれないが、「走力では負けない」というスローガンは徹底され、戦術としても奏功した。

5月2日に東京ヴェルディと0対0で引き分けると、以降8月5日の栃木戦に至るまでホームでは無敗を誇り、11戦負けなしの記録を達成する。

7月26日は象徴的な試合だった。日本代表の香川真司、乾貴士を擁して首位を走るセレッソ大阪に対して2対1の逆転勝利をもたらしたのである。上田亮三郎が率いる大商大OBの嶋田正吾と、前年までFC岐阜の特別指定選手に登録されていた佐藤洸一がゴールを挙げ、FC琉球から移籍してきたGKの野田恭平がビッグセーブを連発した。野田は沖縄で一時は住む部屋すらないという環境から這い上がってきた苦労人、別名ホームレスJリーガー（宮城命名）であった。

総合順位は12位で、この年は天皇杯でもベスト8に食い込み、過去最高の成績を残す。地域貢献活動においても新卒で入社した石原英明ら、今西の薫陶を受けたスタッフが早々に給料を2割減とされながらも、選手を連れて児童養護施設などを頻繁に回った。結果、Jリーグが地域貢献の指標として報告した「ホームタウン活動実績」においてFC岐阜は、J1・J2全36クラブにおいて最も多くの時間、ホームタウン活動を行なっていることが発表された。総活動時間は実に1489時間、Jクラブの平均が519・3時間であるから、それのほぼ3倍近くの時間を費やしたことになる。

延べ選手参加人数851人、監督・コーチの活動回数42回、選手平均活動時間も48・0時間（J平均17・3時間）でこれも1位である。

しかし、経営状態は相変わらず厳しかった。今西は6月24日に記者会見を開き、胸スポンサーが決まらず、厳しい状態が続いていることをアピールせざるをえなかった。「このままでは夏頃に資金が底をつきます。手遅れになる前にクラブの現状を知ってもらおうと会見を行なうことにしました」と説明、頭を下げて観客動員と地元企業による支援を訴えた。

中西が岐阜市で初めてのユニフォームスポンサーとして、半年間で500万円という契約でパンツに山中製菓の名前を出した。しかし、財界は岐阜も大垣も相変わらず動かなかった。地元の金融業界を長年取材してきたベテラン記者はこう分析していた。

「とにかく初動の段階でつけたスポンサーの筋が良くなかった。どこの都市でもそうだけれど、岐阜は特に地元企業のつながりが強固で、商工会議所に話をきちんとつけて展開していけば、西濃運輸を頂点にうちもうちもと支援の輪が広がるんだけれど、不義理がすでに伝わっていて冷淡になっていた。ただ岐阜の経済界に何の伝手もない今西さんは、わけが分からなかったと思う。問題は周囲にそういうことを知っていて教えなかった人がいた。クラブを続けさせるために企《たくら》みがある人が、純粋な子どもみたいな人を利用しようとしていた部分も確かにある」

Jリーグ2代目チェアマンの鈴木昌《まさる》は「Jのクラブ経営ほど難しいものはない」とかつて吐露している。Jリーグは公益社団法人であるがゆえに、各自治体においてサッカー以外の社会貢献活動なども義務付けて理念を追求するが、クラブは株式会社なので収益も求めなければならない。そして集客のためにはチームを強化しなくてはならないが、そのためには予算がいる。今西は背負わされた負の遺産に加えてそのジレンマとも戦っていた。

十六銀行からクラブに出向して経理を見ていた戸田成人は「お金の使い方はつつましくやられていたし、むしろ選手や指導者も今西さんだからこんな安い条件でも岐阜でやりたいと言って駆けつける人が多かったですね。ただ、今西さんをそういう神輿《みこし》に乗せて自分もタニマチみたいにまだクラブに関わっていきたいという人もいたんです。組織にとっては良くないという人も頼ってこられると受け入れてしまう。それで苦労されていました」

2010年　FC岐阜の永久欠番

服部がGMに正式に就任し、監督に、前年までヴィッセル神戸にいた倉田安治を迎えた2010年は、FC岐阜の歴史において必ず記しておかなければならない大きな出来事があった。

同年夏、下部組織である中学生のチームU－15スティックルバックは石川県に遠征していた。合宿のトレーニングがすべて終わった8月28日14時9分。所属選手で当時中学1年生の桐山周也君は母親に電話をかけた。

「帰りのバスは今夜8時くらいに岐阜に着くんだけど、岐阜経済大学前か県庁前のどっちかで降ろしてもらえるんだって。僕はどっちで降りた方が迎えに来やすい？」

「それなら経済大学の方が近いからそっちで降りて」

このとき母はなぜか胸騒ぎがしたという。普段はあまり電話をしない子だったのだ。「今どこにいるの？」「今から海に行くんだ」。そういえば合宿の帰途に海水浴に行くので水着を持ってくるようにとの伝達が、クラブから事前にあった。「あ、そうなの。じゃあ気を付けてね」

周也君は幼い頃から未来を嘱望された選手だった。5歳のときにメッシが出場した豊田国際ユースサッカー大会に、岐阜県リーグでプレーする父親に連れて行かれてサッカーに目覚めて以来、それまではテレビの戦隊ガオレンジャー一筋だった少年が時間さえあればボールを蹴るようになった。それこそ毎日毎日庭でも家の中でも。

小学2年生で少年団に入ったときには「ドリブルのときにずっと頭が上がっている。あの子は全然モノが違う」と指導者たちからも注目される存在になっていた。FC養老U－8に所属した試合で、ドリブルでごぼう抜きしてゴールを決める映像が残っている。10歳のときには垂井《たるい》のFu～Wa（フ～ワ）FCに移籍し、そこでも抜群の存在感を示した。

　中学進学時には、多くのチームから誘いがあった中で、いつかはプロになりたいという思いから自らFC岐阜を選んだ。1歳違うだけで大きな身体差が生じるジュニアユース世代である。しかし、視野の広さと技術の高さが評価されて、5月末には中学3年生を主体とするAチームにボランチのレギュラーとして抜擢《ばってき》された。数ヶ月前まで小学生だった少年は体格差や体力差をポジショニングの巧みさでカバーして、得点シーンには必ず顔を出した。

　高いテクニックでコーチをも驚かせたのが、クラブユース東海大会の浜名戦であった。早々に退場者を出したスティックルバックが劣勢の中、左サイドからのスローインをペナルティエリアの手前で受けると、1人かわしながら詰めてくる2人目のディフェンダーの重心を確認し、さらに鋭利な切り返しで逆を取った。相手のバランスを崩すと、そのままゴール隅にシュートを叩《たた》き込んだ。チームの最初の得点だった。

　興奮したコーチからその報告を受けた父が「何か凄かったんだってな」と言うと少年は「普通」とだけ答えた。彼の中では普通だった。いつも謙虚で自分を見失わず、努力を怠らない。コーチからはサッカーだけではなくて学校のことも頑張れといつも言われていたので、練習の行き帰りの車中で宿題に取り組んでいた。それでいて、父が夜遅く帰宅すると寂しい夕餉《ゆうげ》を気遣って食卓に来て付き合ってくれる優しい少年だった。

今西も服部も、そして今西の吉備国際大学時代の教え子であったアカデミーの河野佑介監督も含めて、選手育成において定評のあるスタッフの誰もがJリーガーになるだろうと思っていた。

土曜日（28日）は少年の姉がピアノのレッスンに通う日だった。それは午後4時頃、母がその送迎に向かっている最中だった。携帯が鳴った。出ると少年の友だちの父だった。

「海で泳いでいた周也くんが行方不明らしいです」

「ええっ」。驚きは度を越した。息子とはほんの先ほど会話を交わしたばかりである。即座に夫に連絡をした。「分かった。とにかくすぐ家に帰る！」

当初はどこの海なのか情報がなかったが、コーチや他の父兄からも続々と連絡が入り、石川県白山市にある徳光パーキングエリアの海水浴場であることが分かった。とにかく2人で現場に向かおうと、自宅から車に乗り込む直前に続報が入った。

「周也君が発見されて病院に収容されました。心肺停止の状態なので心臓蘇生《そせい》のマッサージをしています」。病院名を聞き、車を飛ばしながら神様に「助けて下さい」と祈るしかなかった。途中で再び病院からの電話が鳴った。「蘇生措置を続けていますが……。心臓マッサージの方を、もうやめてもいいでしょうか」。これ以上続けても身体を痛めるだけだということを言外に伝えられた。絶望という名の感情が襲ってきた。それでも父は気丈に言った。

「僕らが着くまでは続けてください」

一方、FC岐阜の事務所ではアカデミーの統括をしていた河野のところに一報が入り、GMの服部に報告がすぐに上げられた。スタッフも続々と集まって来た。宮城亮は、地域貢献活動で施設に行っていたが、河野からの「亮、終わったらすぐにスーツに着替えて事務所に来い」という連絡を受けて駆けつけた。

「今、俺は冷静になれないかもしれないから、お前が運転して石川まで行ってくれ」

服部は試合の関係で宇都宮に向かっていた社長の今西に電話をかけて状況を説明すると「すぐに北陸の石川に行ってください」と告げて、自分も車に飛び乗った。

父と母は、19時過ぎに病院に到着した。最愛の息子は無言で横たわっていた。何が起こっているのか、なぜ起こったのか、分からなかった。とうてい受け入れがたい現実があった。

「すみませんでした」と引率のコーチが足元に土下座をしてきた。父は悲しみの渦中にいるにもかかわらず、周囲の誰もが驚くほどに冷静だった。「もういい。顔を上げて下さい」。母は病院に来るだけで心身ともに大きなダメージを受けていたが、必死に平静を保っていた。

この場において警官がとんでもないことを聞いてきた。「保険に入っていましたか？」「いえ、学資保険だけです」。父は医師にも警察にも毅然《きぜん》と対応し、自ら息子の学校、自分の職場に連絡を取った。「こういうことでしばらく、休むと思います。ご迷惑をかけますが、よろしくお願いします」。電話を受けた側がそんな事態でどうしてと逆に驚くほど、落ち着いた声で淡々と事実を伝えていた。

北関東から急遽《きゅうきょ》、北陸に向かった今西は両親が帰途に着く途中のサービスエリアで追いついた。すぐに挨拶に向かうと深々と頭を下げ、そのまま岐阜の家まで付き添い、朝までまんじりともせずに寄り添った。

翌29日、トップチームはアウェイのヴェルディ戦であった。今西は試合自体を中止にできないかと提言したが、それはできなかった。服部GMが喪章を付けて戦うことを申し入れ、了承されるとすぐに黒い布を手配してチーム全員で黙禱《もくとう》を捧《ささ》げた。

翌々日30日の葬儀には700人を超える弔問客が集まった。母は思った。「いつの間にこの子は、こんなにもたくさんの人と繋《つな》がっていたの……。13年間の人生の子にとって700人なんてとても遠い数字のはずなのに……」。選手たちは試合後、全員がバスで葬儀の会場に駆けつけた。ペナントにサインをして棺《ひつぎ》に入れた。

服部はそこで身体中で泣いている少年の姉の姿を見て身を切り刻まれる思いだった。高校1年の少女にとって、何と残酷な事態であったか。Jリーグの下部組織で初めて起きてしまった痛ましい水難事故。少年の成長を期待して送り出した合宿が、今生の別れになってしまったのだ。家族の悲しみはいかばかりであろうか。

服部と河野は事故後、毎日のように家族の元に通い、寄り添った。

あれから6年目を迎えようとしている。両親はクラブに対して一切の責任追及をせずに今もFC岐阜の応援に通っている。試合だけではない。練習やFC岐阜のイベントにも参加するようになった。

大切な息子の命を奪ったチーム、息子がサッカーにさえ出合わなければと、受け入れがたい気持ちの矛先をクラブに向けても決しておかしくはない。事実、不条理な事故や事件に遭遇した遺族は訴訟を起こしている。服部も「これでクラブがなくなってしまってもおかしくないような事故でした。『子どもに夢を』というスローガンで立ち上がったクラブがその尊い命を奪ってしまったのだから。お父さんやお母さんの気持ちを考えると僕自身ももうつぶれちゃってもいい、僕に死ねと言えば死ぬし、こんな若い子どもが亡くなっちゃうんだからもうつぶれてしまえとさえ思っていました」と述懐する。

周也君の家族はなぜ、この想像を絶する悲しみと、無念さと、向き合えたのか。そしてFC岐阜に何を見るのか。両親にお話を伺いたいと連絡し岐阜に向かうと、一面識もないフリーのライターを迎えに駅まで来てくださった。ご自宅にお邪魔し、周也君の霊前に御焼香をして向き合う。

周囲の誰もが驚くほどに冷静に対応されたという事故後の様子から伺った。

父「そうですね。確かに今思えばどうしてあんなに冷静に対応ができたのか。受け入れられない現実なので、他のことをすることで感情を抑えていたのでしょうか。周也の遺体をどうやって家に連れてくるか、そんな手続きを淡々としていました。僕は最初から、そして現在もそうですが、責任を追及したところで周也が戻ってくることはないので土下座されたコーチにもすぐに頭を上げてくださいと言ったと思うんです。岐阜に帰る途中のサービスエリアで社長の今西さんが僕らの車に追い付かれたんです。日本サッカーを支えてきたあんな著名な方なのに、そこで凄く丁寧に頭を下げられてずっと家までついて来てくださった。『来る途中、この道をプロを目指したサッカー少年がどんな気持ちで通っていたかと思うと……』と言われて朝まで一緒にいてくださいました。あのときは続々と岐阜のスタッフの人も駆けつけて来てくれて、宮城君も病院でずっと僕らの後ろに立っていてくれました」
母「私は病院で少し体調もおかしくなって、のどがカラカラだったんですが、宮城さんがお水をくれたのを覚えています。そして服部さんが葬儀から数日後に『僕が代わりになれば良かった』っておっしゃったんです。凄く真剣に思ってくださっているのが分かって、気持ちが伝わってきたんです。事故で裁判を起こされた方のニュースも見ますし、そのお気持ちもよく分かります。ただ私は周也が何を思っていたのか、今は私たちに何をして欲しいのかと考えたときに、やっぱり争うことではなくて、周也の仲間が周也が大好きだったサッカーを続けてくれるように、そちらにエネルギーを使った方がいいと思ったんです」
父「どうしてそんな事故を起こしたのに許すのだと言う人もいたのですが、許すとか許さないとかではないんです。このチームが周也のことを忘れていくのだったら、また違ったかもしれませんが、そうではなくチームも私たちの思いを受けてやってくださっている。事故の後にしばらくユースやアカデミーの活動を停止するという話があったんですが、僕はそうではなく、ちゃんと子どもたちにはサッカーをやらせてあげてくださいと頼んだんです」
母「私たちが幸せでいたら、周也も幸せ。私たちが悲しんでいたら、周也も悲しい。私たちが幸せでいることを周也も願っているんだろうなと思って……」

——お亡くなりになった後はどのようにクラブと接してこられてきたのでしょうか。

父「周也が亡くなった後、僕は正直もうサッカーはできないなという思いも実はあったんです。周也が大好きなサッカーができなくなったのに自分だけがプレーをするなんてという気持ちでした。でもチームメイトとかも励ましてくれて思い直しました。

しばらくは、ジュニアユースの活動を含め、FC岐阜の試合を観戦に行くことはありませんでしたが、トップの試合を11月28日、ホーム最終戦を観に行きました。トップの試合を観に行ったのは、当時の岐阜の選手が周也のことをブログに取り上げてくださって、FC岐阜ファミリーの一員として大事にしていただいていることが伝わってきたということがあります。選手やスタッフの皆さんに、親としての心境を伝えたいという思いでメドウ（長良川球技場）に行きました。

ジュニアユースの試合を観に行ったのは、2011年1月に行なわれたプレミアカップ西濃大会（1年生大会）で、FC岐阜が西濃地区で優勝したゲームだったはずです。行こうと思ったのは、僕がその大会の運営に関わるスタッフであったこともありますし、周也がずっとこの1年生大会を楽しみにしていたからです。今西さんの教えが河野さんという素晴らしい将を育てたことは、凄いことだと感じていますし、河野さんの指導については、僕自身もサッカーの指導者として学ばせていただく部分がたくさんあります。

周也にとっても私たち家族にとってもFC岐阜というチームが居場所であり、そこでプロサッカー選手を夢見て、サッカーに打ち込んでいた周也が生きた証《あかし》を残したいという思いは、とても強くあります」

母「誰かを責めるとか、恨むとかはないんです。でも周也を亡くした悲しみとか喪失感とか、そういうのは消えているわけではなくて、いくつか地雷があって、何かふと周也と一緒に入ったお店に行ったり、周也が聞いていた曲が聞こえてきたりすると悲しみが襲ってきます。だけどやっぱり私たちはこれからも生きていかなくてはいけない。そのエネルギーが、服部さんとかスタッフの思い、周也の仲間とかなんです。私たちがFC岐阜を応援に行くことを『何で?』と思っている人もいるかもしれないですが、将来周也が活躍したであろうチームをとにかく存続させないと、応援しないと、なくしては絶対いけないという思いがあって行っているんです」

葬儀から1ヶ月が経過した頃、服部は父にこう言っている。

「何でも言ってください。僕にクラブを辞めろと言われれば辞めます。永久に続けろということでしたら、そうします。何でもおっしゃってください」

父は「何もありません。今まで通り服部さんの人生を歩んでください」と答えた。

周也君の一周忌に3歳年上のお姉さんは、こんな文章を集まった人たちに向けて書いている。

「今まで沢山泣いて、何回も死にたいって思いました。でも今は、『生きたい』って思えるようになりました。本当に苦しかったけど、今ではあの頃の苦しみは無駄じゃなかったって思います。だって苦しみを知らなかったら、小さな幸せにも気付くことはできないから。

周也を亡くしたことは大きなショックで今でも思い出すけど、周也の死から学んだことはたくさんあります。大切な人を亡くして泣いて苦しんでそれでも足掻《あが》いて、悲しみや寂しさを受け入れ、乗り越えられたとき、人はきっと強くなれると私は思います。

これから生きていく中で誰にも苦難はあるはずです。それは仕方ないこと。でも、もし辛くなって涙がこぼれそうになったら空を見上げてみてください。そうしたら、きっと周也が笑ってて、がんばろうって思えるはずです。これからも悲しみが消えることはないでしょうが、家族で支え合いながらまた皆さまの力を借りながら前を向いて生きていこうと思います。今後も変わらず、私たちを支えてくださると嬉しいです」

後述するが、服部は志半ばで岐阜を去らなくてはならなくなった。しかしその後も周也君の家族との交流をずっと続けている。服部がブラジルに行くときは「周也君も連れて行きたいから」と写真を送ってもらって携帯し、元Jリーガーのセザール・サンパイオに出逢ったときは「この子は……」と少年と同じポジションだった元セレソンに紹介している。お姉さんは進学が決まったときや成人式を迎えたときの写真をメールで送り、親しみを込めて「服部ちゃん」と呼んでいる。服部がV・ファーレン長崎のGMを務めていた時には、応援に一家が駆けつけるような強い信頼関係にある。

周也君が付けていた背番号「13」は、FC岐阜のトップからジュニアユースまですべてのカテゴリーにおける永久欠番である。事故後、クラブは決して彼のことを忘れないという決意の表れとして発表がなされた。そして、ユースの試合では、いつも周也君の「13」番のユニフォームがテント内に掲げられ、風になびいて踊っている。周也君もみんなと一緒に戦っているのだ。

毎年5月、少年の誕生日が近づくと、母は周也君の名前入りのお菓子を用意して、仲間に配っている。「13 SYUYA」と入ったFC岐阜のユニフォーム型ストラップも、大切な人たちに贈っている。

そして毎年の8月28日。周也君の命日には、トップからジュニアユースの選手・OBや当時のクラブスタッフなどが全国各地、海外からも岐阜に集まってサッカーをする。会の名称はSyu会（しゅうかい）という。「周也のことを思い、サッカー（蹴球）を楽しむ仲間が集まる会」という意味で名付けられた。Syu会で父は13番のユニフォームを着て張り切ってボールを蹴り、母は周也君そっくりの人形をずっと胸に抱き、いろんなフィールドを回ってみんなの様子を見せている。背番号13の少年はいつもFC岐阜と共に戦い、走り続けている。

事故があってしばらく後、今西は周也君の父と練習試合の会場で会った。話題はサッカーに移り、岐阜の中学生世代の育成をどうすれば良いか、意見を交換し合った。Jリーガーを夢見てトレーニングに励んだ周也君に思いを馳《は》せ、いつかは広島のように地元で育て上げるシステムを構築しなければと強く思った。

FC岐阜は2010年は14位の成績でゴール。前年よりも順位は下がったが、経営の方は必死の改善努力が実り、100万円の黒字を達成することができた。

Jヴィレッジ副社長高田豊治の3月11日

2011年は未曽有《みぞう》の大震災が東北を襲った年である。押し寄せた津波の被害で福島第一原発がメルトスルー（炉心溶融）し、事故後、原発の20キロ圏内は法的に立ち入り禁止となる警戒区域とされた。そして日本のサッカー界も大きなダメージを受けた。ちょうどイチエフ（＝福島第一原発）から20キロの距離にあったナショナルトレーニングセンター、通称Jヴィレッジがその機能を停止させられ、復旧の拠点として役割を変容させられたのである。

このJヴィレッジの立ち上げに奮闘し、設立後も副社長として事業の発展に寄与した人物がいる。今西より7歳下の後輩にあたる高田豊治である。高田は広島大学附属小学校時代に今西が出場していた舟入高校と広大附属高校の高校選手権準決勝を観て以来、サッカーに心を奪われ、それまでの野球少年が一転して中学からボールを蹴り始めた。広大附属高校では熱血漢で知られた福原黎三監督から「泥にまみれて生きよ」という教えを受け、この恩師と今西の母校である東京教育大に進学した。3年時に早稲田を逆転で下すという劇的なインカレ優勝を経験した後、1971年に東洋工業（マツダ）に入社している。会社においてはサッカー部のみならず、入社以来今西と職場も同じくし、深い交流を結んだ。配属された厚生課ではマンモス寮の運営をともに担い、寮兄制度（自治を尊重して各寮に寮生のリーダーを育てていく制度）のあり方を学んだ。

「私が新入社員のときに今西さんは主任で、寮で人を育てようとするその仕事ぶりに大きな影響を受けました。それは自分の半生において今も指針になっています」

指導者に転じると、マツダSCのコーチ、オフトのサポート、そして札幌転勤後は北海道リーグでマツダの営業マンのチームアンフィニ札幌を率いて3連覇を達成した後、広島に帰り、サンフレッチェでは育成部長を担った。高田は森保の入社に立ち合い、森山佳郎の媒酌人を務めている。1996年に日本サッカー協会に入り、ここからJヴィレッジに関わっていく。経営者として辣腕《らつわん》を振るい、施設として5年連続単年度黒字を達成する。指導していたサッカースクールでは、いわき市から通って来ていた少年の才能に注目し、サンフレッチェユースへの入団の橋渡しをした。それが高萩洋次郎（FC東京）であった。

高田は師と仰ぐ今西総監督の退任に伴い、2003年にサンフレッチェ広島にGMとして呼ばれた。クラブの強化の仕事と併行して2004年からは、荒れた青少年の更生指導の一環として10代から25歳までの暴走族にサッカーを教えるというボランティアを月に3回、5年間続けた。2009年にJヴィレッジ副社長に復帰。震災は思いのこもった福島の地で情熱を再び燃やし始めた矢先であった。高田豊治の3・11以降は、どのようなものであったのか。高田もまた育将の系譜を継ぐ。当時のルポとあわせて紹介したい。

震災からひと月経った4月に私はJヴィレッジに向かっていた。常磐道《じょうばんどう》で測りながら来た線量計は、いわき湯本で0・24（マイクロシーベルト毎時＝以下同）、下道に下りると金ケ沢《かねがさわ》の明不作《みょうぶさく》で0・64を記録していた。

Jヴィレッジの変容ぶりは予想を超えるものであった。壮観な眺めを誇った青々とした11面のピッチはすべて潰され、駐車場、自衛隊のヘリポート、作業を終えた車両とヘリコプターの除染場に姿を変えている。特にヘリポートはすべての敷地がアスファルトで固められているために対面に置かれたゴールがなければ、初めて見た者はかつてここがサッカー場であったとは想像できない。装甲車、戦車も鎮座し、文字どおり基地の様相を呈している。除染場所になっている体育館に回り、作業を終えて帰って来た一団に話を聞くと、車をまず除染場へ持って行って念入りに洗車、マスクがポイントでフィルターを外して測って100kcpm以上の汚染だと廃棄処分に回して、それ以下だとアルコールで除染してからもう一度測定して再利用に回すという。

Jヴィレッジは部屋を汚されたくないから、命懸けで働く自衛隊員を通路で雑魚寝《ざこね》させているという一部報道があったが、どこを見てもそんな事実はなかった。Jヴィレッジの経営者を一方的に非難していたが、これこそが風評被害である。

原発が立地している双葉町《ふたばまち》から避難してきた68歳の男性に偶然出逢った。双葉高校のサッカー部OBで国体出場経験もあるという。「うちは原発から3キロしか離れてねえんだ」。前田という集落で200年近く続いた父祖の土地を手放さなくてはならなくなった。男性にとってのJヴィレッジはまた、身近なものだったという。

「うちのおふくろが広野町《ひろのまち》にある老人ホームにいてな。見舞いに行く度に必ずJヴィレッジに寄っていたんだ。疲れた身体を癒やしてボーッとしながら練習を見てな。あそこのレストランがまた旨《うま》かったんだよ。そのおふくろも震災で宇都宮のホームに移った」

郡山に足を運んだ。佐藤栄佐久《えいさく》に話を聞くためである。大蔵政務次官を経て88年に福島県知事に当選、以降、東京への権力、経済の一極集中に異議を唱え続けてきた人物である。特に原発問題と道州制については、それを推進する立場の政府に対してはひるむことなく正面から対決し、県内では絶大な支持を得てきた。しかし、2006年5期18年目に東京地検特捜部から収賄容疑で逮捕される。二審でも有罪判決が出たが、これは国策逮捕、冤罪《えんざい》で納得できないとし、なおも上告している。その内実は3月11日以後爆発的なベストセラーになった『知事抹殺』（平凡社）に詳しいが、佐藤にはJヴィレッジ建設の経緯を知る者としてインタビューを申し込んだ。

――そもそも佐藤さんの知事在任中にナショナルトレーニングセンター構想が持ち込まれたわけですが、それはどういうものだったのでしょうか。

佐藤「94年でしたね。東京電力さんの方で、今まで明治以降、電力供給で福島県にお世話になったということで、地域振興の策として提案されてきたんです。当初、私は地域振興という意味でJヴィレッジをもっと原発の近くに造りたかったんですよ。というのも、原発のある町というのは、実はお金が入っているようでいないんです。東京の皆さんは原発の恩恵で凄い額の交付金を受けていると考えられているかもしれませんが、実際にお金が国から来ても地方が自由に使えるわけではないんですよ。自由にその町の振興のために使うなんていうのは、本当に少ない。一時期30年間は、農業がなくなる代わり、建設業とか、発電関係は盛んになるんですが、それは結果として1世代だけなんです」

――イメージと違って潤沢な交付金は使い道を国にコントロールされているわけですね。

佐藤「ええ。ですから、地元は非常にいい思いをしたというのは間違いで、私は何とかあの地域に企業を誘致しておかないといけないと考えたわけです。そうしないと50年経った頃に持って行く先の決まっていない巨大な使用済み燃料だけが残ってしまうかもしれない。そういうリスクがありましたから、私はJヴィレッジを（1号機から4号機のある）大熊町《おおくままち》に造りたかったんです。ところが、今でこそ、あそこまで高速道路が開通したんですが、当時はいわきまでしか通っていないんです。ですから、できるだけいわきに近い方にしてくれというサッカー協会さんの意見の中で、広野と楢葉《ならは》の真ん中にできたというわけです」

――大熊町に建てたかったというのは、換言すれば佐藤さんは知事時代、原発に頼らず、自立させるためにサッカーによる地域おこしを考えていたということですね。それだけ期待されていたのは、サッカー自体がお好きだったのでしょうか。

佐藤「私はそれほどでもないですが、秘書がサッカー狂で（笑）。原発は、ですから一度造ってしまうと、どんどん造り続けないといけない宿命になってしまうんですよ。最初私もね、もう2基あるから、一生みんなが夢の生活ができるんだと思っていました。そして就任したら2年後に、（5号機6号機のある）双葉町議会が増設決議をしました。なぜ？　2基もあるのに。不思議に思ったんですよ」

――交付金も固定資産税もだんだん目減りしていくし、自由に使えない。かといって他の産業はないので、自立は遠のいている。言葉は悪いですが、原発は一度打ってしまうと打ち続けないといけない薬物のようですね。

佐藤「そうですね。そんなときに東京電力さんからそういう話があって、高田（豊治）さんという方がサッカー協会からやって来られました。元マツダの選手だった方です。Jヴィレッジというのは社長が私で、副社長はサッカー界の方ということで、こちらにいるときは経営者としておられましたが、私はマツダのサッカーマンの方はこんなに立派なのかと、思うようなことがあったんです。どういうことかというと、サッカーだけではなくて、我々の地域振興の趣旨に沿って全国からたくさんのお客さんを浜通りに集めるのも仕事のひとつなわけです。そこで高田さんはあの周辺の民宿を一軒一軒回って、来られた人たちが満足できるようなサービスマンに育ててあげるわけですよ」

——トレーニングセンターの運営だけでなく、来たお客さんにリピーターになってもらうために民宿にも顔を出してサービスの教育を図られたわけですか。

佐藤「ええ。言ったら何ですが、都市の方が田舎《いなか》の家に泊まったら、やっぱりどこかずれがありますからね。ところが、サービスという面での指導もされていた。それで民宿にお客さんが定着し始めて、浜通りに人が来るようになった。これは私ずっと見ていましたけど、立派だなと思いました。彼は現役選手を終えてから、北海道で車の営業マンなんかも長くやっていて、そういう感覚があるんでしょうね。その意味でJヴィレッジは、浜通りの振興のためになってくれていました」

この佐藤元知事のインタビューの中で、唐突に高田の名前が出てきた。双葉町はあと30年経ったら町長の給料も払えなくなっていたという。そのような浜通りでJヴィレッジが期待どおりの地域振興をしてくれていたという反骨知事の称賛は、また高田副社長に向けられた称賛でもあった。それは原発依存で身動きができなかった自治体に、サッカーが自立経済への希望の光をともしかけた瞬間でもあった。会津の美術館、中通りのスタジアムの2案は頓挫したわけであるが、結果的に人を育てる、人を呼び込むトレーニングセンターが最も地域振興には向いていたのではないのだろうか。「マツダのサッカーマンはこんなに立派なのかと思った」という佐藤の言葉が強く印象に残った。

私はJヴィレッジから東京に戻ると、練馬に避難しているという高田に現状と今後の展望について話を聞こうと連絡を取った。電話番号を教えてくれたのは今西であった。指定された待ち合わせ場所に行くと高田は住居を追われて疲労しているにもかかわらず、折り目正しくスーツ姿で現れた。

3月11日、そのとき、高田は宮城にいたという。営業先である東北学院大学に向かい、用件を済まして福島に帰ろうと3人の部下と車に乗り込んで走り出した刹那だった。携帯が地震速報を告げ、次の瞬間、アスファルトが大きく波打った。すぐに渋滞になって動かなくなった。仙台を抜けるまで4時間、そこから114号線に出るまでまた4時間、さらに浜に出ると道路が寸断されていた。緊急車両が通った跡や脇道、少しだけ陥没している道などを通って先を急いだ。横転しそうな危険な箇所では部下を降ろし、丸太を噛《か》ませて自分で運転した。

ようやく自宅のある富岡町《とみおかまち》に着くと、家の中は酷い荒れようであった。しかし、家族の安否だけを確認するとすぐに職場に向かう。

Jヴィレッジに着いたのが午前2時であった。300人以上の人々が体育館に避難していた。宿泊客、地元の人、国際交流で訪れていた上海《シャンハイ》の日本総領事館の子どもたちもいた。そこで、日本代表のシェフ西芳照《にしよしてる》の陣頭指揮の下、スタッフによる炊き出しが夕方行なわれたという報告を受けた。翌12日朝も300人分の炊き出しを行なった。午後になり、さて、夜（の炊き出し）をどうしようかとしていると、避難指示が出された。二つの場所を指定されたが、分散しない方が良いと考えた高田は、平第六小学校に全員が向かうように誘導する。

同時にひとつの判断を下した。移動する人々に向けて、「寝具を持っていっていいですよ」と告げたのだ。おそらく避難所では毛布も満足にないであろう。ホテルの部屋から体育館に運んだ寝具をバスに積んだのである。寝具がJヴィレッジに残っておらず、自衛隊員が床に寝ていたというのはそんなわけである。六小には体育館に300人、校庭いっぱいに停《と》められた車の中に500人、全部で800人が避難していた。Jヴィレッジはたまたま週末に向けて食材をたくさん仕入れていた。電気が止まって冷蔵庫、冷凍庫が使えない、このままでは腐ってしまうと西シェフが言うので持ち出してきていた。プロパンのボンベや寸胴《ずんどう》なども最低限見繕って持って出ていたことも幸いした。またも自発的な炊き出しで、800人に温かいものが提供できた。このときのメニューがハンバーグカレーだったことを、今でも高田は覚えている。

14日の朝までJヴィレッジのスタッフは六小で炊き出しを続けた。やがてスタッフたちも、親族との安否確認が取れ出した。家族に会いに行きたいという希望を止める理由はない。高田は残り、役場の人に「まだ食材が2、3日はありますから、町で調理ができる方がいたら探してくださいませんか」と頼んだ。たまたま蕎麦《そば》屋の店主が見つかり、避難している人の中からも数名の主婦が手を挙げてくれた。避難所にいるのは800人から400人に減っていたが、それでも大変な量である。Jヴィレッジスタッフから引き継いだものの、慣れていない者には4時間近く立ちっ放しの重労働であった。朝と夜だと7時間拘束になる。蕎麦屋の方も頑張ってくれたが、やはり連日となると無理がある。役場の人にまた募ってもらえませんかと頼んだが、被災している人に協力を求めるのは大変なことである。六小はパンとおにぎりの配給が上手くいっていたので、役場としても「副社長にそこまでやっていただいたのだから、もういいですよ」となった。

ようやく高田は避難することを決意する。携帯電話が復旧すると、広島から続々と安否を気遣うメッセージが届いた。何より5年間指導した暴走族のメンバーが心配してくれていた。時を同じくして、東電と国の両方からJヴィレッジの施設を使用したいという連絡が入った。高田は了承し、15日に水戸で施設の鍵の受け渡しを行なった。

高田は振り返る。

「こちら(東京)に来てからはJヴィレッジの火を消さないように動いています。地元に150人弱の人がいて、こういう事態ですからパートの方たちの委託契約はストップせざるをえなかったです。会社を清算したらという人もいましたが、そうすると Jヴィレッジの使命が絶えてしまいます。今、スタッフは地震、津波、原発で三重苦を背負っているわけですね。そこに失業が加われば四重苦になってしまいます。Jヴィレッジも収入が途絶えています。荒っぽい形ですが、管理職は私も含めて賃金を20パーセントカット。1、2年目の社員はそのまま。中間は15パーセントカット。それで雇用を継続しました」

——社員の方は、現在はどんな活動をされていますか。

「たちまち（とりあえず）の仕事がないので、ボランティア活動をやっています。Jヴィレッジのミッションは二つです。サッカーを通したスポーツ振興と地域貢献。だから、いわきや楢葉、富岡の者も会津美里の避難所や対策本部に避難民としておりながら住民のお世話をしています。避難所を回って聞くととても感謝されているようです。郡山のビッグパレットにも富岡や白河の者が入って義捐金《ぎえんきん》の受付などのボランティア、いわきの楢葉の避難所では案内をしたり、仮設住宅を造ったり、そこに5人入っています。Jヴィレッジバスを使ってお風呂にも行ってもらっています」

かような状況下でも地域貢献の志を掲げ、避難所で働く全社員の活動を把握していた。社員もまた日常的にその貢献の理念が身に備わっていなければ、即座に避難現場に入っての仕事などできないであろう。

「Jヴィレッジはオープンして今年（2011年）の夏で14年。来場者は100万人に到達しました。協会にとっては各カテゴリーの合宿がやりやすくなったことはもちろん、指導者養成、審判養成もあのハードがあってスムーズになったと思います。特に（ライセンスを持つ）指導者は、この12年間で10倍以上に増えました」

利用状況も伸びてきていた。それが突然崩壊した。立ち上げから、心血を注いだ高田の無念さはいかばかりであったか。サッカー界での実積だけではない。Jヴィレッジの宿泊者数、累計で56万人。年間1・1億円の食材、消耗品の購入の80パーセントは福島県内から調達していた。地元旅館組合への宿泊斡旋《あっせん》数累計24万人。これは17億～18億円の経済効果である。

「今（Jヴィレッジ）はサッカーができない状況です。でも東電さんの方で必ず元に戻すという、それを条件にお貸ししているので、その言葉を信じるしかない。1年、2年、3年先なのか。分かりませんが、それを祈っています」

反骨の知事も称賛したサッカートレーニングの聖地の復活に向けて、これより高田は邁進《まいしん》し始めた。被災して仮設住宅に暮らす楢葉町の人々に向けて、Jヴィレッジのフィットネスインストラクターを派遣し「楢葉元気アップ教室」など、とかく分断されがちな避難所生活に、スポーツによる新しいコミュニティを提供し続けた。

高田は、2013年7月に復興プロジェクトが立ち上がったことでJヴィレッジを退任すると、そのままいわき市にある東日本国際大学附属昌平高校のサッカー部監督に就任した。翌年には部員14名の同大学の総監督になり、地元のサッカー選手の育成に心血を注いでいる。

「今はスポーツ局というところで学生のゼミなんかも見ています。サッカー部の方はようやく部員が増えてきたので、これからやっとポジションの競争が始まります。いい選手、そしていい人間を育てたいですね」

Jヴィレッジは2019年4月に全面営業が再開されたが、2020年4月18日の東京新聞はその駐車場から毎時1・79マイクロシーベルトの高放射線量が計測されたことを伝えている。除染の目安は0・23マイクロシーベルトであるからかなり高く、不安は払しょくされていない。東電はJヴィレッジを返還する際に除染をしなかったことを認めており、高田の信頼を裏切ったことになる。

2011年　ユニフォームスポンサーの不在

高田が、被災したJヴィレッジの再建に向けて苦闘した2011年は、FC岐阜の社長を務める今西にとってもまた困難で辛い時期であった。前年までユニフォームの胸スポンサーであったリアルワールドが撤退していた。県内に営業をかけるも手は挙がらず、胸の表記は翌年に開催予定の「ぎふ清流国体」という6文字でお茶を濁すしかなかった。J2で6位以内という成績を目標に掲げる一方で経営的には2年連続の黒字を維持しなくてはならず、困難な経営判断を迫られた。強化がままならず、それは結果に跳ね返ってきた。4月30日、開幕して3試合目の水戸戦（震災の影響で第9節）でようやく2対1で片目を開けるもそれから勝ちに見放され、次の勝利は11試合を経過した7月3日の、京都サンガ戦まで待たねばならなかった。序盤で最下位に転落すると二度と浮上することなく、最後は6勝26敗6分の20位でシーズンを終えた。成績と比例してスポンサー営業も観客動員も伸び悩んだ。観客収入が当初見込んでいた1億3300万円の半分以下である6000万円に留《とど》まってしまった。前年度は黒字であったが、赤字の下方修正を余儀なくされた。この時期、今西、服部、そして監督の木村孝洋の3人のうち誰かが自殺するのではないかと周囲に思われたほどに現場もフロントも疲弊していた。

それでも地域貢献活動は年間459回で、連続してJリーグ最多を記録した。地道な活動が響いてきたのか、11月27日ホーム最終節はカターレ富山に1対1で勝利を飾れなかったにもかかわらず、「最下位も岐阜の歴史。這い上がれ、前進する志さえあれば共に戦い続ける」という横断幕が試合後にたなびいた。宮城亮もその感触は感じていた。

「FC岐阜は借金だらけだし弱いし、昔の不信感もいっぱいだしって言われていた地域から、あの頃はいろんな活動を通じて応援してもらえるようになってきたんです。来年はもっと頑張れと言ってもらえるようになって、苦労して学校や施設を何度も回ったかいがあったなと思えました」

選手の入れ替えも迫られたが、そんな中で嬉しいニュースもあった。元日本代表の服部年宏が入団を決めてくれたのである。今西とはアトランタ五輪代表の頃に強化副委員長と選手の関係で知り合っていた。インタビューで「僕のところに話をしに来たスタッフたちが、今西さんのために良いチームを作りたい、と言っていた。それを聞いて、このチームはきっと良いチームになると思ったから岐阜に行こうと決めた」と語ってくれていた。

今西のサッカークラブ哲学は選手やスタッフ、地域に浸透し始めていた。しかし、その半面、翌2012年からJリーグの参加資格制度である「クラブライセンス制度」が導入されることが決まっており、経営における厳しさはより深刻さを増していた。

「クラブライセンス制度」とはドイツ・ブンデスリーガをモデルにクラブの健全経営を目的として導入されたもので、クラブライセンス事務局（Club License Agency＝CLA）で設定した競技・施設・人事組織・法務・財務の五つの基準をクリアーしていないとプロクラブとしてのライセンスが不交付となり、リーグ戦に参加できなくなるというものである。言うなれば、極めて重要な生殺与奪の権利がそこにはある。ただ、FIFAやAFCに基準があるものではなく、あくまでも制度設計は各国のリーグの担当者に任されたローカルルールである。

Jリーグはこれを2012年から取り入れるわけであるが、田中道博JFA専務理事（2013年10月にセクハラ疑惑が報じられるなかで辞任）と同じく三菱東京UFJ銀行から入ってきた大河《おおかわ》正明クラブライセンスマネージャーが設定したハードルは、地方クラブにとってあまりに高いものであった。交付規則にはスタジアムやクラブハウスなど、一クラブでは対応できない行政マターの施設に関する基準の他に、財務に関するものがあり、3年連続赤字は交付しない（2012年から算定）、債務超過は1回でアウト（2014年から算定）など、数字については10円でも1億円でも赤字は赤字というシビアな基準が設けられている。

一方で地域貢献などのホームタウン活動を評価する項目はない。後述するが、経理書類上の数字を見ることはできても、選手や住民と向き合って地域に根差すサッカークラブ経営の経験のない人間が、クラブにとって存亡に関わるライセンス交付を密室でジャッジするという危うさがそもそもあった。そしてこのライセンス交付制度が地方政治、社内政治の政争の具にされてしまったことで、今西は心身共に苦しむことになるのである。

2012年、開幕前にFC岐阜に今年こそ胸スポンサーが付くという話が出てきた。ようやく一息つけるかと思われた。しかし成約には至らなかった。2年連続のメインスポンサーなしの開幕である。大商大総監督の上田はこの頃、めったに経営や営業については相談に来ない今西が呻《うめ》くように「どこかスポンサーになってくれるようなところはないですか」と連絡してきたことを覚えている。

この年は稼動し始めたJリーグクラブライセンス事務局との間でいくつか不可解なことが起こるが、その発端は、4月17日に同事務局からなぜか岐阜だけが予算管理団体に指定されたことである。3月26日付で大東和美チェアマン名で出され、本件問い合わせ先としてライセンス事務局大河・岩本と記された文書には、「6月末に支払う予定のクラブ配分金を4月20日に前倒す申請をしたこと」がその理由とされている。

これはもちろん褒められたものではないが、そもそもJリーグのビジネスモデルはリーグが「放送権」「商品化権」を各クラブから吸い上げ、一括管理して収益を上げて各クラブへ分配するシステムである。給料の前借りのようなもので、いわばやりくりの範疇である。前倒しをしていたのは岐阜だけではない。2011年度の実績を見ると、Jリーグの40クラブのうち、岐阜以外にも18のクラブが単年度赤字で、10クラブが債務超過をしている。額で言えばもっと大きなクラブもあった（例えばサガン鳥栖《とす》は単年度収支が3億5700万円、累積損失が2億9800万円、対して岐阜は赤字が7100万円で累損が1億4700万円であった)。

ちなみにJ1で黒字を申告しているクラブも実質的には親会社が補塡《ほてん》してやりくりしているのが実情である。横浜F・マリノスはこの年、5億8500万円の赤字で累損も10億4800万円であるが、万が一のときは親会社の日産が支援をしてくれる(その意味では赤字か否かという判断材料は親会社を持つ所とそうでない地方クラブの間にすでに大きなギャップがある)。

予算管理団体に指定されると、経営における裁量権が束縛される。ライセンス事務局からは、

(1)5月の給料日までに2000万円、6月までに7000万円以上の資金調達を目指しその状況を逐一Jリーグに報告すること。

(2)ノルマを掲げて営業活動をし、その進捗も逐一Jリーグに報告すること。

(3)不要不急の費用は早急に削減し、Jリーグに報告。

(4)上記以外にJリーグから指示が出たらそれに従うこと。

という通達がなされた。誰よりも予算を確保したいと思っている現場の経営者から見れば高圧的で屈辱的な文面である。「何かうちは目を付けられているのではないか」と岐阜の若いスタッフの間では緊張が走った。当時の中堅社員がこんなことを述

懐した。

「今西さんも服部さんも真っすぐな人だから、Jリーグやライセンス事務局にも理不尽だと思ったら平気でクレームをつけてたんです。2008年の暮れに5000万円（公式試合開催安定基金）をJリーグから借りたんですが、そのときも今西さんがペコペコしないんで相手が怒っていたと聞きました。でも、そもそもドブ板営業して広告を取ったり、チケットを売ってお金を生んでいるのは我々クラブでJリーグは機構としてそれを供出させているんじゃないですか。スポンサーさんや他のクラブには腰が低くても、反骨心のある人なので、何でJの若いやつらが虎の威を借りてそんなに偉そうにしているんだっていうのがあったと思うんです。

服部さんもホームに視察に来たJリーグの職員が、スタンドのお客さんの前でボードを広げてウロウロしたり携帯電話で話してるのを見て叱ったりしてたんですよ。視察も分かるけど、もっと集客しろと言っているリーグの人間がお客さんの前で何してんだ、試合を観る邪魔するな、とお説教して泣かせたりしていたんで、お上の言うことを聞かないやつらだとうっとうしく思われていたんでしょうね」

一方で私がJリーグ内部から聞いた話によれば、クラブライセンス事務局も一枚岩ではなかった。当時を知る女性職員によると、

「Jリーグってそれまで助け合う感じで良い雰囲気の職場だなって思っていたんです。

でもライセンス事務局が立ち上がった初期の頃は自分たちの存在感を示したいのか、J2の地方クラブの経営者に向かって上からの目線で電話で怒鳴るんですよ。『何で言ったとおりにしないんだ。資金繰りの資料を出せないなら東京まで説明に来い』そんなのお金がなくて困っているクラブを余計苦しめることになるじゃないですか。その姿が予算を握っている霞《かすみ》が関《せき》の中央官庁の官僚にすごく被《かぶ》って見えたんです。今西さんや服部さんとは反対の体質ですね。本当に地域の方を向いて仕事をしている人たちは、官庁のご機嫌取りよりも地元の強化や育成や普及にもっと注力することがあるのが分かるんです。ただライセンス事務局に対して『はいはい』って言わずに歯向かってくるクラブの人がそれまでいなかったので目立ってしまっていました。

だから、ライセンス事務局は県や市にアプローチし出したんです。でもクラブがあっての私たち（Jリーグ）ですから、その上から締め付けるお役所的な体質が嫌で『私たちはどっちが上も下もないじゃないですか。良い環境を一緒に作るためにライセンス事務局はあるんだから、改めようよ』と話し合いの場を持とうとしたりしたんです」

Jリーグの名誉のために言うと、「ライセンス事務局とクラブは上意下達の関係ではなく、改善に向けて協力し合う対等な関係であり、中央のオフィスにいては分からない彼らの地域貢献活動も評価すべきだ」と考えている良識的なスタッフもいたのである。しかし、少数派であった。「今西と服部は従順ではない」と感じたライセンス事務局は、FC岐阜と直接向き合おうとせずに、悪行をチクるかのように（岐阜）県や（岐阜）市と裏でやりとりをするようになっていった。クラブとのパートナーシップを自ら放棄して、行政にライセンスをちらつかせて迫る脅迫的な行為である。かようにバイアスがかかった情報を受けた県（担当商工労働部）や市（担当教育政策課）の職員が首長にポジティブな報告をするはずがない。

今、私の手元には「厳秘　FC岐阜について　2012年4月16日　商工労働部」と記された古田知事へのレクチャー用に出された文書がある。書いたのは小林出《いづる》商工労働部次長（経済産業省から岐阜県へ出向してきているキャリア官僚）である。これには、

「Jリーグは（略）4月17日の理事会でFC岐阜を『予算管理団体』に指定し発表する予定。なお、Jリーグは、これ以上の前倒し支給はしないとしており、次の分配金を得られるのは7月」

というJリーグとのやりとりがリークされている。さらに「問題点」と書かれた項目では、

「●従来路線を捨て、アマチュアメンバーの活用等も念頭に置いたうえで、県民、市民へのサッカー普及のシンボルとして身の丈に合った形でFC岐阜を位置づけなおすことは今西体制の下では困難」

とすでに今西下ろしの進言すら入っている。

「県としての対応」という項目では、

（ア）基本的認識 ●FC岐阜は民間企業であり、経営責任はあくまでFC岐阜自身にあるという認識に立ったうえで、FC岐阜がJ2に残るために、県として「できる支援」を最大限行う（追加財政支援は行わない。岐阜市も同様か）。

（イ）足下の対応の方向 ●4月17日の「FC岐阜の予算管理団体化」に関してコメントを求められた場合、「Jリーグ、地元経済界等とも相談しつつ、FC岐阜の自主的な再建に向け、県としてどのような協力ができるか、検討してまいりたい」というラインで応答。

と県は直接支援はしないという方向の提言とマスコミ向けのコメントまで用意している。他にも、

●（4月27日の株主総会に向け、社長の真摯な対応を求める必要あり）

●内々に、岐阜市およびその他株主、十六銀行、地元経済界、Jリーグと相談しつつ、来季の運営体制・運営方針を詰める必要あり。

と今西を外しての密議を提案している。

「留意点」として●FC岐阜は十六銀行から1億5739万円に上る借入を行っており、これには今西社長の個人保証（無担保1億1000万円、県市保証協会4739万円）が

付いている模様。十六銀行と今西社長とFC岐阜の負担について整理する必要あり。すでにここで今西の1億円の個人保証について自覚して言及しているが、これは創業経営者の放漫経営によるもので、県は今西解任後も新経営陣に引き継ぎをさせずに押し付けたままであったことを考えると、人の好さにつけ込んだ自治体による極めて不誠実な行為であったと言えよう。

このJリーグと内通した小林商工労働部次長の報告によって、古田知事は4月26日の定例会見で、2000万円を出資する筆頭株主の県の立場として「予算管理団体に指定されても増資はしない」と明言している。岐阜で唯一のプロクラブがその独自性をJリーグに奪われてしまう由々しき事態であり、国体の強化対策の事業費には5億1300万円もの巨費を投下した古田知事が当時、なぜいきなりこんな冷淡なコメントを発したのか、怪訝《けげん》に思う関係者もいたが、この文書で符合する。

一方、裏でこんな動きが起こっているとは露知らずに、今西は債務超過解消のために愚直に動いていた。元マツダのトップセールスマンは至る所へ顔を出し、営業に奔走した。やはりどうしても地元の支援が欲しい。特に大垣の財界を口説かずに諦めるわけにはいかない。そのヒエラルキーのトップにある路線トラックの業界最大手企業・西濃運輸は、元々サッカー部をJリーグに加盟させたかったのだが、梶原拓《ひろむ》前知事がけんもほろろに扱ったために廃部にした、という経緯があった。そして新たに

厳秘

FC岐阜について

2012年4月16日
商工労働部

~ポイント~

○FC岐阜は戦績（現在21位）も財務状況も危機的。4月17日にJリーグは「FC岐阜の予算管理団体化」を発表予定。5月以降は資金ショートの可能性。

○来季JFL行きを避け（=J2で20位以内）、安定した経営を行うためには、
①足下の資金を手当し、フロント・選手の動揺を避ける一方で、
②来季以降の経営体制、経営方針の抜本的変更が必要。

○足下の資金を手当てするためには、**大口スポンサーを見つけるか、十六銀からの追貸が必要**。（県としての対応を要検討。

(ウ)直近の状況

- 4月末段階で資金ショートが明確化。選手、職員の給与を支払うことができないため、Jリーグに分配金前倒し支給を要請。(2,300万円)
- Jリーグは前倒し支給を認めたものの、**4月17日の理事会でFC岐阜を「予算管理団体」に指定し発表する予定**。なお、Jリーグは、これ以上の前倒し支給はしないとしており、次の分配金を得られるのは7月。
- Jリーグからの前倒し分配金は、4月末の人件費支出で底をつく模様。FC岐阜は5月に企業協賛金の支払い前倒し要請を検討するとともに、十六銀への追い貸しを求める意向。今西社長によれば、岐阜市長が十六銀頭取と話をする予定とのこと。
- **どうしても5月以降の金策がつかない場合、「Jリーグ戦安定開催融資※」を求める必要あり。**

  ※一部クラブの資金ショートによりリーグ戦全体が混乱することを避けるため、Jリーグが当該クラブに対して3億円を限度に供給するつなぎ融資。**シーズン閉幕までに返済する必要があり、返済できなければJリーグクラブライセンスは剥奪される。当該融資を受けると、ペナルティとして勝ち点10が減ぜられる。**

2．問題点

- 岐阜市には大企業が立地せず、人口も中規模である上に現時点ではサッカーがあまり盛んな土地柄ではないことから、J2クラブにとって主要な収入源となるチケット収入、企業・市民からの協賛金が集まりにくい。
- 今西社長は、J2での6位以内を目指すとして、前期の大幅な赤字にも関わらず収入増の見込みのないまま2012期には事業を拡大。それに伴ったチーム作りを行い、選手との契約も行ってしまっている。
- J2トップ、J1下位のクラブの事業規模は概ね年間10億円以上、うち選手等人件費は5億円以上。FC岐阜がその規模に成長する可能性は低い。
- 従来路線を捨て、アマチュアメンバーの活用等も念頭に置いたうえで、県民、市民へのサッカー普及のシンボルとして身の丈に合った形でFC岐阜を位置づけなおすことは今西体制の下では困難。

3．県としての対応

(ア) 基本的認識

- FC岐阜は民間企業であり、経営責任はあくまでFC岐阜自身にあるという認識に立ったうえで、FC岐阜がJ2に残るために、県として「できる支援」を最大限行う（追加財政支援は行わない。岐阜市も同様か。）
  1. 県営長良川競技場の使用料免除(1,000万円)、職員派遣（2名）、広告スポンサー契約（300万円）等、現行の協力を継続
  2. 地元経済界にFC岐阜への支援を呼び掛け（？）

(イ) 足下の対応の方向

- 4月17日の「FC岐阜の予算管理団体化」に関しコメントを求められた場合、**「Jリーグ、地元経済界等とも相談しつつ、FC岐阜の自主的な再建に向け、県としてどのような協力ができるか、検討してまいりたい」**というラインで応答。

4．留意点

- 来季以降、FC岐阜が身の丈に合った活動を行うためには、現行の債務の整理が必要となる可能性あり。その際、減資が必要となる可能性あり。
- FC岐阜は十六銀行から1億5,739万円に上る借入を行っており、これには今西社長の個人保証（無担保1億1,000万円、県市保証協会4,739万円）が付いている模様。十六銀行と今西社長とFC岐阜の負担について整理する必要あり。
- **ベストを尽くしても、JFL行きとなる可能性はゼロではない。そうなった**

岐阜県商工労働部から古田知事へのレクチャー用の文書。今西下ろしの進言まで記されている。

立ち上がったFC岐阜は（岐阜県全域をホームとはしているものの）、永遠のライバルである岐阜地区を主な活動地域としている。着任する以前のそのボタンの掛け違いから、今に至るまでこじれてきた。それを修復しなくてはいけない。どこかに西濃運輸の田口義嘉壽《よしかず》会長と繫がる術《すべ》がないか必死に探した。意外なルートが出てきた。

田口福寿会（田口会長が代表を務める育成奨励金の支給などをしている公益財団法人）のある評議員なら田口会長と接触できる可能性があるという話が、身近な関係者から出てきたのである。今西は、その関係者の伝手で評議員の自宅を訪れ「西濃運輸の田口会長にご挨拶のできるルートを教えて頂けないでしょうか」と頭を下げた。評議員は、大垣財界にも大きな信頼を得ていた。「そういうことなら、県の体育協会で副会長をやっている石榑詔之《いしぐれのりゆき》君を紹介しましょう。田口さんは体協の会長も務めておられるので石榑を信頼していると思います」と言った。「えっ、石榑君ですか」。今西は驚くと同時に喜んだ。ハンドボールの選手であった石榑詔之は東京教育大学時代の2年後輩で、部活動は違っていたが、同じ体育心理学研究室に属していた関係で学生時代から旧知の仲であったのだ（ちなみに同研究室の卒論は今西が「サッカーにおける敏捷性《びんしょうせい》の考察」で、石榑は「ハンドボール選手の性格による調子の変動に関する一考察」であった）。

「そうか、もっと早く気が付きゃあ良かったのう。岐阜には石榑君がおった」

「古いお知り合いなら話は早いですね」

今西は4月下旬には石榑と再会を果たし、西濃運輸田口会長への取り次ぎを依頼した。石榑は今西先輩のためならと快く了承し、評議員も「今西さんは本物の人物だから。絶対見捨てるわけにはいかないので応援しますよ」と言ってくれた。光明が見え始めた。

時を同じくして5月23日、岐阜県庁においてFC岐阜に関する県、市、経済団体との第1回意見交換会が行なわれた。資金支援を求める今西は冒頭で「このままいくと6月には資金ショートになります。こういう事態を招いたのは社長である私の不徳の致すところです」と深く陳謝した。通常、県が財界に支援を依頼するときは行政が音頭を取るが、古田知事は消極的であった。自らの支持基盤である経済団体にお願いするということはただでさえリスクがあり、なおかつ商工労働部次長からは今西ではダメだという報告書が上がっているのだ。

J2昇格時に言った「県庁は応援しますから、社長になってください」という文言は反故《ほご》にされつつあった。会合はぶっつけ本番で顔見世の意味合いが強かったが、クラブの存続のために前向きに支援を考えていくことは確認された。

経済界との意見交換会

２０１２年５月31日午前10時。西濃運輸本社において、ついに田口会長、今西社長の会談がセットされた。今西は冒頭、今日は「ご挨拶」として伺った旨を説明。ＦＣ岐阜からは服部ＧＭも参加したが、服部は自己紹介の後に席を外し、すぐに田口、今西の一対一の話し合いが始まった。

虚心坦懐に今西は現在の財務状況を話し、サッカーによる地域貢献の意義を訴えた。田口はじっと聞いていたが、訥々《とつとつ》と自分の意見を語り出した。

「６月の資金ショートには支援は間に合わない。県から十六銀行に融資を要請すべきでしょう」「経済団体との意見交換会は次の第２回目が肝心となる」「魅力あるクラブにするためにはサッカー選手の強化にお金をかけないといけないという認識はあるのでその支援はいたしましょう」「今西社長に恥をかかせたり、嫌な思いをさせたくありません」「クラブの歴史を見たが、資本金がない状態でスタートしたのがそもそも間違いです」「私個人も私の周囲からもＦＣ岐阜を支援しなければならないという思いはある」「今西さんには長くＦＣ岐阜の社長を続けていただきたい」

50分の会合はあっと言う間に終わった。今西は大きな一歩を感じていた。田口はわざわざ駐車場まで見送りに出て来てくれた。服部はつかつかと田口の下へ走っていった。「ご挨拶をさせて下さい。服部です。ぜひまたお話をさせてください。お話を聞かせてください」と頭を下げた。

「ああ、いいですよ」。田口は鷹揚《おうよう》に答えてくれた。ここを逃してはいけないと思った服部はその場で次回のアポイントを秘書を通じて取った。服部自らもまたFC岐阜の不義理の歴史を知っている者として西濃運輸には筋を通しておきたかったのである。

数日後、服部は西濃運輸の会長室に招かれた。テニスコート半面ほどもある広さの部屋で田口に「座りなさい」と言われたが、立ったままで今までのFC岐阜の組織としての非礼をひたすら詫《わ》び続けた。これまできちんと挨拶ができなかったこと、そして今回の経営危機に至った自分を含めたスタッフ全体の力量不足について。服部には疑問があった。野球のみならずソフトボール、カヌー、アーチェリー、空手などスポーツをこれまで手厚くサポートしてきた西濃運輸が、FC岐阜については2012年に至るまでなぜ全く無関心でこられたのか。新聞報道では窮地に陥っていることは多々報道されている。過去に自分も知らない大きな迷惑をかけているのかもしれない。

10分も謝り続けた頃、田口は口を開いた。「まあ、いいからそこに座りなさい」

ようやく腰掛けた。「よく分かった」と会長は言った。「君の振る舞いと態度で分かった。もう安心しなさい」。田口は柔和だった。恐縮する服部を前に紙と鉛筆を持ってきて説明し出した。「僕には夢があるんだ。サッカー専用スタジアムを新たに造る。立地は新幹線が停まる羽島でね」。それからとうとうと岐阜のスポーツについての考えを語った。「今、必要なお金を集めている。具体的に動いているから」。そして今西の身体を気遣った。今西さんは凄い人だというのが分かった、やってこられた仕事もその人格も素晴らしい、ただ経営者としては優しくておおらか過ぎるのも良くない、FC岐阜では自分を頼ってくる人間をすべて受け入れているようだが、組織を守るためにときには良くない者は厳しく放逐することも大事であるというようなことを語った。さすがの慧眼《けいがん》であった。実際、今西は組織を崩す行動をしていた人間も見捨てずに会社に迎え入れていたが、結局そのことで自分の首も絞めてしまう。

服部もサッカーについてのいくつかの考えやアイデアを出した。気が付くと会話は弾んでいた。会見時間が終わると田口は「また、いつでもいらっしゃい」と送り出してくれた。

社交辞令ではなかった。田口はこれ以降、服部を非常にかわいがり、服部から会いたいと言われると予定を変更してでも必ず時間を作るようになった。服部は田口とのホットラインを構築して、何度も足しげく西濃に通い出した。

今西はまたようやくできつつあった伝手を辿って意見交換会に出る財界の重鎮に対しての根回しに走りだした。岐阜市細江茂光市長の由喜子夫人は持株会の活動にも率先して動いてくれていたが、スポンサー営業の話を聞くと、岐阜県中小企業団体中央会の会長で情報システムの会社インフォファームの創始者である辻正会長を紹介してくれた。

裸一貫から会社を興し、故高橋重信議員に頼まれ、10万坪の土地を購入して岐阜県柳津町《やないづちょう》（現岐阜市）に流通の拠点となる岐阜流通センターを1975年に建設した立志伝中の人物である辻会長は、今西の話を聞くと「徳は孤ならず必ず隣あり」という中国の言葉を引いて励ましてくれた。辻もまた議員に頼まれて地域発展のために奔走したにもかかわらず、当時の柳津町が冷淡で「地元自治体として援助はしませんので、やるなら勝手にしてください」と助役に言われた過去がある。自分の若い頃の姿を今西に重ねたのかもしれない。

今西は6月12日にも西濃運輸に電話でアプローチし、田口会長に資金繰りの報告と次回の意見交換会での改めての支援を懇請した。その上で9月17日、23日の公式戦2試合を西濃運輸の地元である大垣・浅中《あさなか》競技場で開催することを提案している。岐阜と大垣の連携、そして国体への機運醸成に役立ちたいという思いを伝えたのである。

さらに15日には田口宛に資料「FC岐阜がめざすもの」を送付している。それは、A4用紙14枚に綴《つづ》られたもので1ページ目の「FC岐阜の基本姿勢　私たちFC岐阜は、スポーツクラブである以前に岐阜県のクラブとして、岐阜県民にとってのクラブのあり方を求め続けていきます」から始まり、高齢者施設や児童養護施設への訪問サポートや電動車いすサッカー、脳性麻痺《まひ》7人制サッカーとの交流などに加え、普段から行なっている町づくり活動などの報告、そして今期希望額の1億5000万円の内容、来季2013年シーズン以降も含めた経営基盤安定のための具体的な支援イメージ案（県内主要企業による公式ユニフォームスポンサーの毎年のローテーション化など）が入っていた。そしてラストは、

「おわりに　私たちが、財界の皆さまにとって支援に値する、真に価値のあるクラブとなるために、これまで以上に地域と向き合い、岐阜県におけるクラブの価値を磨き続ける『覚悟』があります。FC岐阜は、岐阜県そのものになりたいと真剣に考え、行動していきます」

という文言で結ばれていた。最下位であった2011年でさえも576回の地域貢献活動を行なった実績のあるクラブゆえに説得力は大きかった。

ここに記されていたのは、プロチームで予算がないからお金をください、というお願いではない。Jリーグ100年構想の理念を具現化すれば、それは同時に地方自治の本旨をも実現できるという思いと、岐阜のために働くという覚悟である。根底に流れているのが、公益性のあるサッカークラブになろうという今西の経営哲学である。

今西は7月以降、自分の社長給与を4割カットすることを明らかにした。

6月20日、田口が次が大事だと語っていた第2回の経済界との意見交換会が始まった。会議の冒頭、古田知事は今西への強烈な叱責から始めた。今西は第1回の意見交換会に臨むにあたり、資金不足の1億5000万円の支援を嘆願するつもりでいた。ところが、調整役で入って来ていた件《くだん》の小林商工労働部次長から、「それはインパクトが大きいので1億円にしておいて欲しい」と言われて数字を少なく書き換えて不足金額を報告した。しかし、第2回の意見交換会を前に、小林次長は「足りない額を全部報告してくれ。1億円を超えていい。本当に足りない額を次の意見交換会では示して欲しい」と今西に指示した。

今西は田口会長たちにもすでに伝えている不足分の1億5000万を、改めてこの第2回意見交換会で報告することにした。当然、この不足金額の変更については小林次長から知事にレクチャーもなされていると思っていたが、なされてはいなかった。それが会の冒頭での古田知事の叱責につながった。「5000万円も今になって増えているとはどういうことだ。次の会では2億円になっているのか」。当初、1億円にしておいて下さいと指示をした当人は端の席に座っているが何も言わない。今西はしかし言い訳を一切せずに、その知事からの罵倒をただひたすら浴びていた。

座の空気が悪くなった。支援どころではない、と思われたそのとき「知事さん、貴方《あなた》はこの会をお通夜にする気ですか」と声を上げた者がいた。インフォファームの会長である辻だった。

「助けるためにここに皆、集まっておるんだから。そういう話をしましょう」

辻の発言で流れが一気に変わった。辻もそして田口も今西と服部に会い、FC岐阜の存在意義を認めてくれていた。会議は回り出し、官も財もFC岐阜を支援する方向で大筋が決まった。

翌日6月21日の朝日新聞は「FC岐阜　経済界が資金支援へ」という見出しで、「セイノーホールディングスの田口義嘉壽会長（県体育協会長）は、県内の財界から『奉加帳方式』で資金を集めることを明らかにした」「十六銀行の堀江博海頭取（県商工会議所連合会長）も（中略）資金負担する考えを示した」と伝えている。同時に今西の「私は岐阜出身ではなくコネがない。私のポストに岐阜出身者がついた方がいいとの思いはある」というコメントを紹介している。資金ショート、経営難の責任をすべて広島から来た人間に押し付けるのはあまりに酷であった。

政争のとばっちり

第2回意見交換会が終わる前から、今西の身体は激務に悲鳴を上げていた。持病の腰痛が悪化したために広島でヘルニアの手術をしなくてはならなくなり、6月25日に手術をしてそのまま入院を余儀なくされた。それでもこれで7月中には1億5000万円が集まる予定であった。Jリーグのクラブライセンスの審査が始まるのは8月である。資金繰りの実績をそれまでに作れる見通しが立ったと思われた。

ところが、7月になると今西は県内政治に再び翻弄されることになった。岐阜県庁の指定金融機関が十六銀行から大垣共立銀行に変わるという動きが出てきたのである。このことで十六銀行の頭取がへそを曲げてしまった。県庁に対する抗議として、自分で作った県内企業に回す奉加帳を止めて集金をストップしてしまったのである。指定銀行の変更を食い止めるために、何の関係もないFC岐阜を政治利用したのである。

内実を地元紙の記者がこう教えてくれた。

「指定金融機関の問題は長年くすぶってきた問題だったけど、最終的な発端になったのは岐阜の自民党県議会のドンである猫田孝議員（当時11期目、県連幹事長）がパーティー券を売りに出したところ、頭取まで挨拶に出てきた十六銀行が結局数枚しか買わなかったことにある。顔を潰された猫田さんは激怒した。大垣選挙区ということもあって、ずっと指定金融機関に興味を持っていた共立銀行へ指定金融機関を変えてしまえってなったんです。つまり元々の原因もその頭取にあったんですよ。そのとばっちりがFC岐阜に来たんだから、今西さんは岐阜では人に恵まれずに本当にかわいそうだったよ」

この頭取は2013年9月に十六銀行を解任され、商工会議所会頭も降り、その後岐阜新聞の社長になるも猛反発をくらい、4日で辞任に追い込まれるという失態を演じている。とんでもない人物に当たってしまったことによってFC岐阜への支援はまた延びてしまった。この頃、第三者機関の経営コンサルタントが必要ということでFC岐阜の経営コンサル（デロイト名古屋）がFC岐阜に入った。その資料をJリーグの中野幸夫専務理事が閲覧させろと言ってきた。服部がデロイトに確認の上、「第三者には見せられません」と回答した。すると「ふざけるな、我々は自分で入手できるんだぞ」と怒鳴り散らされた。合理性のない圧力であった。

7月25日、クラブライセンス事務局から大河ライセンスマネージャーの名前でクラブライセンス交付第一審査機関（FIB）によるヒアリングを8月20日に行なうという通達が質問書と共に届いた。質問事項のヒアリングの対象となる事項には「クラブライセンス事務局が貴クラブに対し、継続的に調査を実施しておりますが、貴クラブの今期の資金繰りの維持について明確な回答は得られておりません。また、貴クラブは近々、資金が枯渇する危機に瀕《ひん》していることがJリーグ理事会でも報告されており、貴クラブはJリーグが指定する予算管理団体となっています」と書かれている。

確かに事実として理事会でライセンス事務局によるFC岐阜についての報告がなされていたが、それには数字のみならず「経営者としてのやる気が見えない」という極めて主観的なメモ書きがなされていたことを複数の者が語っている。そして丁寧なことに、財務に関することという理由でそのペーパーは理事会後に回収されていった。ヒアリング実施の文書にはさらに、「ライセンス基準の充足に関する立証責任は、すべてライセンス申請者である貴クラブ側に帰属していることを申し添えます」と記されている。ペナルティを科す側ではなく、科される側が責任を持って立証するという極めていびつな審査方法であることがここからも分かる。

今西は手術後も金策に走り回った。かような状態では、サンフレッチェや日本代表で強化育成に辣腕を振るった男もチームに注力できない。FC岐阜は第28節を終わって4勝15敗9分で22チーム中19位。

そんな戦績の中、8月17日、第3回の経済界との意見交換会が始まった。メインの議題は要請のあった1億5000万円を再度集めることの確認と、県からの発案で経済団体をメンバーとする経営安定化委員会（仮称）を設置することの2点であった。まず今西が資料を提示して資金繰り状況を報告、続いて服部がクラブライセンス制度について説明した。

いきなり商工会議所連合会の山田専務理事が県発案の経営安定化委員会への参加に否定的な見解を述べた。「我々が、いち株式会社の監査を行なうことは現実的ではない。現段階でこの委員会に入ることの諾否はこの場では申し上げられない。委員会組織の適否の判断も致しかねる」。県による根回しができていないことが会の席上で露見した。

商工会連合会の若林会長からは直接的な質問が出た。「このような財務状況で8月のヒアリングは通るのか」。今西が答える。「今期何とかなるという資料を出さなければならない。1・5億円の支援について、できれば県と市から保証が欲しいとJリーグからは言われているが、現実的に難しいことはこちらも重々承知している。はっきり言って困っている。経営安定化委員会の設立は、そのひとつの回答になるのではないかとも期待している」。若林は被せるように言った。「それでも審査を通るのは難しいのでは」

ネガティブな質問にじれたように西濃運輸の田口が発言した。「最初の会議でFC岐阜を存続させる方向性が決まった。その存続のために何が必要かとなったときに1・5億円の支援が必要となったはずです。集まれば何の問題もない話である。このことを前提で話を進めないと。私たちは1・5億円を集めて、これからの資金ショートに備えて拠出すること。みんなで力を合わせて集めましょう」。田口は支援をする気に満ちていた。

今西「いつ、いくら入金されるのかが明記できれば、資料の客観性が保てます」

古田知事「9月28日（第一審査機関による交付決定期）にライセンス不交付という判断

が下されてしまってはジ・エンド。県も市も踏み込んだ議論をすべきです」

田口「なるべく早く集めないといけない。10月までに1・5億円集めよう。私の地域で集めた5000万円から9月にもFC岐阜に入金する。県全体で1・5億円を10月までに集めよう」

県下最大企業のオーナーにして体協の会長でもある田口のリーダーシップで一気に話は進み出した。

若林「お金を集めるなら金額の割り振りを明示して欲しい」

田口「実は岐阜地区を中心に1億円、西濃地区で5000万円を集めるということになっている。Jリーグでのヒアリングもこの事実を伝えていただきたい」。続けて田口は動かない行政にも声をかけた。「この支援の運動には、岐阜県・岐阜市にもご協力いただきたい。債務超過も2年間で解消しないと、またライセンスの問題になるのでしょう。ここは余分に集めて、来期以降に繋げるべきです」。ついに2013年以降の継続的支援についても提言がなされた。

さらに辻が前向きに本質をずばりと突いた。

「もっと根本的な話をしなければならない。ここにいる各団体がその気になって支援を集める体制になっているのか。1年で支援は終わり、ではダメ。債務超過も解消しないとダメだ。これはライセンスの問題ではない。岐阜県の問題なんですよ。そこを踏み込まないと解決しません」

知事がライセンスが交付されるか否かという目の前の瑣末《さまつ》な問題に拘泥《こうでい》しているのに対して辻は、そうではない、これは岐阜県の問題なのだと腰を据えて看破している。確かにそうである。ラインセンスに振り回されるのではなく、FC岐阜の存続については岐阜県全体のスポーツの問題として中長期のビジョンを持って思考すべき問題である。

そして辻はネガティブなメンバーを厳しく叱咤《しった》した。

「私どもの団体も1社1万円で支援金を集めようとしてエンジンがかかってきているところ。なのに、先ほど商工会議所連合会が、経営安定化委員会への参画了承に同意できないと言われた。これはちょっと難しい。前向きな姿勢でなければ岐阜地区の1億円がまとまらない。まとめる責任があるのではないか。FC岐阜を県全体で支援しようとする動きの意味を真剣に考えているのか。まず皆さんの足並みを揃《そろ》えないと、西濃はどうする、岐阜はどうするという話にならない」

西濃（田口）と岐阜（辻）の重鎮2人が牽引したことで会議は支援の方向に進んでいった。経済同友会の田中筆頭代表幹事は、岐阜で1億、西濃で5000万という割り当てに「シンプルで良い」と賛同。商工会議所連合会山田専務理事は「チケットを1800枚購入する」

田口は重ねて言った。「1・5億円の支援運動とは別の動きでお金を集めないと、チームは強くならない。とりあえずお金を集める。県、市、町も支援を拠出すべきだ」

辻「全くそのとおりだ。ただし、パワーがいる。動くなら一社一社ヒットしていく」

苦心惨憺《くしんさんたん》、ここに来てオール岐阜で支援の機運が一気に高まってきた。最後に辻がピッチ上で円陣を組んだキャプテンのようにハッパをかけた。「こんなことは前例がないことだ。県を挙げて支援をしようとしているんだから。他のJリーグクラブにはなかった岐阜県だけの動きだ。各企業は十六銀行の采配に従おう。時間はかかるかもしれないが、成果は必ず上がるものだ」

今西は感謝を込めて挨拶した。「本当にそう思います。県を挙げての支援が形になりつつあることを伝え、何とかFIBを説得します」

田口が励ました。「ぜひ、説得をお願いしますね」

会議が終わった。今西は安堵《あんど》した。3日後のFIBのヒアリングはこれで乗り切れる。1億5000万円のめどがついた。何より岐阜と西濃という加納藩、大垣藩の時代から長きにわたってライバル視し合っていた二つの地域を統合しての支援が受けられるというのは意義深いことであった。しかも来季以降の支援についても、具体的な言及を田口と辻から受けることができた。たったひとりで岐阜にやって来たことの苦労がようやく報われた気がした。

ライセンス審査のスケジュールは、8月20日の事前ヒアリングをクリアーすると次は9月5日〜7日に第一次審査機関による正式諮問。そして9月28日にライセンス交付決定。この頃には2013年シーズンの支援の雛形《ひながた》も固まっているだろう。それによって選手編成を新たに考えなくてはいけない。岐阜県のクラブとしての明確なビジョンを発信するためにも将来を見据えた育成にも思いを馳せた。

不可解な文書

しかし、8月20日。誰もが予想しなかったことが起こった。

今西と服部はJリーグ事務局中会議室に出向き、資料を提出の上、質問に答えた。資料は8種類に及び、資金繰り計画表や事業計画のみならず、十六銀行の営業先、西濃財界の新規営業先の一覧、そしてコスト削減策の表も作成して持っていった。役員報酬を社長40パーセント、取締役30パーセントと大幅カットし、勝利給や遠征費用も絞り込んだ。

1億5000万円が確保できたこと、経営安定化委員会が県と財界の連名で立ち上がることをしっかりと伝えた。FIBのメンバーからは「あなたは経営責任を感じていますか」と言われたので、「それは感じていますよ」と答えた。15時30分。この日はそれで終わった。

8月23日はこのヒアリングの結果を踏まえて岐阜県庁で第4回の意見交換会が行なわれる予定であった。9時半からの第4回意見交換会に先立ち、8時過ぎに今西は県庁に呼ばれた。「あなたにはもう辞めてもらいます」。そこで古田知事から社長解任を告げられた。あまりに突然のできごとだった。湧き出る感情を抑えるように今西はそのまま退出した。

広報の水野は事務所にいた。ほとんどのスタッフは地域の活動に出払っていたので、ひとりだけだった。今西が帰って来た。

「すごい面持ちで。悲しそう……、怒っているというよりも力が抜けたような感じだったんです。今までも苦しい状況のときはたくさんあったんですけど、初めて見る感じで、ちょっと声をかけづらくて私もその場に居られなくてどうしようかなと思っていたら、パッと目を開けて、『どうした？　水野君』って。いつも元気のない社員に接するように言われて……」

今西社長解任。さあ、これから支援するぞ、と気持ちを入れていた意見交換会に来ていた経済人も寝耳に水であった。一体何があったのか。8月20日、ヒアリングのあった日にクラブライセンス事務局から、県の商工労働部と市の教育委員会に一枚の文書が送られてきたのである（本書335頁別紙参照）。プロセスを記さずにいきなり結論とあり、ライセンス交付は極めて厳しいと断定している。そして（2）に注目したい。「ヒアリングに出席した取締役2名が経営に消極的に関わっている状況である」と決め付け、「後任の有無と来期以降の経営体制を具体的に説明した資料を提出すること」と県と市に要求している。この文書が9時半から行なわれた意見交換会で出席者に配布された。

ライセンス交付と引き換えに今西、服部をクビにしろというJリーグによる人事介入であった。これを見た古田知事は、国体の直前にライセンスが不交付になることで政治課題になることを恐れ、3日前の会議で、応援しますと言った今西を守ることを放棄。即座に解任に及んだと言われている。

本書を書くにあたり、私は二度にわたって古田知事に取材を申し込んだが、多忙を理由に断られた。知事はなぜ、小林出商工労働部次長以外のチャンネルを持とうとしなかったのか？　あまりにクラブライセンスの本質を知らなさ過ぎた。

クラブライセンス事務局はふた言目には「ガバナンス」を強調してきたが、公益社団法人が許認可権を振りかざして民間企業の経営に口を出すことこそがガバナンスの崩壊である。しかも解任の理由が数字ではなく「消極的」という極めて主観的で曖昧な理由に依っている。経営責任を問うならば今西ひとりでいいのに、GMの服部にまで言及している。こんな恣意《しい》的なことがまかり通れば、日本中のJクラブの人事はライセンス事務局に統制されてしまう。

この文書の突っ込みどころはまだある。FIBのヒアリングになっているのにもかかわらず大河ライセンスマネージャーの名前で結論づけされている。FIBは規約ではJリーグからは独立した外部の第三者機関であるはずだが、これではライセンス事務局とイコールである。大河は自ら作った規約を壊して各クラブを統治していることになる。そして、8月20日15時30分に終わったヒアリングであるにもかかわらず、同日20日のうちにいきなり「結論」としてリリースしている。すでにヒアリング前から解任は決めていたと考えるのが自然であろう。いったい、今西は何のために泥水をする思いで奔走し、資料を揃えてきたのか。

そもそもFIBヒアリングのあり方に大きな問題があった。

眞壁潔《まかべきよし》という人物がいる。メインスポンサーのフジタ撤退により消滅危機にあったベルマーレ平塚を立て直し、少ない予算を効果的に使い、地方クラブの雄・湘南《しょうなん》ベルマーレとして生まれ変わらせた敏腕経営者である。ベルマーレは2011年に債務超過を起こし、社長である眞壁はFIBのヒアリングを最初に受けている。債務超過の原因はこの年に起こった東北の震災によって交渉していたいくつかのユニフォームスポンサーが支援を躊躇《ちゅうちょ》したことであったが、それを理由にするのは人間として許されない行為だと思って黙っていた。ヒアリングが始まると、FIBのメンバーが資料として提出していた契約書に関して疑惑を指摘した。しかし契約書すべてを読み込めば疑義が生ずることはなく、そこを説明すると理解された。そのやりとりで、要はしっかりと細かいところまでは読み込んでくれていないのか、と不信感が募った。

眞壁は言う。

「FIBは人を裁くのに、その当時は議事録を取らないんです。呼ばれたのは僕ですが、クラブを裁くんです。それこそ地域の人が汗をかいて1000円、2000円と払ってくださって、勝てない試合にも一生懸命拍手をしてくれて、その責任を負って審査を受けるんですよ。そこの会話に何の証拠も残らない。僕はそんなことが社会的にあって良いとは思わない。ライセンスが出ないというニュースが出るだけで、ホームタウンは悲しくなるんですよ。それから審査が何でシーズン途中で始まるのか。開幕してたった5ヶ月の数字で審査するのはおかしいですよ。審判というのは起きた結果に対してすべきであって、6ヶ月先の話で『悪い』と言われるのは限りなく冤罪を生む可能性があるわけです」

今西の場合はこの冤罪と言えよう。10月には1億5000万円が集まる確約を得たにもかかわらず、第1次正式審査すら受けさせてもらえずにクビになったのだ。しかもクビにしたのはFIBではなく、ライセンス事務局である。

ライセンスの交付規約を読むとさらに制度欠陥が見えてくる。ライセンス事務局に対して交付するFIBとその結果に不服があったときに上訴する機関の「AB」は、役割上、独立していなくてはならないし、そううたっている。にもかかわらず、FIBもABもそのメンバーを推薦しているのはクラブライセンス事務局なのである。クラブを裁く第三者機関が仕事紹介の人間関係で繋がってしまっている。

横浜F・マリノスも含めた六つのJクラブが存在する神奈川という激戦県で、幾多の経営危機を乗り越え、ホームタウンに根ざしてサポーターとも強固な信頼を築いてきた眞壁の言葉は、人と地域に向き合ってきた人間が持つ深みがあった。

「FIB審査で『債務超過は増資で解消します』と説明したら、その保証は？　というので保証は僕ですと答えました。地元の信頼関係でずっとやってきていて『秋口には支援するよ』って言われているのに、『8月にライセンス審査があるんで先に増資してください』っていうのは勝手な小さな村社会の事情ですよ。僕は地域社会と付き合ってご支援いただいているわけだから。僕は能力がないので何度もスポンサーやサポーターに増資してもらっていますが、『ライセンスが出ないからお願いします』ではなく、『チームが結果を出しているから、必ず出すから』とお願いしています。ライセンスが出ないとクラブ経営ができないという意味は何となく分かるんだけど、それは形式的に否定されているだけで、クラブの本質を否定されているわけではない。大事なことはそこですよ。監査法人とか、弁護士が集まって数字でクラブの本質が測れるのか。測れるのなら結構。僕は測れないと思っているから。それでやっていただいて結構だけど、僕たちが生きていく道筋ではないから」

眞壁は肝が据わっている。そう、古田知事もこんな脅しにビビらずに闘えば良かったのである。「いまだに交付規則に何も抵触していない今西さんをクビにしないとライセンスを出さないというのなら、不交付で結構です。我々は岐阜のスポーツクラブという視点から地域活動数ナンバー1のFC岐阜の本質をそんなところに求めていない。2007年に今西さんが社長として能力があるからとJ2加盟を認めたのはJリーグではないですか。こんな不当な人事介入で私たちがオール岐阜でこれから支援をしようという人物に手を出してくるなら、そのことを表面化させて徹底的に戦いますよ」と。実際、表面化させれば、世論は岐阜県を支持したであろう。とはいえ、もう今更である。知事に唯一同情するとすれば、上がってくる情報が庁内政治に歪《ゆが》められて間違っていたことである。

「今西さんはいつお会いしてもニコニコしていて、選手のことを聞くと『下手クソだけど指導したら良くなる子おるんよ』って言っておられて、この人本当に温かくてサッカーに命をかけているんだなって思っていました。ただこんなに純粋過ぎて大丈夫

平成24年8月22日

9月1日にFC岐阜の社長交代を実現するための手続き

◆ ケース1：臨時株主総会を開催するケース

1. 今西、服部両氏が、8月30日付で辞任届を取締役会宛（または各取締役宛）に24日に提出。（少なくとも、野田、山賀両取締役からは事前にプロセスにつき了解を得る必要あり）

2. 8月24日付で取締役会を開催し、株主に対し8月31日に新取締役の9月1日付での選任に関する臨時株主総会を開催することを通知。併せて今西、服部両取締役の辞任を報告。

3. 8月31日に臨時株主総会を開催（議長は既存取締役から選任）。薫田氏、[redacted]の4名を取締役に9月1日付けで選任することを決議。この際、議決権の3分の1以上を有する株主の出席とその議決権の半数以上の賛成が必要であるが、全自治体（出資比率40.32%）の出席により決議可能。

○出資比率（個人持ち株会の議決権のない株式を除く）

岐阜県	7.98%（20,000千円）
岐阜市	7.98%（20,000千円）
その他市町村	24.35%（61,000千円）
県市町村合計	40.32%（101,000千円）

4. 9月1日に取締役会を開催。薫田氏を議長として選任した上、新代表取締役社長として同氏選定を決議。

◆ ケース2：臨時株主総会を省略するケース

1. 今西、服部両氏が、8月30日付で辞任届を取締役会宛（または各取締役宛）に24日に提出。

2. 8月24日に取締役会を開催。同日付で、薫田氏、[redacted]の4名を9月1日付で取締役に選任することついての同意を求める提案を株主宛てに発出。併せて、今西、服部両氏の辞任を報告。

3. 全株主から8月31日までに上記4名の取締役選任の了解を書面または電磁的通知により取得し、会社法第319条第1項に基づき株主総会決議を省略。

4. 9月1日に取締役会を開催。薫田氏を議長として選任した上、新代表取締役社長として同氏選定を決議。

小林商工労働部次長が解任前日の8月22日に、古田知事へのレクチャー用に出した文書。文書の主は、今西の解任を早い段階から知らされていたことが分かる。

かなと」（眞壁）

大丈夫ではなかった。話を２０１２年8月23日、今西解任時に戻そう。ライセンス事務局と内通していた県の小林出商工労働部次長は手回しの良いことに「9月1日にＦＣ岐阜の社長交代を実現するための手続き」という文書を解任前日の8月22日付でレクチャー用に出している。従来の予定ならば9月5日に第一次審査機関による正式諮問であるから、彼は今西の解任を早い段階でJリーグから知らされていたことになる。意見交換会では調整役をしているが、こういう事実を突き合わせると、まるで茶番劇である。今西を支えようと真剣に支援を議論していた経済界の面々に対しても、失礼極まる態度である。22日付の文書の中ではかねてより問題を指摘されていた創設時の経営者を、取締役に再度選任させることを提言しており、結託してクーデターを起こそうとしていたことが分かる。事実、電話取材で本人もそれを認めた。

今西を一刻も早く追い出したいJリーグからのパワハラ（権力を利用しての嫌がらせ）はなおも続いた。8月30日、クラブライセンス事務局の職員である岩本から岐阜県商工労働部次長、教育生活課、ＦＣ岐阜の総務部長と営業部長の元にＣＣで「ＦＣ岐阜の作業一覧」というメールが送られて来たのである。（別紙）それにはｔｏｄｏリストが添付されており、明日31日に社長とＧＭのＡＤ（アクレディテーション）パスの回収（「必ずです!!忘れてはいけません!!」との念押し）、9月5日までに今西・服部の辞任届のていた。

提出など、即座に会社から追い出すことを目的とした作業がびっしりとしたためられていた。

「いろいろと打ち合わせ、情報共有させていただきたいと思います」との一文が最後にあり、内通者同士であることが語るに落ちている。Jリーグという機構がクラブに対して行なった恥ずべき介入の事実である。そしてFC岐阜の新経営陣は唯々《いい》諾々《だくだく》とそれに従い、さらには一方的に今西をクビにしながら、1億5000万円の債務保証を外そうとはしなかった。日本サッカーのために、岐阜のために無私の気持ちで働き続けようとした今西は71歳にしてぼろぼろにされて放り出された。

2012年9月2日。今西にとって東京ヴェルディ戦が最後の試合となった。1対0の終了後に、今西社長、服部GMの退任セレモニーが行なわれた。サポーターグループ「蝮《まむし》」の代表でコールリーダーである藤原一浩は、労《ねぎら》いと感謝を込めて選手以外のコールを初めて切った。イマニシコールとハットリコールが長良川の夜空に消えていった。「当時は解任の詳しいいきさつは知らなかったので、正直サポーターの中には、お金集めができないんだから社長の責任としてはしようがないね、と言う人たちもいたんですが、今西さんが社長になってくれたおかげでJ2に加盟できたのは事実だし、今西さんがいるチームだからということで選手も安い給料で来てくれたというのも分かっていましたから、感謝しかなかったです。フロントの人の名前をコールし

----- Original Message -----
From: [redacted]
To: [redacted]
Sent: Thursday,. August 30, 2012 12:58 PM
Subject: FC岐阜の作業一覧 ご送付の件

> 各位
>
> Jリーグ・岩本です。
> お世話になっております。
>
> 雑駁ですが、FC岐阜に関する今後の作業一覧について
> まとめてみましたので、添付ファイルにてお送りいたします。
>
> ご査収のうえ、ご参考いただければ幸いです。
> また、仕事を周りの人にどんどん振っていってください。
>
> なお、ファイルには記載がありませんが、
> 明日(31日)には、以下のことを必ず実施してください。
> 【必ずです!!忘れてはいけません!!】
>
> ・社長、GMのAD証回収
> ・実行委員代理(水谷さん)の登録
>
>
> 9月2日(日)は、13時ごろに事務所におうかがいします。
> いろいろと打ち合わせ、情報共有させていただきたいと思います。
>
> よろしくお願いいたします。
>
> ==
> [redacted]
> 公益社団法人 日本プロサッカーリーグ(Jリーグ)
> 管理統括本部 企画部(兼)クラブライセンス事務局
[redacted]

Jリーグクラブライセンス事務局職員から岐阜県の商工労働部次長、岐阜市の教育生活課、FC岐阜の総務部長らに送られて来たメール。「社長、GMのAD証回収」の指示が記されていた。「必ずです!!忘れてはいけません!!」と強調。

FC岐阜　9月以降の業務リスト

2012.08.30現在

1. 9月5日　Jリーグ提出関連
   - (1) 経営陣交代
     - ① 辞任届(今西氏・服部氏)
     - ② 取締役会議事録(8月24日分)
     - ③ 総会招集通知
     - ④ 就任承諾書(薫田氏)
     - ⑤ 総会議事録
     - ⑥ 取締役会議事録(9月1日分)
   - (2) 今期の1.5億円
     - ① 十六銀行扱い　支援先リスト(社名、金額、入金予定日)
     - ② 今期資金繰り表　最新版
     - ③ 今期損益見通し　修正版
   - (3) ガバナンス
     - ① 新経営陣、主要スタッフの役割分担(ビフォーアフターが分かるよう)
     - ② 来期(今後)の経営に関する全体方針
     - ③ 来期の予算編成スケジュール
     - ④ 行政・財界による経営管理(委員会の設置等)
2. 直近の組織上の課題(9月実施)
   - (1) スタッフの確定
     - ① 社員対象の人事面談(退職意思の確認、契約解除通知等)
     - ② 人事異動、配置換え　→　営業管理担当(1名)を置いたほうがいい
   - (2) 試合運営体制の再確立
     - ① 試合運営シフトの練り直し、運営計画書見直し
     - ② AD登録のやり直し（退職者からは回収)
     - ③ 緊急時バックアップスタッフの確保(ボランティア、[redacted]、[redacted]、[redacted]等)
   - (3) 業務委託契約の解除(今西氏・服部氏)
     - ① 契約解除日の決定
     - ② 顧問就任承諾書(今西氏:経営に関与しない文言盛り込み)
     - ③ 業務委託契約解除通知（8月末解除なら今西印、9月解除なら薫田印)
     - ④ 債権債務が発生しないことの確認
     - ⑤ 仮払・出張の未精算がないか確認
     - ⑥ 会社負担の費用(家賃・携帯等)の確認
   - (4) 残る社員の契約内容の確認
     - ① 業務委託、契約社員の契約内容の確認
     - ② 必要に応じて契約の巻きなおし
3. 強化まわり（9月)
   - (1) 新・強化部長
     - ① クラブ・県・Jリーグで連携
   - (2) 強化部管理担当(デスク)の配置
     - ① 現・担当者の意思確認
     - ② 新・担当者の配置　→　デスク業務ができること重視
     - ③ 行徳監督との協議、現場の士気上げ
4. Jリーグによる管理（9月以降徐々に)

メールに添付されていた「岐阜 todo リスト」と題されたファイル。冒頭に、「9月5日　Jリーグ提出関連」として今西・服部の辞任届の要求など、会社から即座に追い出す作業の数々が書かれている。

たのは本当に初めてでした」（藤原）

チームフラッグと色紙に、サポーターたちからのメッセージが寄せられた。色紙のひとつに、「恐れ多いんですが、生まれた息子の為《ため》に、『和』の一文字を勝手に頂きました」と書いてあった。今西はゴール裏に来ると、大きく手を振って応えた。

セレモニー終了後、今西の娘の祐子がスタジアムの外に出ると、泣きながら駆け寄って来る女性がいた。強烈なキャプテンシーでチームを牽引《けんいん》していたMF李漢宰《リ・ハンジェ》の妻・裕美であった。

「どうして今西さんがこんなことにならなきゃいけないんですか。誰より選手のために働いていた人が、どうして」

サポーターたちからの反発を恐れた新経営陣は、今西に顧問という肩書を与えていた。しかし、Jリーグからのｔｏｄｏリストの指示によってデスクはさっさととっぱらわれ、事務所に行っても居場所がなかった。今西に試合観戦のパスを出そうとした運営担当者に対して、県庁から来た新しい社長はJリーグを忖度《そんたく》して叱りつけた。

「そんなことをして、もしもライセンスが出されなかったらどうするのだ」と。今西には選手を激励するエリアには入らないように通達された。

第4章

徳は孤ならず

東洋工業の黄金時代だった頃。左から2人目が今西。

© 写真提供／今西祐子

社会人としてあるべき姿を大切にしたい――李漢宰

李漢宰《リ・ハンジェ》が倉敷朝鮮初級学校4年のときにJリーグが開幕すると、草創期の爆発的なサッカーブームが日本列島を包んだ。民族学校における校技ともいえるサッカーに熱中していた漢宰は当時、在日で初めてのJリーガーになった申在範《シン・チェボン》に憧れて、申の所属するジェフ市原を応援していた。それでいて自身の将来について描いた夢は、プロ選手になることではなかった。

幼少期から人一倍民族心の強かった漢宰のそれは、在日朝鮮蹴球団に入り、ゆくゆくは北朝鮮代表に選出されて、日本代表と試合をすることであった。自分にとってのヒーローはジーコ、リトバルスキーといった世界的なスーパースターではなく、あくまでも在日のサッカー選手たちだった。その気持ちは揺らぐことなく持ち続けていたが、広島朝鮮高級学校の2年のときに入団を志していた蹴球団が諸事情によって解散してしまう。

目標を失ってしまった漢宰は進路を考え直した。そのときに改めて思い浮かんだ希望が、Jリーガーだった。しかし、広島朝高は予選の下馬評は高かったものの、インターハイや高校選手権に出場できたわけではなく、漢宰自身も知名度は低かった。朝鮮高級学校から直接Jリーグのチームに入った選手は（現在でも）誰もおらず、自信はあったとしても、自分ひとりの力ではアプローチできるものではなかった。

ところが、監督に相談すると、サンフレッチェ広島の練習に参加する話が即座に舞い込んできた。「チームに入ってのプレーを見てみよう」とすぐに腰を上げてくれたのが、強化部長の今西だった。今西には、その半生において在日朝鮮人、さらには在日のサッカー選手に対する特別の思いがあった。特に東京教育大学時代の先輩で北朝鮮に帰国していったリ・ドンギュウには人並みならぬ世話を受けていた。

練習に来た漢宰に対しても、親身になってアドバイスを送った。「プレーは、ええときはえんじゃがな、悪いときの波が大き過ぎる。最悪じゃ。そこを直せ」。グサリと胸に刺さったが、自覚すべきこととして身に染みた。

家庭環境も学校もずっと在日のコミュニティの中で生活してきた漢宰にとっては、サンフレッチェの練習参加は、初めての日本人社会への越境と言っても過言ではなかった。当時をこう振り返る。

「恥ずかしい話、どこかで日本人は敵だっていう気持ちの中で、それまで僕は生きてきたので、初めて練習で上村（健一）さんに『俺も在日の人にお世話になってるんだ。自由にやっていいから、お前の力を全部出せ』と言われて、凄くありがたかったです。

入団するきっかけになったのも上村さんです。紅白戦でゴール前のFKになったときに『自信があるんだろう？　蹴れ』と言ってもらえたんです。決める自信はあったので、蹴りたいとは思っていましたが、それを言い出せなかった。今の本田圭佑なら言ったかもしれませんが（笑）。僕はそこまで図太くなかった。そうしたら、上村さんが『遠慮するな』『はい』。そして、ゴールを決めて入団まで至ったんです。ただ、その過程にはサンフレッチェ広島というチームが今西さんの作ったチームで、リ・ドンギュウさんをはじめとする在日の人たちとの関わりが深いチームだったということで、僕をすんなり受け入れてくれたんです。

それと本当に衝撃的な言葉だったのが、2回目くらいの練習のときに、それも上村さんに言われたんですけど、『お前は日本人に差別されていると思っているかもしれないけど、逆もなんだぞ。お前らが壁を作って差別している部分もあるんだぞ』と。その言葉を聞いたとき、衝撃的過ぎて。そんなこと今まで思ったことなかったので。ただ、ドンピシャで間違ってない言葉ですよね。自分たちが知らない間に逆に差別しているところもあるって。そこで僕の世界観が一気に広がった。そういう日本人と朝鮮人のフラットな関係も今西さんとドンギュウさんの出逢《であ》いからだと思います。今西さんは『俺が今あるのはドンギュウさんがいたからだ』と僕によく話してくれました」

2001年、漢宰の本契約は母校の広島朝鮮高級学校で行なわれた。今西は「お前の練習態度やサテライトリーグでの活躍を見た。今は知られていなくても、将来お前は絶対にものになるから、契約内容を改めて同期の新人と比べても遜色のないものにした」と仮契約のときよりも高い条件でサインをさせてくれた。これには感激した。

「正直、僕は高校生で、お金の感覚というのが全くなかったんですが、その言葉が本当にありがたくて、このチームのために力になりたいと心から思えたんです」

後に漢宰が北朝鮮代表としてピョンヤンに向かうと、国内で最も権威のあるサッカー解説者として活動するドンギュウと出逢う。

「君が漢宰か？　今西から話は聞いている。あいつは本当に下手《へた》クソだったが、熱い気持ちを持っていた。だから目をかけたんだ。困ったことがあれば、何でも言ってくれ」と話しかけられた。

サンフレッチェ広島の同期入団選手は闘莉王、林卓人、西嶋弘之、寺内良太、河野淳吾、梅田直哉と他に6人いたが、全国的には最も無名であった漢宰が、サンフレッチェの在籍がその中で最も長く、9年を過ごした。節目となる10年目はクロアチア代表のミキッチの加入もあり「戦力外」ということになったが、ハードワークを厭《いと》わず、プレースキックも蹴れるユーティリティプレーヤーに対する他チームからの評価は高く、2010年にコンサドーレ札幌からのオファーを受けて移籍する。石崎信弘監督からの期待もあり、新天地でのモチベーションは高かった。

「自分にとっても選手として一番いい時期で、札幌でキャリアハイのパフォーマンスができるような自信がありました」

しかし、希望に満ちたはずの2010年が意外なことをきっかけに暗転してしまう。コンサドーレの開幕前の1次キャンプはグアムで行なわれることになっていた。朝鮮籍である漢宰は米国に入る場合、ビザ取得にかなりの時間を要する。そのことが分かっていたので「グアムに行くためのビザの手続きを早めにお願いします」と早々にクラブに頼んでいた。しかし、スタッフは米国と北朝鮮の関係を甘く見ていた節があった。「大丈夫だ」と言うばかりで、手配が遅々として進まない。本人も何度も札幌の米国領事館に足を運んでプッシュをかけたが、結局キャンプ出発の日が来てもビザは下りなかった。

チームが温暖の地で1ヶ月のキャンプを張る間、寒い日本にひとりで取り残されることとなってしまったのである。その上、練習場の確保も「まあ、漢宰なら自分でできるよね？」と言われてしまう。まだ雪が深い札幌での練習は到底無理である。仕方なく上京し、伝手《つて》のある東京朝鮮高校の練習に参加する形でたったひとりでトレーニングを開始した。最初はホテル住まいであったが、それを続けるわけにもいかず、小岩の知り合いのところから、毎日電車で北区の十条まで、ひと月の間通い続けた。

チームとは2次キャンプの熊本で合流した。しかし、暖かいグアムでフィジカルをみっちりと鍛えてきた他の選手とのコンディションの差は歴然としていた。開幕までは、もう3週間しかない。気負い込んで負荷を上げていったが、開幕の2日目にレギュラー組から外されてしまった。そこで取り戻さなくてはいけないという気持ちが余計に働いて、無理を重ねた。すると開幕後、サブで2試合出場した直後の練習試合のウォーミングアップ時に、ケガを負ってしまう。

「その段階でしっかり治してと切り替えることができれば良かったんですが、チームが求めてくれているんだから自分もやろうという気持ちが強くてプレーを続けました。完全でないのなら休む、というプロの選択ができなかったのが、今思えば、経験が足りなかったかなと思います」

右膝に大きな違和感があったにもかかわらず、90分フルで試合に出てしまったのである。その後、軟骨が剝《は》がれているという診断が出た。そこから1ヶ月、膝に水が溜《た》まるのもかまわず、ベンチ入りを続けた。これが致命的であった。悪化して手術をするに至るも、そこから一向に回復しなくなってしまった。

「リハビリしても治らない。ここまで追い込まれたのは初めてでした」。1年経《た》っても完治せず、札幌では活躍ができないままに、契約満了で退団となった。サッカーを続けたいが、治療中の身ではどこからもオファーがかからない。自分からアプローチしてもダメだった。

「どうしたいかを見つめ直すと、サラリーやチームのレベルは問題じゃない。僕はただサッカーがしたかった。そこでふと、思い出したんです。『あ、今西さんがいる』と」

「ちょうど僕が札幌でケガをしているときに、岐阜との試合で、スタンドでばったり会ったんです。そのときに実はびっくりしたんです。ものすごくやつれていて、僕が知っている今西さんの顔じゃなかった。そんなに辛《つら》い経営状態の中、岐阜で頑張っているんだと。それに対して助けたいという気持ちと、もう一度サッカーをしたいという気持ち。一からやり直すには今西さんしかいない。それで何年かぶりに今西さんに電話したんです。

今はこういう状態ですけど、サッカーがやりたいんですって。そうしたら、『漢宰は広島から移籍してきて年俸も高いし、うちでは払えないんだ』と言われたんです。いや、僕はお金は要らないです。本当にもう一度サッカーがしたい気持ちだけでお願いしています。今はこんな膝なので動けない。ただ、必ず復帰して力になれる自信はあるので、何とかしてくださいと言ったら『分かった。一応スポンサーに聞いてみる』と。

そうしたらもう次の日です。電話がかかってきて、『オーケーだ』と。しかも『治ったらお前がやれるのは分かっているから、それまで治療に専念してくれていい』とまで言ってくれたんです。だから、僕が入団記者会見で述べた言葉というのは、『今西さんにすべてをささげたい』だったんです。岐阜が低迷しているのも知っていましたし、何とか自分が復帰して、少しでも上の順位に持って行きたいという気持ちが強くて、覚悟が相当あったのを覚えています」

漢宰は年俸が激減するも、懸命なリハビリで翌年には復帰を果たして、ボランチのレギュラーとしてチームを牽引《けんいん》する。

2012年、突然今西が、志半ばで経営責任を問われる形で解任された。漢宰は発表のあった試合後、ひとりで号泣した。多くの岐阜のサポーターやスポンサーが指摘するように、すでに経営が破綻していたようなクラブがJ2でやってこられたのは、途中から社長就任の依頼を受けた今西が、火中の栗《くり》を拾ってくれたからである。しかも自分が作ったわけではない1億5000万円の借金を背負わせたままの解任であった。漢宰の涙はいつまでも止まらなかった。「何で今西さんがそんな目にあわなきゃいけないんだって。僕があんまり泣いているんで、ブラジル人が試合のパフォーマンスのことかと思って『次頑張ればいいじゃないか』と言ってきたんですけど、いやそうじゃないんだって」

その後、漢宰はFC町田ゼルビアでキャプテンとして意志を継ぐこととなった。

「ゼルビアに今西さんが関わっているわけじゃないですけど、やっぱり僕も似たように大事にしている部分があるんです。プロとして、社会人として、まずあるべき姿というのを大切にしたい。ひとりの人間として成長することで、チームへの還元というのはできると思うので、そこをもっとみんなが自覚を持ってくれるように引っ張っていきたいと思っています」

2016年、ゼルビアは漢宰のリーダーシップでJ2に昇格し、いきなり上位を走ることになる。

「第二の今西・オフトになりたい」——上野展裕

上野展裕《のぶひろ》とは、Jリーグアウォーズの会場である新高輪《しんたかなわ》プリンスホテルで待ち合わせた。2014年、JFLに昇格したばかりのレノファ山口の監督に就任するや4位に食い込み、1年でいきなりJ3に昇格。それだけでも輝かしい実績であるのだが、2015年はJ3という初のステージで、おそらくは誰しもが予想をしなかった見事なスタートダッシュ（開幕してから、長野戦での黒星を挟んで5連勝を2度達成）から優勝を成し遂げた。この結果、2年前まで地域リーグを戦っていたレノファ山口は、猛スピードで2016年からJ2に昇格することになった。

特筆すべきは、そのスタイルが、結果に執着する手堅いサッカーではなく、爆発的な得点力で相手をねじ伏せるアグレッシブな攻撃サッカーであるということだ。実にJ3の得点ランキングのベスト3を岸田和人《かずひと》、福満隆貴《ふくみつたかき》、島屋八徳《やつのり》とレノファの選手で独占しており、チームとしても36試合で96点を叩《たた》き出している。幾多のアスリートを輩出しながら、プロスポーツの空白県と言われた山口県のサポーターが一気に盛り上がったのは、昇格という結実のみならず、毎試合ごとのこのゴールラッシュのカタルシスに因《よ》るところも大きい。2点くらい先制されても後半にひっくり返してしまう力強さに「諦めない姿勢に県民も勇気をもらった」と村岡嗣政《つぐまさ》知事もコメントを出している。

下部リーグからJリーグを目指す地方クラブにとって結果が重要なのはもちろんだが、サッカーそのものの魅力を伝えることも大きな命題と言えよう。何となればリアリズムに凝り固まったスタイルで勝てなくなったとたんに、スタジアムへの客足は遠のく。県庁行政、地方銀行、地方紙、そしてもちろんスポンサー……これらを巻き込んでクラブの支援、後押しを磐石にするためには、その気運が勝敗に左右されるようでは長続きしない。そのためには選手を交じえたイベントなども有効ではあろうが、何よりも勝とうが負けようが、また観に来たいと思わせるサッカーをピッチの上で提供することが肝要である。

上野はまさにこの「魅せて勝つ」ことをJ3、1年目で成し遂げた。早くも名将という呼び名がweb上などでも散見されるが、それでも本人に驕《おご》った様子は一切ない。

「今はストーブリーグと言いますか、補強も担当しているので毎日忙しいんですよ」

強化に向けての選手視察や交渉も監督自らが受け持っている。地元のサポーターに聞くと編成のみならず練習場でも、トレーニングに関わる準備の雑務を先頭切ってこなしているという。

上野は2014年のレノファの監督就任直後、3月3日の中国新聞の「私の学び」と題したインタビュー記事でこのようなことを語っている。

「指導者になった今、『中途半端は嫌』と思い、選手ができるようになるまで練習を繰り返す。その原点も教育者のような（マツダ時代の恩師）今西さんの影響かもしれない」

上野はアルビレックス新潟でユースチームの監督をしていた2013年の夏に、マツダでチームメイトだった河村孝（現レノファ山口社長）から監督のオファーを受けた。新潟との契約も残っており、何より現実的にJ1のクラブからJFLのチームへの転出は、三つカテゴリーが落ちることを意味する。環境面の変化は必至で、迷ったが、そこで思い浮かんだのが今西のことであったという。

上野は今西がハンス・オフトとの二人三脚で、日本リーグの2部に落ちていたマツダの立て直しを図り、中・長期を見渡したクラブ戦略でサンフレッチェ広島の礎《いしずえ》を築いた後に入社している。総監督の今西が外から支え、現場はオフトが仕切っていたという。先輩から聞いた2人のタンデムには憧憬の念さえ抱いていた。ああいうことを山口で河村と一緒に挑戦したいと思った。中国新聞の記事は最後に上野のこのコメントで締めている。

「ジャンボ（河村社長の愛称）とレノファで、第二の今西・オフトになりたい。ジャンボとならなれる」。そう信じて気持ちを奮い立たせ新天地での戦いに挑む（聞き手は川村奈菜）。

記事について話題を振ると、上野はこう語った。

「やっぱり僕がサッカー人生で一番影響を受けたのは今西さんですからね。広島を出て10年ぶりに中国地方に帰ってきたので、本当に恐れ多いと思ったんですけれども、『第二の今西、オフトを目指して河村と2人でやっていきたい』というのを中国新聞に載せてくれとお願いしたんです」。ところが、これがスムーズにいかなかったという。

「JFLの記事はまだ載せられないと言われたんですよ。J3だったら載せることは可能かもしれないですけど、スポーツ面にそれは載せられないという規定があるみたいですね。サッカーを担当しておられた方に相談しても、やっぱりダメだと言われたんです。でも、何かないかと考えていたら、結局社会欄だったら載せられるということで掲載に至ったんです」

上野が監督就任挨拶の第一声で発信したいと思った言葉が、今西へのオマージュであったというのが、何とも興味深い。しかも自らが奔走してまでも記事にしたいと拘《こだわ》ったところにその尊敬の深さが垣間見《かいまみ》られる。記事を読んだ今西の知人が、コピーして広島在住の本人に届けたという。上野にとってのメディアを介した今西への就任報告とも言えた。

早稲田大学でプレーしていた頃から、上野はオフトのモダンなサッカーに魅せられていた。卒業後はマツダでサッカーをやりたいという意思を持っていたが、なぜか誘いはなかった。1991年に全日空への入社を決めたが、やはり心残りがあり、社会人3年目に早稲田のOBでマツダのサッカー部に所属している先輩に思い切って聞いてみた。すると意外な答えが返ってきた。

「お前はてっきり関東か東海のチームに行くもんだと思っていた。ホンダかヤマハに決めているんだろうということで手を引いていたんだ。広島は遠いから来てくれないと思っていたんだ」

広島は遠いどころか、上野にとっては親戚も多く切望していた場所でもある。

「そういう意思があるなら話してやる」。上野展裕がマツダに来たがっている。話は総監督の今西のところに上げられた。上野はこう思っていた。

「あの広島の風土の中でやりたかったんです。今の広島カープもそうですけど、完成した選手を集めるのではなくて、育てて勝つというところが地方で根づいているじゃないですか。自分もそこで成長したかったんです」

思い切って全日空の加茂周監督（当時）に移籍をしたいということを直訴した。まだチーム内においては不動の先発メンバーという立場ではなかったが、加茂はこんな譬《たと》え話を言った。

「お前な、戦闘機が出撃して10機飛び立って行ったとするやろ。何機帰ってくると思う」

「さあ、半分くらいですかね」

「そうやろ。何機か帰ってけえへんのや。でも、次の出撃ではまた10機出さなあかんのや。分かるか？」

「……分かります」

年間を通じて戦うJSLのチームには、選手層の厚さが重要であるという意味である。レギュラーではないが、必要な選手であるから残って欲しいという加茂の説得はあったが、それでも「すみません。出させてください」と節を曲げなかった。上野の志望は今西の耳に入り、面談をしようということになった。西が丘で行なわれる大学選手権の試合が終わった後に、本蓮沼《もとはすぬま》の喫茶店で待ち合わせた。

「この人が総監督の今西さんか」

初対面であったが、上野は熱い思いのままに、マツダのサッカー部に入団したいという気持ちを伝えた。今西はひと言、「分かった」と告げた。「会社に対していろんな部署で調整して、入社してプレーをしてもらう」。くしくも高木琢也のフジタからの移籍とほぼ同じ時期となった。

「ところで」ここで今西は意外な質問をぶつけてきた。「選手としての現役を終えたら、どうする？」えっ、入る前から引退後の話か、と思った。「まだそこまでは考えていません」と素直に答えた。

「それなら指導者はどうや？　やめた後に指導者の道というのはええぞ」

振り返ってみれば、今西はすでにこの段階で上野の適性を見抜いて、セカンドキャリアを提案していた。

上野は移籍した92年にマツダで19試合に出場、Jリーグ開幕後はサンフレッチェ広島で現役を続けるも2年間でリーグ戦での出場はなく、94年シーズンの終了後に引退。現役選手としての大きな実績を残すことはできなかったが、即座にサンフレッチェユースのアシスタントコーチに就任する。ユースチームの練習は午後からなので昼前は空いている。すると今西は「お前、午前中がヒマなんじゃろ？　勉強するか？」と聞いてきた。トップチームの監督ビム・ヤンセンのアシスタントにも就けということであった。

例によって上野も入社直後から今西にマツダ本社での英会話教室への出席を推奨されており、語学は習得していた。外国人監督とのコミュニケーションには不自由しなかったので願ってもない機会であったが、それだけでなく、今西はクラブに掛け合って給料もアップしてくれた。

「そんな機会を与えてくださっただけでもありがたいと思っているのに、そうしたらさらに『2倍の仕事をするんだから、上げておくぞ』って。背筋が伸びました。後から知ったんですが、今西さんは移籍の際にも、問題のないように全日空に移籍金を払ってくれていたんです」

上野はその後、順調に指導者としての経験を重ねていく。2002年にはジュニアユースの監督として、サンフレッチェ広島育成の礎を作る。この世代では全国的に名前が知られた槙野智章(現浦和レッズ)、森重真人(現FC東京)がいたが、上野は将来を見越してFWをやっていた森重のポジションを中学3年時に1列後ろに下げた。当時から槙野は饒舌《じょうぜつ》で森重は寡黙だった。森重を中盤に下げると、本人は何も言わずに黙々と取り組んでいたが、選抜されたトレセンに見に行くとFWをやっていた。

「あいつ、やっぱり前をやりたいのかな」

卒団者を送る会のときに案の定、森重が最後に聞いてきた。

「上野さん、僕をどうしてMFにしたんですか？　僕はFWをやりたいんです」

お前、1年経ってから聞くんか、はよ聞けやと思いながら「お前は読みがいいし、守備的なMFの方が向いていると思う。組み立てるのも上手だし、その方が将来的には絶対良くなる。前をやるにはちょっとスピードが足らないと思う」。この判断の正しさは、日本代表にまで上り詰めた森重のその後のキャリアで証明された。上野のインタビューで印象的であったのが、かつての教え子について語る際の慈愛に満ちた表情であった。

「2014年のブラジルW杯の初戦（対コートジボワール）を、都合が悪くてテレビ観戦できなかったんですよ。後で（日本代表が）失点したって聞いてそのときに『ひょっとして森重は中央からやられたんじゃないかな』ってチラッて頭に浮かんだんです。録画をチェックしたらそのとおりで、こんなことを言うと何を偉そうにと叱られちゃうかもしれませんが『ああ、最後にちょっと離してしまう。あのときの課題が克服されていなかったなあ』と思いました」

「私が育てました」というような発言はしない。それよりも森重の中学生時代のプレーの記憶を辿《たど》りながら、手を離れた現在も、その選手としての状態を思いやる言葉が自然に出てくるのだ。

他にも思い出深い選手として石田聖雄《まさお》の名前を挙げた。槙野、森重と同期であるが、高校に上がる直前に父親を亡くした。経済的にも苦しい中、サッカーを続けたいという意思を聞いて、山口県の多々良《たたら》学園（現高川学園）にセレクションに連れて行った。練習の前に少し時間があった。

「聖雄、あそこにお宮があるから、神頼みやないけど、ちょっとお参りしてから行こうか」

グラウンドの近くにあった神社に2人で参拝してから練習に向かった。監督が「今、到着されたんですか？」と言うので「いえ、そこの天満宮にお参りしてから来ました」と答えた。すると意外な言葉が返ってきた。

「では、もう練習を見る必要はありません。願をかけてまで来られるほどに真剣な気持ちでおられるのなら、石田君はうちで取ります」

あっさりと入学が決まった。石田は多々良学園で3年を過ごした後、日本工学院F・マリノス、ザスパ草津などを経て、くしくも2013年にレノファ山口に入団している。1年で退団したため上野とはすれ違いであったが、山口のクラブに2人が入団したのも、あの多々良学園の横の神社の願掛けの縁ではないだろうか。

カテゴリーを昇格したクラブは、その都度大きな葛藤に揺れる。次シーズンからはより高いレベルでの戦いを強いられるために、苦楽を共にしてきた選手たちを大量に放出して入れ替えなければならないのだ。J2にスピード昇格させた上野も指揮官としてまさにその葛藤の中にいる。

「契約については悩みますね。強化の上では去年も半分の選手がいなくなりましたし、今年もそのくらいの血の入れ替えを迫られます。退団した選手も功労者ですから、ケアを十分にしてあげたいのですが、時間が限られていてできかねているところもあります。今思うと、今西さんはこういう状況のときもよくやっておられたなと思います」

今西がサンフレッチェを退団した若い選手を誰ひとりとして路頭に迷わせなかったのは、多くのJリーグ関係者の知るところでもある。上野もまたレノファで契約継続に至らなかった選手の次の人生のことを気にかけている。

「今西さんはよくX軸とY軸の話をしてくれました。Xが理論でYが感情じゃ、わしはYに傾く傾向があるんじゃと。情に弱いんですね。あと『チャーリー君（上野は自転車で練習場に通っていたので、チャリンコからチャーリー君と呼ばれていた）、これ読んでおけ』と言われて小学校の同窓会の会報を渡されたことがあります。読んだら、ご自身が原爆で負ったケロイドのことを書かれていたんです。『4歳で足に大火傷《おおやけど》を負って、水泳なんかするときはそれが凄く恥ずかしかった。でもサッカーをやって今は何ともなくなった』と。人は誰でもコンプレックスがあるが、それに打ち勝つことが大事なんだということを教えてくださったのかなと思います。僕は今西さんが無名の選手を登用して、チームと一緒に成長させるのを見ていましたから。うちだと岸田（和人）なんかがそうですね」

大分出身の岸田はトリニータユースからトップチームに上がれず、福岡大学を経由して町田ゼルビアに入団していたが、年間15試合出場の4得点に留《とど》まっていた。ところが山口に移籍した途端、JFLで17得点を挙げ、2015年に昇格したJ3でも32ゴールを叩《たた》き出して得点王になっている。まるで久保竜彦のブレイクを見るようだった。岸田のポテンシャルを見抜いていた上野の慧眼《けいがん》である。今のサンフレッチェ広島出身の指導者が活躍しているのは、ルーツがしっかりとあるからだと言う。

「ヴィッセル神戸の安達貞至《さだゆき》社長がおっしゃっていたんですが、『英語ができるしっかりとした指導者を探すと、いつも広島出身者に行き当たるんだ』と。その扇の要《かなめ》にいたのが今西さんだと思います」

父の足跡

名古屋と岐阜のちょうど中間に一宮《いちのみや》という都市がある。かつては織物で栄えたその町の駅から繁華街である花岡町に向かい、森康範税理士事務所、焼肉のスタミナ屋といった建物を過ぎてしばらく行ったカフェで、今西の長女である祐子と会った。

今西は、広島から単身で岐阜に就いてから1年で身体を著しく壊していた。予想以上の激務から患った胃潰瘍《いかいよう》と診断され、見かねた家族が2年目から岐阜で同居していた。

祐子はその日の父の様子を語った。

「私が勤め先から帰って来たら、ポツンとひとりで家の中で床に座り込んで古新聞を紐《ひも》で結わえていたんです。ボサボサの頭にげっそりした表情で『これはいつ（収集に）出したらええ？』と聞かれたんですが、今まで家でそんなことをする人ではなかったし、岐阜でサッカー人生の骨を埋《うず》める覚悟でやっていたので、やっぱり胸が詰まりました」

今西が2012年9月2日のホーム試合を最後に、FC岐阜の社長を解任された翌日の夕方のことである。

今西は対外的には名誉顧問という肩書をクラブから与えられていたが、AD証も事務所のデスクもあっと言う間に取り上げられ、居場所をなくさせられていた。メディアにもサポーターにも知らされなかったが、それらの仕打ちはすべてJリーグクラブライセンス事務局からの指示であった。ADがないので関係者として入場できない。それでも今西はその後もスタジアムに足を運び、一般席の最前列から岐阜の選手たちに激励の声を送っていた。頑張れ！ 落ち着いていけ！ 練習どおりのプレーで見せてやれ！

「中に入れてもらえないのに大声で必死に叫んでいる姿を後ろで見ていたら、さすがに涙が溢《あふ》れ出てきました」

祐子にとって父は、広島時代も岐阜においてもいつも会社と社員、チームと選手のことを第一に考えていて、むしろ家庭では母に迷惑をかけてばかりいる存在だった。いつもギリギリの時間で行動するので、その度に急に「(車で)送って」と言っては母に叱られていた。

マンモス独身寮を運営していた時代は、週末になれば家に寮生たちを呼んで宴会である。マツダサッカー部に戻った頃も高田、小林、望月、高木……、大食漢を招いて食事をさせていた。あるときは祐子が家にいるとバタバタと大量の荷物とともに帰宅し、ホットプレートを出して野菜を切り、肉を並べ始めた。「これから選手が来て、焼肉食わせるけぇ、ときどき見てやって」と言って仕事に戻っていった。しばらくすると新人の前川や森保らがやってきて自分たちで肉を焼いて食べ始めた。「ありがとうございました。御馳走《ごちそう》さまでした」と言って去っていったが、父は最後まで帰って来なかった。

プロチームになると、「もう選手は金持ちになったけぇ、御馳走なんかせんでええ」と言って裏方のスタッフをたくさん呼んで振る舞っていた。

そんな父親が一方的に解任になったのを知ったのは、上野展裕からのメールだった。あの8月23日、祐子は東京にいた。報道で知った上野が一報をくれたのだった。父は言いたいことは山ほどあったであろうに、辞めたことに対する取材には一切ノーコメントを貫いた。

クビになっても頼ってくる選手は引きもきらなかった。上村健一は現役時代、前十字靭帯《じんたい》を3回断裂し、その度に凄《すさ》まじいリハビリを敢行して復活してきた選手で、サンフレッチェの寛田ドクターも称賛を惜しまない選手であったが、2012年の秋に電話をかけてきた。

「『FC岐阜で何か仕事はないでしょうか』と言われたそうなんです。『お前は新聞も読んどらんのか』って苦笑していました」

父は、「わしは岐阜のために仕事をしたかっただけじゃのに」「クビになったのは仕方ないが、保証人だけは外してもらいたい。そんな金（1億5000万円）家を売っても払えん」とつぶやいていた。

一方で、あんな目にあったのに決して新しい経営陣の悪口を言わなかった。「あの人たちもわけも分からん仕事をさせられて大変なんじゃけぇ」といつも言っていた。

今西さんと服部さんが辞めるなら自分たちも辞めますというスタッフを、そんなことになったらチームが回っていかなくなるから、と押し留めたのも父であった。顧問に棚上げされた今西にはアウェイに行く旅費も支給されなくなったので、それを知ったサポーターたちが今西さんの旅費なら僕たちが出しますと言ってくれたが、「そんなことしてもらったら申し訳ない」と断っていた。

自分のことをいつも後回しにしてきた父親がなぜ、という気持ちはあったであろう。しかし、祐子もまた毅然《きぜん》としていた。

今西が、2012年末に岐阜から引き上げた直後、祐子は練習場で桐山周也君のお父さんを見かけた。

「私は今西和男の娘です。球団から、最終戦が終わったらすぐに社宅を引き払うよう言われていたので、父はもう広島に帰ってしまいました。父は（FC）岐阜のことはもういい、とかなり落ち込んでいましたので、おそらく桐山さんにもご挨拶せず岐阜を去ったのではないかと思います。周也君の供養はこれから先もずっとみんなで続けていかなければならないのに、こんなことになってしまって、いろんなことが志半ばだったと思いますが、ご無礼をお許しください」

周也君の名前を出したとき、一瞬桐山さんの目が潤んだように見えた。そして「こちらこそ、今西さんが大変なときに、何の力にもなれなくて、申し訳ありませんでした」と言われた。祐子は胸が熱くなった。

一宮で暮らす祐子は今でもFC岐阜の試合になると娘の菜々を連れてボランティア

に向かっている。どんなに酷《ひど》い仕打ちをしたクラブであっても、祐子もまた憎悪の連鎖には入らない。心からFC岐阜の勝利を願い、サッカーで幸福な町を作るための地域貢献に精を出している。そしてそこではいろんなサポーターが声をかけてくれる。

徳は孤ならず

2016年4月。今西解任から4年、どうしても会っておきたい人がいて、岐阜を再訪した。岐阜県すべての中小企業を束ねた組織の長、中小企業団体中央会の会長辻正である。経済人が集められた第2回意見交換会の際に、今西への叱責をやめない古田知事に向かって「あなたはこの会をお通夜にする気ですか」と諫《いさ》めた人物である。辻は8月20日、FIBのヒアリングの前に経営安定化委員会を立ち上げるときも、西濃運輸の田口会長と共に支援の声を上げ続け、「オール岐阜で債務超過も解消するんや、来季以降もFC岐阜を応援すべきや」と財界を鼓舞し続けていた。そのことは議事の記録からも熱く伝わってくる。

突然の今西の解任を辻はどう感じたのか。岐阜の財界は当時のFC岐阜を、そして広島から請われてやって来て孤軍奮闘している今西をどう見ていたのか。つまりはあの2012年の夏をどう総括しているのか。

辻に会いたいと思った大きな理由はもうひとつ、その出自にある。1928年生まれの辻は幼い頃、関東軍に食品を供給する会社に勤めていた父の仕事の関係で旧満州の大連《だいれん》に渡り、旅順《りょじゅん》工科大学の学生のときに敗戦を迎えている。そこからは異国の地で筆舌に尽くし難い苦労を重ねた。家族は日ソ不可侵条約を破って侵攻してきたロシア軍に家を追われて路頭に迷い、中国人からも迫害を受けた。辻が自らの半生を著し、両親の名を取ってタイトルにつけた手記『うたつの子』にはこんな記述がある。

「ソ連軍の若い兵隊たちは、その頃『マンドリン』と呼ばれていた自動小銃で私たちを威嚇してきて、すぐに父も私も縛られて、母までも軍人たちに暴行されそうな状況になりました。私は命がけでそれを防ぎたいと思ったのですが、手が後ろに回っていては何ともできません。息を呑《の》んだその時、母はロシア兵から必死で逃げて二階へトントンと上がっていきました。これは危ないと一瞬ヒヤリとしたのですが、母は勇気のある人でした。何と、二階から飛び降りたのです。ロシア兵はさんざん家探しをし、目ぼしいものが何もないとわかるとやがて引き揚げていきました」。大黒柱である父を、1946年9月4日に大連病院で亡くしている。

「父は開腹されたそのままの状態でベッドに横たえられ、それはさながら学校の生物の時間に見た腸の模様そのものでした。『痛い』『痛い』とベッドの柱をつかんでもがきますが、その腹を縫って元通りにしてもらうこともできず、膿《うみ》がたまったままの状態が続きました。輸血が必要になったときに医師に頼んで私の血を使ってもらいました。それがせめてもの最後の務めで、父は苦しんで苦しんで、苦しみ抜いて死にました」(『うたつの子』)

苦労を重ね、敗戦から2年目の2月に、辻はたったひとりで佐世保《させぼ》港に引き揚げて来た。1年半ほどの間、風呂にも入っていない状況で、そこではDDTを頭からかけられた。長崎から母の在所である岐阜に向かった。焼け跡の残る町で兄と2人、裸一貫で商売を始め、岐阜を代表する企業を築き上げ、平成10(1998)年には、全国地域情報産業団体連合会(ANIA)の会長に就任し、同13(2001)年には勲四等瑞宝章を受章。

生まれこそ岐阜だが、満州から引き揚げて来た、いわばよそ者としての苦労は、骨身に染みている。「狭い日本に何か割り込ませていただいたような感じを持ったことを覚えています」(『うたつの子』)

私は地方政治や地方経済がJリーグクラブに絡んできた事件を検証するとき、中枢にいながら、インサイダーとアウトサイダーの両方の視点を持つ人物を探す(大分トリニータを取材していた際には、それは丸果大分大同青果の村上年夫会長であった)。ゼロから叩き上げた企業家でありながら人望が厚く、多くの団体の会長職にいる。その上で反骨の気風も持ち合わせていて権力を恐れない。辻こそが地縁血縁に縛られずに公正にFC岐阜を観察できうる人物ではないか、と私は考えたのである。

卸売り問屋、倉庫、トラックターミナルが集結して作られた団地、岐阜流通センター内にあるオフィスに約束の朝10時に伺うと、すでに先客との会談中であった。88歳の今も、引きも切らずに訪ねて来る人が多いことが分かる。会長室に通されると、じっとこちらを凝視する辻の視線と合った。72歳でニューヨークマラソンを完走したというだけあって、辻はかくしゃくとしていた。

「あなたから取材の依頼のファックスをもらってね。ある人に見せて2、3相談したんですよ。『何やこんなのが来てるぞって』って。そしたら『辻さんそれはやめておいた方がええよって』って言われたんやけどね。受けることにしました」

——ありがとうございます。FC岐阜と今西和男さんについて伺いたくて参りました。

「サッカー（のプロ化について）は、最初大垣の岐阜経済大学の教授（初代社長の鈴木誠氏）が最初に言い出したらしいんです。私のところにも来られたんで、『大垣の人が何で岐阜に来るんだ』って初めは茶化しておったんですが、プロのチームについての説明をされました。その教授さんは最初、サッカーの種をまかれたんですね。ところが、なかなか芽が出ない。広がっていかない。岐阜というところはそうなんです。新しいものに飛びついたりすると『ああ、あれはおっちょこちょいや、アホやなあ』という気風がございましてな。私は中国で育って、(旅順工科)大学でも『四百余州を畳に敷いて長城を枕に敷いて寝てみたい』という寮歌を歌っていたものですから、逆にこちらの人と違って、何をこまいこと言うとるんやと思うのもあるんです」。窓の方を指さした。

「40年前にこの流通センターを造るときも、10万坪の土地を100億で買って、国から146億借りて造りました。お金はもうきれいに返してしまったんですが、そのときも周りは『何をおっちょこちょいがやっとるんや』という感じですよ」

岐阜は流通関係の企業が多く集まっており、将来的に交通渋滞の問題が起きることは予測されていた。それを緩和させるためにも流通団地は必要である、と判断した商工会議所の桑原善吉会頭(当時)が県に陳情書を出し、受けた高橋重信代議士が設立に向けて奔走していたが、病魔に倒れ、辻に後を頼んだのであった。しかし、オイルショック、ドルショックの不況が長引き苦戦。インターチェンジと新幹線駅が近くにあるということで立地に選ばれた柳津町の行政からは、「援助はしない。やるなら勝手にやってください」と冷たい仕打ちを受けた。

「そういう土地柄ですから。私は岐阜にヘリコプターで降りて来たような人間だから、気遣いもいらんわけです。まあそれで、サッカーの方はいきなりクラブにお金がないと。あるとき、十六銀行の頭取さんから電話があって、いっぺん来てくれんかと。行ったら、FC岐阜についてで、こういうことで辻さんやってもらえませんかと。いえ、私はサッカーもよく知らないし、できません。ただ、球拾いみたいにできることはやりますよ、と答えました。

そういうことをやっているところへ、今西先生が来られたんです。先生は何ていうのかな……、あの人は全く教育者だな。経済人でもなけりゃ、言ったことを曲げるということはしないし、できないことをできると言うようなこともしない人だし。人柄を見て、これは偉い人が来たなと。サンフレッチェで大きな成果を挙げた方でしょう。そんな偉い先生をここへ社長として招聘《しょうへい》したのに、まるで素っ裸で立たされておれるというのは辛《つら》い話だな、と同情しちゃってね」

——どんな話をされましたか。

「うちも小さな会社だし、小さな県ですから、うちだけが増資してとかはできません。私にできることは、あちこち行って協力者を紹介することとくらいですよと話したんですが、よく相談してくださいました。東京あたりからカネを出すという人がいたらどうしますか、それを借りる手もありますな、という話になったときに、それをやったらあかんのですと言われた。何年も岐阜の人が苦労してきたものが、ただの宣伝に取られてしまうと。私は岐阜の郷土のためにやります、というので、奇特な人がおるなと思ってね」

――社長かどうかはともかく、あのまま今西さんが岐阜に残っていてくれれば岐阜の宝になったと思いますね。

「そうそう。そういうことなんです。ただ、ああいうふうに詰まってしまったもんだから。役所は、古田（知事）さんも通産（省、現経産省）から来た人ですから。役所の人には理解できないんですよ。経営というものが」

――おっしゃるとおり、クラブ経営というのは中小企業ですから。

「そうですよ。中小企業は中小企業の品位がある。辛いところは僕らは分かっているんですよ。そんな役人がちょろちょろ回ったってお金を出しますか。やるなら商売人にさせなければ。だから僕はまず今西先生に、先に辞表出してしまえば良かったんですよ、と言ったんです。そうしたら困るのは県ですよ。ちょっと待ってくれ、他にやる人がおらんから、となる。待つのはいいけど、お金どうするんですか。それで銀行に集めさせる。これは県との駆け引きですが、それでやれる。ところが辞表どころか、地べたを這《は》ってでもやります、というようなことをおっしゃるもんだから」

――駆け引きどころか謝ってしまったんですね。第2回の意見交換会で、辻会長が知事に『お通夜にする気ですか』と言われたのは、その背景であったのですね。

「あなたに言われて思い出したけど、こんなお通夜のような会には私は参りませんと言いました。せっかく集まったんなら、どんどん意見を言ってもらうべきなのに、こんな会議なら忙しいからもう来ませんよと。先生は会議の最後に（FC岐阜を）、命懸けでやりたいとおっしゃったんですよ。まあ、それがいろいろと舞い戻って、先生を辞めさせないといけないということになってしまった」

――そうしないとJリーグがライセンスを出さないという文書が来たんですね。

「ええ、私はそのときに、知事さん、そういうことなら辞めさせないといかんというのは分かります。しかし、苦労をさせっぱなしで何の報いも労《ねぎら》いもせずにというのは、これはないやないですかと言ったんです。使いっぱなし、やらせっぱなしで批判してというのは、どうなんだと思ったんです。そうじゃないですか」

――「徳は孤ならず必ず隣あり」という論語の言葉を辻会長が今西さんに贈ったことを、FC岐阜の社員は知っていますよ。

「それはねえ、うちの親父が大連で42歳で半ば殺されるようにして亡くなったんだけれど、徳を積めって言われた気がしたんです。岐阜にも、徳川時代400年前から商売してる人がおるんです。見ているとどこか陰徳を積んでおるんですな。でもそれは、たいていは積みっぱなしで、次の息子のときにしか結果が出ないんです。息子のときに何か返ってきたら、その息子は次の世代のためにまた徳を積んでおく。そして徳を積んでいる人は、孤独に見えても必ず隣人が見ていてくれる。私は流通センターの理事長をやらされたときにそれを感じました。死ぬかと思うくらい大変だった。事務機械ビジネスをやっている人間が、そんなことをやる必要はないんです。でも引揚者の引け目があったんですかね、次の世代のためにもやらなあかんと思ってやってました。だから、先生に言ったんです。先生、これは今は先生は徳を積んでみえる最中なのでお辛いでしょうけれども私自身もその後ろに書いてある通りにやっているんですと」

後ろを見るとまさにその書が壁に掲げてあった。「徳不孤　必有隣」最後に丁寧に取材の礼を述べた。すでに4年前のこと、しかも地元のマジョリティの中では、ダメだった経営者との烙印《らくいん》も押されているやもしれない今西についてのインタビューである。いわば辻にとっては受けても何のメリットもない取材のために、多忙な時間を割《さ》いてくれたのだ。

――ありがとうございました。

「ああいう人間はなかなか岐阜にもおらんでね。先生は今、どうしておられるの。ぜひよろしくお伝えください」

流通センターを車で移動しながら、考えた。今西は確かに岐阜を追われた。しかし、そのマインドは、触れ合った多くの選手やスタッフに連綿と受け継がれていくに違いない。元社員たちは今でも今西を慕い、毎年12月になると何台かの車に分乗し、大挙して広島に通っている。1泊しては市内の居酒屋でイマニシ会をしているのだ。選手の菅も漢宰《ハンジェ》も社員だった宮城も石橋も、すでにクラブにはいないが、それぞれの現場で今西の志を具現化している。「サッカーで社会貢献をする」。ならばこの地で苦労した6年間は、決して無駄ではない。
そしていつかは、その今西の思いが花開く。

大河正明・前ライセンスマネージャー

2016年4月25日。バスケットボール協会に向かった。16時から大河正明・前Jリーグクラブライセンスマネージャーのインタビューのためである。元三菱東京UFJ銀行の社員で2010年にJリーグに入りクラブライセンスを導入、FC岐阜の案件を裁いたが、2015年には「川淵さんを助けたい」というコメントと共に日本バスケットボール協会（JBA）に移籍し、専務理事に就任している。FC岐阜に関わったクラブライセンス問題についていくつか直接確認したいことがあり、JBA広報を通してインタビューを申し込んだところ、発言内容のチェックと修正、そしてJリーグの広報担当者の同席を条件として了承をもらった。

木村 今西さんの解任についてはクラブライセンス制度が大きく関与しているという

ことで、それこそあのときの当事者に直接お話を聞いて公正に書きたいという思いがありまして、ライセンス事務局の制度設計を最初におやりになられた大河さんのインタビューに今日は参った次第です。

大河　まず、クラブライセンス制度は審査が通らなかったらライセンスを交付しないで仲間から外に出すという目的ではもちろんなくて、サッカーがより良い環境で、レベルで質の高いリーグ戦が提供されるためのツールとして始まったものです。日本だけがやっているわけではなくてドイツが始まりで、せっかくやるのであれば、主に財務のところと施設整備のところをレベルアップしていくことが、大きな影響があるだろうと。僕は2010年の11月にJリーグに入ったんですけれども、その頃から始めた制度です。当時はまだ38クラブだったのかな。その3割ぐらいが何らかの債務超過であったり赤字が続いていました。過去に東京ヴェルディや大分トリニータが潰れそうになって、潰れたら対戦相手がいなくなるわけです。そうすると、Jリーグ自体の価値も棄損する。3年間の猶予期間を設けて、その間に整備していってください、というのが始まったのが2012年からです。

木村　2015年から施行しますよ、ということでしたね。

大河　実はクラブライセンスによって今西社長が退陣をされたという認識では本当はないんです。

木村　そうなんですか。

大河　2012年の夏に要は1億5000万お金が足りなくて、シーズンを乗り切れませんという話になってきたわけです。ちょうどその直前に、古田知事がJリーグを訪問されています。古田さんは何とかこのチームを存続させたいという強い思いを語っておられました。一方で、やはり経営者としての今西さんが、僕は言われたことをそのまま言いますと、頭下げてお金を集めるという雰囲気はまずないと。

木村　それは古田知事がそう言われたわけですか？

大河　古田知事の下にいらっしゃった県の方ですね。

木村　じゃあ、小林さんですね。

大河　小林さんだけじゃないですけど。岐阜市の方もおっしゃってました。

木村　清水さんですね。

大河　小林さんだったり、清水さんだったり、いろんな方とお話しした中で、この1億5000万を集め切るには県が一枚岩でなければいけないと。

木村　赤字はまだ2年連続だったので、僕もライセンス委員会の規約を読んだんですけれども、これで解任されるというのはおかしいと思っていました。行政ですか。最終的にそういう形で解任したというのは。

大河　解任をされたのは、行政というか……行政は株主ですからね。いわゆる取締役の選任解任権というのは株主総会であるわけであって。我々はそこの株主総会のガバナンスに僕らが首を突っ込んでいるわけではないので。

木村　あくまでもライセンス事務局というのはその審査だけですね。いわんや地方クラブに内政干渉のようなことはしないですよね。

大河　しないですよ。その中でどういう新しいガバナンス体制でやられるのか。それは今西さんを例えばGMだとか監督のアドバイザーだとかで残しつつ新体制でやるという方法もあったでしょうし、全部なくすという方法もあったでしょう。僕らは実はJ3ができたときに、役員には地元の人が必要だというのを入れたんです。それは岐阜の教訓なんです。要は、今西さんも服部さんも岐阜の人じゃないから、結局人脈がないんです。そこがお金集めとかにも非常にご苦労されたひとつの要因になっていたので、そういう方が役員には必要だということで入れています。

木村　せっかく大河さんにお目にかかれたので、まさにライセンス事務局のことを少し伺いたいんですが。おっしゃるようにドイツが成功した。AFCにも雛形《ひながた》がある。ところが、アジアではJリーグが最初に牽引していこうということで入れられたと思うんですけれども、いろいろ調べたところ、日本の場合は、あくまで相対的ですけれども、他の国に比べると財務もそんなに問題ない。確かに溝畑宏（元大分トリニータ社長）みたいなトンパチはいましたけれども。ユース教育も悪くはない。あとはスタジアムぐらいだったんです。大河さんが入られて、やはりかなりハードルが高くなった印象があるんです。僕はヨーロッパのサッカージャーナリストとも話をするんですが、ヨーロッパのライセンスシステム、あれはマネーロンダリングなんかにサッカー選手が利用されることに対して非常に危機感があった。それの本質と、このJの本質というのはちょっと違うんじゃないかと。いかがですか？　まずこのライセンスのハードルの高さというのは。

大河　ハードルが高いか低いかは別として、まずはヨーロッパも、ドイツのようなしっかりと入場料収入を稼ぎながらガバナンスをきかせた経営と、他の誰か投資家がポンといればうまくいくし、いかなければできないよ、という経営スタイルと二つあって、日本が見習うとすればまずはゲルマン系なんだろうなと。それと、実は監査済みの決算報告書をもらうこととということだけしかAFCのクラブライセンス規約には書いてないです。監査済みの決算報告書をもらうこと、それ以上の要件が何かというふうなことは各国で考えなさいと。

木村　だからつまりクラブライセンス制度はドーピングなどと違って、FIFAやAFCやWADA（世界アンチ・ドーピング機関）などの世界標準があるわけでなく、各国のローカルルールなんですよね。

大河　ローカルルールを敷きなさいということだったんです。読売新聞と日テレさんが東京ヴェルディを手放したように、親会社が付いていても赤字垂れ流しの部門というのは切り捨てられるというのが僕の銀行員感覚でした。本当に厳しくしようと思ったら「毎年黒字にしてください」です。だけど、僕は別に3年間で1回黒字にすればいいという。そこは3年が何でいいのか、5年だったら駄目なのかとか、言い出すといろんな議論がありますけれども。最低限の要素が債務超過は困るということと、3年連続赤字はしないでくださいと言ったつもりであって、全然高いという意識はなかったです。

木村 そうですか。僕が思ったのは、特にJ1の親会社があるところというのは、最終的にはそこが補填《ほてん》するわけですよね。だから放っておいても絶対帳簿上は赤字にはならない。

大河 それをしなかったのが日テレなんです。

木村 分かります。ただ、リアリティとしてつまりそれ以外、いわばJ2、J3の方ですね。深刻なのは。

大河 そうですね。

木村 もうひとつ、だからこれは制度の構造を拝見したんですけれども、まずCLAというクラブライセンス事務局があります。それからFIB（クラブライセンス交付第一審機関）がありますよね。で、クラブライセンス事務局の報告書をFIBが見て判断するということでよろしいですか？　ライセンス交付については。

大河　いわゆる審査に必要な書類をクラブから提出してもらい、それを我々CLAライセンス事務局との間で行ったり来たりをやりつつ、最終的にFIBの審査ができるように加工していく。そういうことですね。

木村　つまり、ジャッジするのはCLAではなくてFIBなわけですね。ということは、例えば三権分立で考えますと、検察がクラブライセンス事務局だとすると、司法が、裁判の方は、これがFIBということでよろしいでしょうか。

大河　検察というか、行政なのかな。

木村　行政ね。これはだから、三権分立の原則でいえば、独立していてしかるべきですよね。もうひとつ、これは決定に不満ならば上訴できる機関がありますね。ABというクラブライセンス交付上訴機関。これはかつてドーピング冤罪《えんざい》をはらすために我那覇和樹君がスポーツ上における紛争についての異議をあげたCAS（スポーツ仲裁裁判所）に当たるのではないかと、こういう理解でよろしいですか？

大河　ライセンスの中の第一審であるFIBの判定に不服のクラブと不服のクラブライセンスマネージャーがABに上訴できるということです。

木村　では、CASに当たるわけですよね。

大河　まあ、そうですね。

木村　ところが、これ、交付規則の第14条と第16条を見たんですが、この交付するFIBと上訴する機関のABの人間はいったい誰が任命するのかといったら、推薦しているのはクラブライセンス事務局なんです。

大河　承認しているのは理事会ですね。

木村　承認するのは理事会であり、それからチェアマンですけれども、そもそも人選して推薦しているのはクラブライセンス事務局というのは、まさに一方的で中立性が保たれていないのではないでしょうか。

大河　クラブライセンス事務局が推薦する、と書いてあるんでしたっけ。

木村　あります。14条と16条です。非常にこれにお手盛り感を見たんです。お友達内閣という言葉がありますけれども、お友達司法裁判所、あるいは行政。大河さんにお聞きしたかったんですが、ヒアリングも議事録が取られていないんですよね。

大河　ヒアリング？　どのタイミングのヒアリングですか？

木村　FIBの。

大河　FIBのヒアリングは議事録は取ってますよ。簡潔には。

木村　取ってますか。それはオープンにされてますか？

大河　してないです。

木村　してないですよね。だからこれ、ヒアリングされた当事者の方にもいろいろ聞いたんですけれども、第1回なんかは指摘事項はありますけれども、議事録は取らないと言われたと。これだけ警察の取り調べの可視化が叫ばれているときに、クラブの生殺与奪権をジャッジするようなところで議事録が取られていない、これは凄く大きな問題です。

大河　議事録は取られていると思いますけど。

木村　ただ、オープンにされないということですよね。

大河　オープンにはね。

木村　これは決して大河さんを責めるとかそういうことではなく、ひとつ改善点ではないかと思うわけです。

大河　オープンにする方がクラブにとって……クラブがオープンにして欲しいと思うかどうかというのは別次元ではあると思いますけどね。

木村　クラブはオープンにしてもらいたいと思ってます。

大河　思っているんですか？

木村　思ってます。それはだって、言った言わないの話でライセンスが交付されるかどうかというのは良くない。民間会社組織を裁くわけですから密室ではダメですよ。

大河　それは解釈の問題もあって。要は、そこで話されている内容って、他のクラブであるとか、もうちょっと言うと行政以外のステークホルダーに知られたくない話もまあると思います。

木村 であれば、当事者がオープンにして欲しいということであれば構わないわけですよね。

大河 まあ、そうですね。それは今となっては別に僕が決める話ではないとは思いますけど。

木村 分かりました。なのでこれ、ひとつの提案なんですが。

大河 提案をされても、僕は今、決める権利はないですよ。

木村 今はバスケットの方ですからね。あと、理事会の方に回ってきたペーパーも、当時は当日配布当日回収ということで、これもオープンにされていなかった。それからこれも伺いたかったんですけれども、審査がこれ8月ですよね。

大河 8月9月ですね。

木村 サッカークラブのキャッシュフローから見ていくと選手との契約は11月いっぱいということを考えてみると、早過ぎるのではないかと思うんですが、いかがですか？

大河 これはAFCのスケジュールにのっとってやっている話なので。

木村 ただ、それこそ日本独自のローカルルールですから、AFCに言うべきではないですか。

大河　それはダメなんですよ。

木村　なぜですか？

大河　だって、クラブライセンスを取っているチームがいつまでだという報告期限が10月末なんです。

木村　じゃあ、AFCにそれを言って、変えてもらうことって可能ではないんでしょうか。

大河　できないですね。できないというか、できなかったというのが正確です。当然シーズンも違いますよね。

木村　そうです。だから、それこそJリーグの事情を話すべきだったのではないかと。

大河　でも、シーズンが始まりかけて8月、9月ってもう半分以上は過ぎているじゃないですか。

木村　選手も生ものですから、次じゃあどこに行くのか、誰を契約するのか、これは強化担当者も編成も一番重要な時期が11月末で。その前段階で決められてしまうと、これはやはり自由さが束縛されると思うんです。

大河　ごめんなさい、逆に言うといつだったらいいというふうにお考えですか？

木村　もう少し後ろでしょうね。11月。まさに。編成も決めていくところで。

大河　もう少し後ろだと次のシーズンの1部か2部かが分かっているところというこ

とですね。

木村　そうですね。

大河　まあ、そういう考え方もあるのかも分からないですが。でも、そこを僕と今議論しても……。

木村　分かりますよ。だから、一般論として申し上げてます。

大河　誤解のないようにして欲しいのは、僕らは最初に言ったように、落とすことが目的ではないと言いました。今西さんがどう感じられたか、誰がどう感じられたかは別にして、クラブライセンスが今まで交付されなかったのは、停止条件付きで交付をした鳥取だけです。要は、僕らは1億5000万足りない岐阜がライセンスを交付されない事態になるとか、岐阜がそのままキャッシュが回らなくなって、ある意味破綻しちゃうことを望んでいれば、放っておくわけですよ。クラブライセンス事務局は、来たものを審査してダメなものをダメ出ししているのが仕事では決してない。

木村　確認したいのは、おっしゃるとおりクラブライセンス事務局がクラブに人事介入することはないということですね。

大河　人事介入はないですよ。

木村　ですから「誰々が良くない」とか。

大河　「このままだと持ちませんよ」「持たないんじゃないですか」ということは申し

上げますけど、少なくとも私になってから、誰かこの人が社長の方がいいですよとか、そういうようなことは一度もないです。例えばバスケットでいうと秋田だとか沖縄であるとか、栃木であるとか、成功しているところの首長さんからすれば宝ですよ。全部とは言わないけれど、そうなって欲しいと思います。で、そのためにはやっぱりガバナンスですよ。ガバナンスの1丁目1番地は金の使い道であり、要するに、身の丈を大きくしながら身の丈に合った経営管理ができるかどうかということは一番重要。それが、残念ながら今西さんは、そういうタイプのお仕事じゃない、不適材不適所にしちゃったわけですよ。

木村　なるほど。そのジャッジというのは、つまり、要は人間性じゃなくて、おっしゃるとおり数字で判断されたわけですよね。

大河　そうですよ。だって、人間性という定性的なもので判断したら、僕からしたらこの人は好きだけど、あっちからしたらこの人は嫌いとなっちゃうので。

木村　だから、「この人はどうもやる気が見られない」とか「消極的である」とか、そういうことではないですよね。

大河　ないですよ、もちろん。そういう要素はFIBの審査も含めて基本的には一切入れないというのが基本ですから。

木村　分かりました。だから、警察のように「いついつまでにADパスを戻せ」とか

「いつまでに引っ越しをしろ」とか、そういうことを送ったりしませんよね。

大河 何ですか？

木村 「とにかくスタジアムに入れるな」とか、「回収してしまえ」とか。

大河 そんなのないですよ。

木村 しないですよね。

大河 何度も言いますけれども、僕らはクラブが足腰が強くなって、その地域の人にとって、このクラブがあって良かったな、みんなが楽しんでくれるプレーを見せて、育成から普及までちゃんとクラブが一貫して持っていて、愛されるクラブになってもらうために、ここで1億5000万がそのままなくて潰しちゃうんですかと。ということを、県や市や十六銀行と向き合ったということです。

木村 分かりました。大河さんがご存じないところでそういったパワーが動いたんじゃないかという懸念がありました。それでいくつかぶしつけな質問をさせてもらいました。

大河 いえいえ。そのパワーはよく分かりません。だから、多分それは……誰だろうな。分かりませんけど、県からすれば税金まで投入して出資までして、しかも全市町村に呼び掛けてまでやりましたと。そして来年清流国体ですと。これは潰すわけにはいかんけど、やっぱり誰かが経営責任というか、誰かが責任を取らないと、この問題って解決しないよねと。普通そう考えるのがおかしな話ではないと思いますけどね。

木村　ライセンス事務局の職員である岩本さんが、県庁の方に「いついつまでに今西のパスを取り上げろ」「辞表を出させろ」とか「引っ越しさせてしまえ」というメールを送られたってご存じですか？

大河　知らない、知らない。

木村　そうですか。残念なことに、それが送られてきたので、今西さんは椅子も机もパスも全部取られて部屋も追われた。あの人はああいう方でチームを愛してますから、それでも試合会場に行って一般席で選手に声をかけられていた。それはあまりに酷《ひど》いなと。いくら何でも経営者として失格かもしれないけど、人としてそういう措置はないだろうということを思ってました。大河さんは、それはご存じなかったんですね。

大河　これは申し訳ないね。僕の管理不徹底かも分からないけど。

木村　分かりました。今、そのメールがあるので見ていただいていいですか。こんなことが行なわれていたんですよ。

大河　それは……でも、あれでしょう？　これ、いつですか？　12年8月30日か。僕にCC入ったりとかしてます？

木村　してないです。だから、ご存じなかった。これですね。今、岩本君はJリーグを辞めてるんですよね。

大河 辞めてます。

木村 そうですか。今日はありがとうございました。

ちょうど1時間きっかりのインタビューであった。再三再四、クラブライセンス事務局はJクラブへの人事介入はしてはいけないし、やってはいないと強弁していた。岩本がFC岐阜の総務部長と岐阜県庁商工労働部、岐阜市教育委員会に送ったｔｏｄｏリストの存在については、提示したらうろたえたが、「自分は知らなかった、僕の管理不徹底かもしれない」と頭を下げた。

翌26日、岐阜県庁から連絡が入った。かねてより情報公開請求をしていた文書が、28日金曜日の夕方に出せそうだということである。請求したのは、

1）２０１２年度における岐阜県商工労働部および清流の国推進部と公益社団法人日本プロサッカーリーグ（Jリーグ）との間で発信および受信された文書（メール、ファックス含む）

2）２０１２年に実施されたFC岐阜に関する意見交換会の会議資料および議事録である。商工労働部の知事レクの文章では「内々に、岐阜市およびその他株主、十六銀行、地元経済界、Jリーグと相談しつつ、来季の運営体制・運営方針を詰める必要あり」と今西を外しての密議を提案していた。いったい、クラブが知らない間にJ

リーグと岐阜県庁の間でどんなやりとりがされていたのか。

公開請求は当初、3月22日に行なっていたが、決定期間の2週間を過ぎても開示されず、延長通知書が来た。電話で理由を問い合わせると、書類を出して良いものかどうかの判断に時間がかかっているとのことであった。そこから11日が経過してようやく連絡が入ったというわけである。4月28日岐阜県庁に向かう。いったい、25日間もかけて何の書類の判断をしているのか。

16時半に2階の情報公開総合窓口で来意を伝える。分厚い書類の束を担当の清流の国推進部地域スポーツ課から受け取りながら説明を受ける。議事録は存在しないという。笑ってしまった。知事が毎回出席している会議の議事録を県庁が取っていないはずがない。よほど都合の悪いことが書かれてあったに違いない。それは岐阜市から取ることにした。

一番上に、まるで表紙のように束ねてある書面に目が吸い込まれた。大河正明の名前で岐阜県商工労働部と岐阜市教育委員会に出されている文書の半分がべったりとスミで黒く塗られている。タイトルはFIBのヒアリングである。出席者の今西と服部の名前はむき出しで読めるのに裁くFIBの人物名が全部消されている。普通は逆であろう。どんな裁判でも裁判官の名前は開示されるのに。県庁職員に聞いた。

「この書類の黒塗りになっている部分は何ですか。非公開にされている理由は何です

J.LEAGUE

秘 写

J-2012-0301
2012年8月20日

ＦＣ岐阜
実行委員　今西 和男 様
(写)岐阜県商工労働部　御中
　岐阜市教育委員会　御中

公益社団法人日本プロサッカーリーグ
クラブライセンス事務局
ライセンスマネージャー　大河 正明

ＦＣ岐阜に対するクラブライセンス交付第一審機関（ＦＩＢ）ヒアリングの結論の件

本日開催されました、ＦＩＢによるヒアリングの結論につき、以下のとおりご連絡いたします。

記

1．ヒアリング期日・会場
　2012年8月20日(月)13：30〜15：30　Ｊリーグ事務局中会議室
2．出席者（敬称略、オブザーバー除く）
　ＦＩＢ：[redacted]
　ＦＣ岐阜：今西　和男、服部　順一
3．結論
　ＦＣ岐阜から提出を受けた資料および本日のヒアリングの内容によれば、2013シーズンのＪリーグクラブライセンスを交付するのは極めて厳しい状況にある。

　ついては、ＦＣ岐阜の今期および来期の経営の継続性について明瞭化するため、以下の資料の提出を求める。なお、資料の提出締め切りは9月5日12時とする。

　当該資料はクラブライセンス交付規則F.05に相当するものとし、期日通りに提出されなかった場合は、クラブライセンス交付規則F.05を充足しなかったものとして判定を行う。また、期日までに提出された資料の内容を精査のうえ、ＦＣ岐阜に審問を行う場合は、9月7日に実施する。
(1)　今期中に岐阜県内の財界から支援される予定の1億5,000万円について、以下のとおり資料を提出すること。
　① [redacted]
　② [redacted]
(2) [redacted]

以上

岐阜県に情報公開請求により入手した同じ文書。文書の約半分、Ｊリーグによる人事介入の部分が、スミで黒く塗られている。

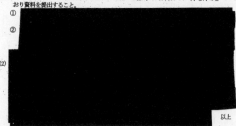

J.LEAGUE

対外厳秘

J-2012-0301
2012年8月20日

ＦＣ岐阜
実行委員　今西 和男 様
(写)岐阜県商工労働部　御中
　岐阜市教育委員会　御中

公益社団法人日本プロサッカーリーグ
クラブライセンス事務局
ライセンスマネージャー　大河　正明

ＦＣ岐阜に対するクラブライセンス交付第一審機関（ＦＩＢ）ヒアリングの結論の件

本日開催されました、ＦＩＢによるヒアリングの結論につき、以下のとおりご連絡いたします。

記

１．ヒアリング期日・会場
2012年8月20日(月)13：30〜15：30　Ｊリーグ事務局中会議室
２．出席者（敬称略、オブザーバー除く）
ＦＩＢ：石川　順道、西村　勝秀、水野　晃(議長)、依田　成史
ＦＣ岐阜：今西　和男、服部　順一
３．結論
ＦＣ岐阜から提出を受けた資料および本日のヒアリングの内容によれば、2013シーズンのＪリーグクラブライセンスを交付するのは極めて厳しい状況にある。
ついては、ＦＣ岐阜の今期および来期の経営の継続性について明瞭化するため、以下の資料の提出を求める。なお、資料の提出締め切りは9月5日12時とする。
当該資料はクラブライセンス交付規則F.05に相当するものとし、期日通りに提出されなかった場合は、クラブライセンス交付規則F.05を充足しなかったものとして判定を行う。また、期日までに提出された資料の内容を精査のうえ、ＦＣ岐阜に審問を行う場合は、9月7日に実施する。
(1)　今期中に岐阜県内の財界から支援される予定の1億5,000万円について、以下のとおり資料を提出すること。
①　西濃地区から支援される5,000万円(提出資料1-3-2)について、入金日を明らかにしたうえで再提出を行うこと
②　十六銀行㈱同行営業先(提出資料1-3-1)について、伏字となっている企業名を明らかにし、決定状況、入金日、スポンサー種類を開示すること、もしくは十六銀行が提出資料1-3-1に記載された企業からの支援が得られることが確実である旨の文書を提出すること
(2)　ヒアリングに出席したＦＣ岐阜の取締役2名は一定の経営責任について自ら言及しているものの、「他に後任がいない」との理由で消極的に経営に関わっている状況である。
ついては、後任の有無および、来期以降のＦＣ岐阜の経営体制について、ヒアリングの際に文書を提出した岐阜県知事・岐阜市長・岐阜県市長会長・岐阜県町村会長・岐阜県体育協会長と協議し、承認を受けたうえで、後任の有無および、来期以降のＦＣ岐阜の経営体制について具体的に説明した資料を提出すること。

以上

ヒアリングのあったその日に、クラブライセンス事務局から岐阜県の商工労働部と教育委員会に送られてきた文書。Ｊリーグによるクラブへの人事介入の動かぬ証拠。

か？」

「それは法人に関することが書かれてあってその法人にとって不利益になることです」

「出されたらまずい法人とはFC岐阜ですか？」「いえ」「Jリーグですか？」

「はい、Jリーグです」

出すかどうかで時間がかかっていたのは、これであった。41枚分のコピー代を払って外に出た。それからまた動いた。黒塗りでない文書を手に入れた。5月6日。取材で虚偽を語っていた大河宛にJBAとJFAそれぞれを通して質問状をファックスで送った。

大河正明様

4月25日は取材にご協力を頂きありがとうございました。インタビュー記事をまとめましたのでお約束通り事実関係のご確認としてお送りします。

さて、インタビューでも再三お話をされていた「クラブライセンス事務局（CLA）が地方クラブの人事に介入をしてはいけないし、してはいない」という文言はとても重要で頷首《がんしゅ》して聞いておりました。

地方を尊重するJリーグ100年構想の理念からもあってはならないことです。ところが、岐阜県庁に情報公開請求をしていたところ、4月28日に別送の文書が古田肇知事名で出て来ました（別送1）。2012年8月20日に大河ライセンスマネージャーの名前で岐阜県商工労働部と岐阜市教育委員会に出されたものです。

「クラブライセンスを交付するのは極めて厳しい状況にある」の一文が冒頭にあり、その下の部分、おそらく何らかの要求をされている部分のほとんどが黒塗りにされています。当該部分について公開しない理由を問い合わせたら、「法人に関する情報で公開することでこの法人の地位と利益が損なわれると認められるため」と記されていました。念のために担当課に「その法人とはFC岐阜ですか？」と確認したところ「いえ、Jリーグです」と言われました。明るみに出るとJリーグが不利益になるというのはどんな文面だったのでしょうか。そして黒く塗られていない文書を入手しました（別送2）。

結論の（2）に「ヒアリングに出席した取締役2名が経営に消極的に関わっている状況である」そして「後任の有無と来期以降の経営体制を具体的に説明した資料を提出すること」と記されています。

これはライセンス交付と引き換えに今西、服部を解任しろという紛れも無い人事介入の証拠であります。事実、幾人かの県職に聞いたところ、8月20日にこれを見て県は今西、服部の両氏を解任したと伺っております。事実を時系列で並べると8月23日の朝に今西氏は県庁に呼ばれ古田知事から解任を言い渡され、その後に県庁会議室で行なわれた第4回の政財界の意見交換会ではこの文書が配布されて説明がなされました。公益社団法人が民間企業にかようなパワーを働かせてはそれこそガバナンスの崩壊です。しかも解任の理由が数字ではなく「消極的」という極めて主観的であいまいな理由に依《よ》っています。つきましては以下の質問にお答え下さい。

1）この文書は大河ライセンスマネージャー本人が出されたものなのか、先般のメールのように職員の岩本氏が勝手に出したものでしょうか。岩本氏は「今西の首は俺が取った」と他クラブのスタッフに吹聴《ふいちょう》していたと聞いています。

2）大河マネージャー本人が出したのであればなぜこのようなことをしたのでしょうか。

3）FIBのヒアリングになっているにもかかわらず出席もされていないCLAの名前でジャッジされているのは制度的にも矛盾しています。両者はイコールではないはずですが、自ら作った規約を壊す行為までして文書を出されたのはなぜでしょうか。

4）8月20日15時30分に終わったヒアリングにもかかわらず、同日20日のうちにいきなり結論としてリリースしています。すでにヒアリング前から解任は決めていたと考えられます。辻正インフォファーム会長によれば岐阜の財界は当時の体制で1億5千万を支援する気でいたのになぜでしょうか。
最後に、スポーツ界の地位向上のためにガバナンスを徹底させる立場にありながら、ライセンス交付という許認可権を背景に人物の定性（好き嫌い）で地方クラブの経営人事に介入し、Jリーグで最多の地域貢献活動をしていたトップを解任させていたという事実に対して当事者、そしてフェアープレーを愛する多くのサッカーファンに対して説明をお願いします。

木村元彦

まともな回答は期待していなかった。自身が行なった行為に真摯に向き合う人間であれば、インタビューであのような強弁をしなかったであろう。自信があれば「信念を持ってクラブライセンス事務局として今西社長では立ち行かないので代えるべきだと伝えました。あとは県知事が判断することだと思ったからです」とコメントしたであろう。3日後の夕方、案の定、自己保身しか考えていない木で鼻を括《くく》ったような回答が来た（別紙）。
1）～3）の回答は何も質問に答えていない。FIBは第三者外部監査委員会でJ

リーグからの独立機関であるとうたっているのに、ＣＬＡはＦＩＢの事務方という珍説を出してきている。自らがずぶずぶの関係であることを物語っている。ｔｏｄｏリストメールと違ってこの書類を自分が送ったことだけは認めた。これで詰みである。

4)も質《ただ》されたことをオウム返しにする手法でリスクマネージメントしか考えていない。岐阜の地元財界は支援する方向で動いていたのにその厚意を踏みにじっている。議事録を公開しないのを良いことに、何の議論もないままに密室のままセレモニーとしてヒアリングは使用された。

5)を読んでむなしくなった。人事権を持っていないからライセンス制度を利用して介入したのではないか。人事介入が悪であることを十分理解して行なっているのだ。分かっていてのモラルハザードである。大河は自らの越権行為でサッカーと地域を心から愛して行動してきた2人の人生を狂わせたことをどのように思っているのだろう。

地域貢献の現場も知らない人間がプレゼンスを示すために帳簿だけでクラブを裁き、茶番を演出し、主観で経営者を追い、その事実を指摘されてもまともに答えようとしない。真実と向き合おうとせずにただ突っ込まれないようにやり過ごすことだけを考えて練られた、何の誠意も感じられない回答群にただただ失望した。自ら作った制度を自ら壊すような人間がガバナンスを叫んでいる。

服部が岐阜を解任された後、Ｖ・ファーレン長崎からオファーを受けて同クラブの

木村元彦様

文書にて頂戴致しましたご質問について下記にご回答致します。

質問１）この文書は大河ライセンスマネージャー本人が出されたものなのか、先般のメールのように職員の岩本氏が勝手に出したものでしょうか。岩本氏は「今西の首は俺が取った」と他クラブのスタッフに吹聴していたと聞いています。

質問２）大河マネージャー本人が出したのであればなぜこのようなことをしたのでしょうか。

質問３）ＦＩＢのヒアリングになっているにも関わらず出席もされていないＣＬＡの名前でジャッジされているのは制度的にも矛盾しています。両者はイコールではないはずですが、自ら作った規約を壊す行為までして文書を出されたのでしょうか。

質問１）～３）への御回答

本文書は、「Ｊリーグクラブライセンス交付規則」に規定されたクラブライセンス事務局（ＣＬＡ）の業務内容である「ＦＩＢおよびＡＢに対する管理運営上の支援」に基づき、ＣＬＡがＦＩＢヒアリングにオブザーバー（および事務方）として参加し、そのヒアリングにおける結論をクラブライセンスマネージャー（LM）名にて発信したものです。なお、本文書はＦＩＢヒアリングの結論を明文化のうえ通知することを目的としたものであり、ヒアリングを実施したＦＩＢによる内容の確認および了解の上でＦＣ岐阜に送付されたものです。

質問４）８月２０日１５時３０分に終わったヒアリングにも関わらず、同日２０日のうちにいきなり結論としてリリースしています。すでにヒアリング前から解任は決めていたと考えられます。辻正インフォファーム会長によれば岐阜の財界は当時の体制で１億５千万を支援する期でいたのになぜでしょうか。

質問４）への御回答

本文書はＦＩＢヒアリングの内容と結論をもとに作成したものであり、当日出席したＦＣ岐阜に対して速やかに伝えるべく、同日中に文書としてまとめ、発信したものです。

質問５）最後に、スポーツ界の地位向上のためにガバナンスを徹底させる立場にありながら、ライセンス交付という許認可権を背景に人物の定性（好き嫌い）で地方クラブの経営人事に介入し、Ｊリーグで最多の地域貢献活動をしていたトップを解任させていた事実に対して当事者、そしてフェアプレーを会いする多くのサッカーファンに対して説明をお願いします

質問５）への御回答

人物の定性（好き嫌い）で地方クラブの経営人事に介入した事実はございませんし、Ｊリーグはクラブの役員人事に関して、人事権を持ち合わせておりません。

以上

大河前ライセンスマネージャーから寄せられた回答書。木で鼻を括ったような回答だった。

GMに就くことが決まりかけたとき、Jリーグの中野幸夫専務理事が、「服部は問題がある」という妨害を当時の社長にしたという証言を長崎の幹部がしている。その後、その幹部は実行委員会等で上京した際に、大河と岩本に服部は大丈夫ですか？　と笑いながら言われたという。服部は当初、このJリーグからもたらされたバイアスのかかった情報で役員やスタッフから不信感を持たれていたが、卑劣なことが大嫌いな高木琢也監督が毅然とした態度で「服部さんに謝って欲しい」と重役などにも意見してくれたために信頼を回復した。長崎のスポンサーのチョープロの荒木健治代表は服部に「ライセンス事務局が何か言ってきてたようだけれど、この町は過去、外から来た人の力で栄えてきたので、遠慮なくどんどん暴れてください」と言ってくれたという。後ろ盾のある人間は、何もとがめられることなく今後はバスケット界で出世していくのだろう。しかし、私は自衛戦争に立ち上がったボスニア人に、人生で最も大切なのは「自己との対話である」と教わった。他人は誤魔化せても自分は誤魔化せない。自分がどう生きているかは自分に問うのだと。

森山佳郎——勝って育てる

2016年5月7日。小平《こだいら》のカフェでU-15日本代表監督森山佳郎と会った。選手には自分のことを監督ではなく「ゴリさん」とニックネームで呼ばせてきたサンフレッチェ広島ユースの中興の祖は、高円宮杯の3連覇を含む主要ユースカップで、合計8回の優勝をチームにもたらしている。結果だけではない。勝ち負けよりも選手そのものを育てるという森山の哲学と実践は、11年にわたる指導者生活において数多くのJリーガーを育ててあげてきた。特に1987年生まれ世代は、所属12人中9人をプロに送り出している。「朝と夕方で性格が変わってしまう」と言われる多感なこの世代の選手を長年まとめあげた実績は高く評価され、2015年に日の丸を背負う15歳以下世代の代表指揮官となったわけである。

森山のスケジュールは多忙を極めていた。4／20（水）～5／3（火・祝）U－15イタリア遠征、帰国後は空港から大阪・堺《さかい》へ向かいプレミアカップを視察。その後は5／8（日）からU－16中国遠征。空いているのはFC東京U－18の試合を観戦しようとしているこの7日しかなかった。換言すれば1日しかない移動日に、今西さんのためならと、時間を作ってくれたのである。

「自分は（筑波）大学で全く戦力じゃなかったんです。たまたま4年生のときに、総理大臣杯の1回戦の仙台大学との試合で僕が1得点1アシストして、2対0で勝った試合があったんですけど、その試合を今西さんが見に来られていて、声かけていただいたんです。ただ、あの頃は学校の先生になってサッカー部とか見れたらいいかな、ぐらいの気持ちでしたから、返事をするのが遅くなっちゃったんです。広島は行ってもいないんです。でも採用試験も落ちてしまって大学のサッカー部の先生と相談したりして、もうマツダしかないだろうと（笑）」

もともと森山はFWの選手であったが、大学のコーチであった小野剛から「これからのサッカーはサイドのポジションが重要になってくるから」とのアドバイスでサイドバックに転向していた。しかし、マツダに入団後もなかなか出場の機会は巡ってこなかった。1年目はリーグ戦に2試合、プロ化した2年目のサンフレッチェではJリーグカップに6試合に出場したのみで、リーグ戦出場は0であった。

「そのときに今西さんに言われたことがあるんですよ。『同じ選手は要らないんだぞ』と。自分だけの武器を持たないとこの世界では生きていけない、ということをまず教えてもらったんです。僕の場合は、それなら日本一シャトルランできる選手になろうと考えて、ターニングポイントになったんです」

2年後、森山は1stステージ優勝の瞬間を堂々とピッチの上で迎えていた。優勝シャーレを割った濡《ぬ》れ衣《ぎぬ》まで着せられるほどに、存在感を発揮していた。

「『おまえの武器は何だ。何で生きていくんだ』。そしてこれは僕がユースの監督11年、コーチとして2年の13年間、選手にずっと言い続けてきたことでもあるんです」

現役を引退後に海外留学を考えていた森山を指導者の道に導いてくれたのも今西であった。恩師の至言を今度は自分が伝えた。

日本代表柏木陽介（浦和レッズ）の世代は、ひとつ上に錚々《そうそう》たるメンバーが並んでいた。前田俊介、髙萩洋次郎、高柳一誠、森脇良太（1986年生まれ）……。こんな上手《うま》い人たちの中でどう生き残っていくのか。兵庫県から広島にやって来たまだやせっぽちの少年は練習が終わるといつもひとりでグラウンドにうずくまって『僕にかまって』オーラを出していた。そんなとき森山は観察を続けて、イジリに走ったり、あえて無視をしたりした。ある日、柏木は悟ったように森山に言った。

「僕の武器は走ることです」

走るファンタジスタが生まれた瞬間であった。

「年上のテクニシャンを見て自分はハードワークするしかないと思って今に至るんですね。それはやっぱり大事なことなんです。柏木は世代が槙野（智章）と一緒だったのも良かった。片や、お前どこまで落ち込むんだっていうくらい超ネガティブで、片やお前どこまで羽ばたくんだよっていうくらい超ポジティブ。僕自体、ピッチの中では厳しくやるけど、そこから一歩線を出た瞬間に『ただのええおっちゃんやぞ』という雰囲気で接しようと思っていたんですけど。槙野なんかは、出た瞬間に『イェーイ、ゴリさ～ん』みたいな感じで来るようなやつでしたね。あの2人はいつも一緒にいて、高め合っていましたよ」

クラブによっては、ユースの入団テストを受けに来たときから「来るな」「パスは出さんぞ」といったギスギスした空気で選手を萎縮させてしまう所もあると聞くが、広島ユースは練習参加をした子がここでやりたいと思うムードを保っていた。

「年代ごとにキャラクターがあってですね」。森山はまるで幾多の卒業生を諳《そら》んじる体育教師のような面持ちで、教え子たちの世代の性格を腑《ふ》分《わ》けしてみせた。

「槙野、柏木のときは確か闘莉王がいた水戸《みと》ホーリーホックとやっても五分で戦っていて、あいつらは相手がプロだろうが全く動じなかった。田坂（祐介）らの代（1985年生まれ）も年間2敗ぐらいしかしなかったですね。田坂世代は羽目を外さないような賢い子が多くて、その下は森脇をムードメーカーにして弾《はじ》けているやつらが多かった。前田が裏で仕切るボスタイプでしたね。プレーでも相手の裏をかくし、僕らの裏もかいてサボる（笑）」

この世代では高萩の活躍も著しい。福島県いわき市からサンフレッチェOBでJヴィレッジ副社長であった高田豊治の紹介で、高校から広島に越境してきた高萩は、トップへ昇格して広島のリーグ優勝に貢献、その後ウェスタン・シドニー・ワンダラーズ、FCソウルと、アジアへプレーの場を広げた。

「あの頃は、高柳の方が少し上だったかな。高萩はそれを追いかけるようなところからスタートしていったんです。普段はおとなしいんだけど、プレーは自己表現をピッチの中でできる子でした。高柳は高柳で、堅実な自分の性格どおり地道にやっていて、この2人も高め合っていました。地味と言えば、三つ下の横竹翔《つばさ》とか中野裕太とかがプロになった世代（1989年生まれ）はすごい地味で（笑）」

森山が教えた選手たちについて語るとき、恩愛に満ちた表情が続く。

今西はこんなことを言っていた。「ユースの監督いうのはトップチームに行く前のステップじゃ、くらいに考えとる指導者が多い中、森山は元々教師になりたかったという男じゃけえ、『僕はこの世代をずっと教えたいんです』と言いよりました。ええタイミングでええ指導者に入ってもらいましたよ」

小林伸二が立ち上げたサンフレッチェユースは木村孝洋、中村重和と繋《つな》がり、森山の時代に一気に開花。ユース大会9冠、数多くの代表選手を育て上げ「育成の広島」の名をとどろかせた。

「今西さんの教えですね。吉田高校との提携もそうですが、15歳で親元を出る子たちのために三矢寮を作って若い選手を生活の中から教育されたことですよ。寮長の稲田（稔）さんは東洋工業のマンモス寮時代からの知り合いだそうですけど、この人が今西さんの激烈な信奉者でしたから、今西さんに頼まれた以上死ぬ気でやると、11年間ずっと言ってました（笑）。

サッカー選手の前に立派な社会人であれ、というのが今西さんのテーマですよね。それはつまり住んでいる地域に応援してもらえる、サポーターに応援してもらえるような人間になれ、ということ。子どもたちにそんな話をしてくれました。吉田町の行事にも必ず大量のカキとか持って来ていて、サンフレッチェのトップが、ユースのある町の人たちと自然に交流する。そこが素晴らしいところですよ。僕の中で何かを判断するときに、必ず今西さんの教えが根底にあるような気がします」

その教えとは、入団してきた選手全員が成長すること。

「そうですね。やっぱり人は宝です。自分が指導している限り、選手の成長率は他のチームよりも絶対負けないようにしたいと思って。こいつはもうダメだからちょっと切り捨てようとか、よくある話じゃないですか。そうじゃなくて、全員来てよかったなと思ってくれるクラブにしたかった。稲田寮長と2人でここに来た子たちすべてに愛情と情熱をかけて、人間としてもサッカー選手としても必ず少しでも成長させて送り出すという気持ちでやっていましたね」

15歳で出てきた子を選手として人間として伸ばしながらチームとしても結果を出して行くというのはかなり至難であったのではないだろうか。

「〝勝つ〟と〝育てる〟って矛盾してるようでそうでもないんですよ。選手の成長よりも勝利を優先してしまうと次に繋がらない。蹴っとけ、リスクを冒すな、と伝えて選手の判断を奪って勝っても次のステージでは活躍できない選手になっちゃうんです。つまり成長させて勝たないと次がない。僕はそこだけはブレないように来ました。僕の誇りはプロになれなくてもほぼ全員がサッカー好きでいてくれること。大学に行っても続けたいという子がほとんどなんです」

自分の限界を決めてしまって諦めるようなことはしない。森山は常々、人生はどこからでも逆転できるということを10代の選手たちに言い続けている。

興味深いデータがある。野津田岳人《がくと》が1年生ながら活躍した2010年の高円宮杯は、優勝するまでに費やした7試合中3試合が逆転勝ちであった。特に準決勝、決勝は先制される展開からひっくり返した。ファイナルの相手FC東京には武藤嘉紀《よしのり》がいた。「根性勝負ならどこにも負けない」と宣言していた森山が、何があっても跳ね返すとハッパをかけ、試合を絶対に諦めなかった証左である。

信頼を得るために森山が心がけたのは、伝える言葉のバックボーンを自分で努力して作ることだった。10代の感性はシャープだ。この人はどれだけ自分のことを考えて汗をかいてくれているのかを瞬時に見抜く。

「僕はオシムさんみたいに名言を吐けないですけど（笑）、選手に対しての情熱や愛情、エネルギーをいつも目一杯かけていればそこに言葉は熱量を持って乗るじゃないですか。それが説得力になると思うんです」

全力で向き合った思い出深い選手は数限りない。

ロアッソ熊本、ザスパクサツなどでプレーした平繁《ひらしげ》龍一は中学時代、パスが2mずれるだけで取ろうともせず、味方に怒っていた。ジュニアユースの監督上野展裕が注意しても「うるせえな」とソッポを向くような選手だった。平繁はユースに上がる際に提携している吉田高校を受験したのであるが、何と面接で悪態をついて落ちてしまった。

前日、森山が「勉強とスポーツを高いレベルで両立したいという態度で臨みなさい」と心得を伝えていたにもかかわらず、「ユースに入るから仕方なく来たんだよ」と言ってしまったのである。学校からの「落としますけどいいですか」という電話に、「落としてください」と伝えて森山は平繁に向き合った。

「お前、昨日俺が何と言ったか覚えてるか？　言ってみろ」。平繁は覚えていた。たまたま欠員が出て2次募集があった。「気分も新たに頭を丸めて受験しろ」「嫌です」「じゃあ、お前は何をしたいんだ！」「サッカーはしたいです」「でもこのままだと吉田高校に受からないぞ。それでもいいのか！」「いい」「じゃあ、どこに行きたいんだ。行きたい学校を言ってみろ。どこでも紹介してやるから」

熱を込めて話していたら練習時間になった。コーチに「悪いけど俺は今日はこいつと話すから進めておいて」と伝えて座り直した。それから数時間ずっと話し合った。

「何をしたいのか」「将来のサッカーの目標は何か」「そのためにはどうするのか」

突然、平繁が泣き出した。「どうしたんだ？」「嬉《うれ》しいんです」「何が」「こんなに思ってもらって、かまってもらって俺のことを」。まるで青春ドラマのワンシーンだった。「それなら受験するよな。坊主にして来いよ」。翌日、平繁はスポーツ刈りにしてきた。

坊主ではなかったが、それから努力してプロになった。2007年U－20のW杯にも出場し、現在は現役を引退、サンフレッチェ広島のアカデミー普及部コーチに就任している。

「ゴリさんと寮長さんのおかげで今の自分がある」と言ってくれた。

大宮アルディージャ、徳島ヴォルティスなどでプレーし、現在ヴィッセル神戸スクールコーチを務める大屋翼は、厳しくするとよくいじけた。「そんな態度なら帰れ」と叱ると、本当に帰ってしまった。森山はその都度、辛抱強く説教を重ねた。3年生の3冠がかかった最後の試合の前、大屋はこっそりとやって来て耳元で囁《ささや》いた。「今日はゴリさんのためだけに戦う」。それだけ言うとピッチに向かって行った。結果、PK戦で負けると「ごめんなさい」と号泣し、その姿を見て思わずゴリさんももらい泣きしてしまった。

選手の数だけ人生がある。森山は誰ひとりとして手を抜かずにぶつかってきた。今は代表監督として選手を見ている。当然ながら15歳で日の丸を背負うくらいであるから、幼少期からのエリートである。広島時代とは選手のタイプも性格も異なる。こんな激励をしている。

「お前らは今、代表だけど、15歳で呼ばれてA代表に残れたやつはほとんどいないぞ。逆に本田や長友や岡崎はその年齢でどうだった？　代表にも呼ばれない連中がこれから凄い覚悟で向かってくる。このままだとお前らは消えていくんだぞ」

危機感をあおって慢心を引き締めている。頼もしい人材もいる。バルセロナの下部組織にいた久保建英《たけふさ》は全く物怖《ものお》じせずに、ピッチの中でも外でもコミュニケーションを取ってくる。

「久保は常にゲームに関わって声を出してますよ。ここに出せ、あいつだ、そっちじゃないだろって。先輩でも遠慮しない。ああいうメンタルのやつは集団にとってもまた面白いですね」

　森山もまた今西との出会いによって人生が育まれた。最後に言った。

「ほとんどのプロ選手はやっぱり自分をクビにした人というのは受け入れがたいものですよ。だけど、僕に限らず今西さんからそういう宣告をされて外に出たやつも、やっぱり今西さんのことを慕うんです。僕もチームを四つ渡り歩きましたけど、移った先でも必ず報告をしていた。いろんなサッカーの現場を見てきたけど、クビにした人というのは、もうその人との関係は駄目という場合がほとんどです。その中で今西さんはそうじゃない。それが、やっぱり今西さんという人物を物語っている」

それだけの人物なのに、広島でも岐阜でも決して報われたとは言い難い。森山はその快活で真っすぐな性格から、他者の批判を軽々しく言わない。だから、こんな言い方をした。

「今西さんの会があるじゃないですか。岐阜でも広島でも。そこに来られない人ってどうなんだろうって。自分が育ててもらっているのに。だから僕は、その人自体の生き方はどうなんだろうって思っちゃいます」

森山は席を立つと、大きなバッグを肩から掛けて一礼してカフェを出て行く。これからFC東京のグラウンドに、ゴリさんの鋭い視線が注がれる。森山の率いるU－15日本代表は2015年末、フランス遠征に出掛け、イングランドを4対3で破っている。勝って育てるというゴリさんの真骨頂がこれから世界を相手に見られるだろう。

日本サッカーの次世代が花咲いたとき、そのDNAの根源にはひとりの男がいる。育てる人さえ育ててあげた。今は地位も役職もないが、だからこそ、何の打算もない人たちに慕われる。

今西和男。生涯に章飾なし。されど孤独にあらず。徳は孤ならず必ず隣有り。

あとがき

本書は2014年1月、一本の電話から始まった。集英社スポルティーバ編集部の安楽編集長（当時）から「電通の方がうちの営業を通して木村さんに会いたいと言って来られたんですが、どうしますか」。何じゃあそれはあ、というのが最初の印象だった。「一応、記者なので広告関係のタイアップ原稿は書きませんよ」と答えた。その後「受けていただくにしても断られるにしても、とにかく一度、お会いしたい」というメールが入り、記録を見ると2月25日に編集部で会合を持っている。差し出された名刺には「電通　スポーツ局サッカー事業室アジア部専任部長　小林住彦」とあった。それを見つめながらサッカービジネスの話ならばやはり断ろうと思っていると、見透かすように声がした。「いえ、今日はその肩書きではなく、ひとりの岐阜出身の人間として来ました」。熱い人であった。

「FC岐阜の社長として孤軍奮闘していた今西和男さんの仕事ぶりを、私は近くで見ていて本当に感動したものです。しかし、理不尽なことに2年前にクラブを追われてしまいました。このままでは、単にクラブ経営に失敗した人になってしまいます。今西さんが岐阜のために全身全霊で尽くしたことについて、岐阜県人が何も知らないいままでいいのか。サッカーを仕事としてきた自分として、それだけは許せないのです。ぜひ今西さんの本を書いて頂きたい」

この人は本当にひとりの人間として会いに来てくれたのだと、心がそこで動いた。もちろん私自身、今西和男という日本初のGMには面識があったが、FC岐阜を解任された経緯については全く知らなかった。一般メディアでは自らの辞任ということで報道されていたし、FC岐阜についてもその後、Jトラストという大きなスポンサーがついてとりあえず経営は安定したという認識程度であった。小林氏との出逢《であ》いから動き出し、そこから調査報道が始まった。

すると酷《ひど》い事実が露呈してきた。公益社団法人Jリーグによる地方クラブに対する人事介入、そしてパワーハラスメントである。「今西が社長に就任するならばJ2加盟を認める」とそれを条件にしたJリーグが今度は、クラブライセンスの交付の条件に解任を要求したという暴挙があったことは、しっかりと書き残しておかなくてはならない（断っておくが、今西本人は一切岐阜でのできごとについてはノーコメントを貫き、何も語っていない。すべて書き手の周辺取材によるものである）。

恣意的な理由でその解任を迫ったクラブライセンス事務局の2人はサッカークラブマーケティングについては全く経験のない、元銀行員と元民間放送局の社員であり、しかも村井満がチェアマンに就任するやサッカー界から姿を消している。大河正明に至っては川淵三郎最高顧問に誘われて、バスケット界に身を転じているが、引き立ててくれた恩人と地方バスケ界とどちらを向いてこれから仕事をするのだろうか。

一方で、岐阜県庁でJリーグと内通して今西下ろしに動いた小林出（元商工労働部次長）は経産省に戻って海外にいる。なぜ元取締役と組んでクーデターまがいなことをしたのかと国際電話で（二度目の取材で知事レクなどについての文書を全部自分が書いたことを認めた）質《ただ》すと、こんな答えが返ってきた。

「それが正しかったのかと言われると、私もよく分かりません。FC岐阜を残したいっていう以上のものは、僕にはあんまりなかったですね。私は、元取締役の方を完璧に分かっていたわけではないと思うんですけれども、まあ、頑張っていた方ではあるので、こういうやり方もあるんじゃないかと。私自身、あのときまだ岐阜に来てそんなに経《た》っていない状況で、構図が全部分かっているわけではなかったんですけれど」

岐阜新聞本社編集局の野村克之（当時）は2012年11月28日付の同紙で、今西解任について、県民のクラブをうたいながらも負債だけは県民でない今西前社長に押し付けたことと、不幸な時代を作った元取締役がアドバイザーに再び就任したことを懸念した記事を書いているが、その事態を招いた人物は何の自覚もない。ことほどさように今西の解任劇は将来的にクラブ運営について何のビジョンも持たず、何の責任も負わずに済む人々によって、絵図が描かれて実行された。

クラブライセンス制度自体は重要なシステムであるとは思う。しかし、初期稼動の段階でそれを運用する人間が「人を裁く」という上で無自覚で、あまりに幼稚であったことが、大きな問題点として挙げられよう。ローカルルールであるにもかかわらず、AFCに腰が引けて日本からの意見が言えない大河ライセンサー、権力を持ったがゆえにクラブを従属させることを仕事と勘違いした岩本職員（彼だけが携帯の番号が変わっており、なぜあのようなtodoリストをメールしたのかを直接訊《き》くことができなかった）には向いている職務ではなかった。

もうひとつの問題は、財務を理由に審査が終始密室で行なわれるということである。

Jリーグ史上大きな汚点を残した我那覇和樹選手のドーピング冤罪《えんざい》事件のときは、WADA（世界アンチ・ドーピング機関）というガイドラインが明確にあり、医療方法が可視化されていたので全チームドクターが立ち上がって抗議をすることができた。

しかし、本文インタビューにあるようにFIBのヒアリングについては、クラブ側が望んでも議事録すら開示されない。気に食わなければ今西、服部のように「消極的」という極めて主観的な理由で解任される。これは危険である。こんなことが続けば、地域貢献など面倒なことをせずに、ライセンス事務局にゴマをすった方が手っ取り早いではないか。再度の制度設計を切に望む。

今西は岐阜から広島に帰った後、うつ状態になっていたという。心配した教育大同期の坂田信久と篠永武が別府の温泉に慰労に誘った。酒席で「元気出せ、お前が広島でやったことは大きく実を結んできてるやないか」と篠永が慰めても、「いや、わしは何もしとらん」とずっと肩を落としていたままであったという。

名将、闘将、猛将、知将……。集団を率いるリーダーを表す言葉は多彩であるが、やはり今西和男の場合は〝育将〟がぴったりくる。日本サッカー界において代表監督からクラブ職員に至るまで最も多くの人材に影響を与え、育て上げた人物であることは、まごうことのない事実であり、サッカーにおける地域貢献への情熱も実施回数からして他に比す者がないことを証明している。Jリーグは、100年構想を実現させるためには最も重要な人物を、自らの手で不条理なかたちで追い出した。しかし、今西が育てた人々は間違いなく、日本サッカーの未来を創造していくであろう。そして生涯彼ら、彼女らはイマニシ会に馳《は》せ参じてくるであろう。最後にもう一度。

「徳は孤ならず、必ず隣有り」

今回も多くの方々にお世話になった。編集では寺澤俊介さん、上杉直人さん、そして『オシムの言葉』以来の高田功さん、ありがとうございました。

2016年5月　木村元彦

文庫特別企画

今西和男×森保一（日本代表監督）×横内昭展（同ヘッドコーチ）

座談　日本サッカー「育成」の過去、現在と未来

撮影／ニッショウプロ（納屋俊希）

©JFA

©JFA

森保と横内、二人とも今西がマツダ時代にリクルートした選手である。果たして当時、このコンビが将来の日本代表を率いると予想した関係者はいただろうか。今西・オフトを除いては皆無であろう。本文でも記したが、森保はまったくの無名でマツダへの入社においてもサッカー部の枠外になってしまったために、今西が子会社のマツダ運輸にねじ込んだ経緯がある。横内も東海大五高時代から、切れ味鋭いドリブルで知られたサイドアタッカーではあったが、その獲得に中央のJSLの各チームが殺到するという選手ではなかった。しかし、マツダ入社後の活躍と指導者としてのキャリアを開始してからの活躍はサッカー界の中で知らない者はいない。2012年からのサンフレッチェ広島の黄金期形成は森保、横内のタンデムによって成し遂げられたが、この二人が代表的な今西チルドレンであることは論を俟《ま》たない。

2020年のサッカー界は新型コロナウイルスに翻弄された。東京五輪の延期が発表され、Jリーグの開幕もずれ込み、応援スタイルの変化も余儀なくされた。かつて誰も経験したことの無い未曽有《みぞう》のコロナ禍で、原点に回帰する意味でも三人に語ってもらった。（本鼎談は東京と広島を結んだリモートによって2020年8月に遂行）

マツダ時代

――良きサッカー選手であると同時に良き人間であれ、という今西さんが提唱したスローガンでかつてのマツダサッカー部は教育をされていたわけですが、まずは入社時から、体得されたものを振り返ってもらえますか。

森保　自分は今西さんに教育していただいたおかげで、選手として代表のキャリアを積めましたし、こうして指導者としても、素晴らしい環境の中で仕事をさせてもらっています。僕や横内さんが教えてもらったのは、謙虚に学ぶこと。毎日をしっかりと生きること。そして可能性のある選手たちを信じて伸ばしていってチームとして組織的に戦うということ。それがずっとサンフレッチェのコンセプトだと思っていました。現役時代に最初の優勝をバクスター監督の下で成し遂げて、また僕と横内さんが、監督、コーチとして、3回リーグ優勝をさせてもらいましたけど、そのスタートの部分で原点になっているのが今西さんの掲げられたポリシーです。木村さんにもお見せしたチームスローガンの冊子は今でも大切に持っています。ずっと継続してきたことで、今度は僕らがしてもらったことを選手たちにまた実践していきたいと思っています。

横内　僕は10代のころから、今西さんからコミュニケーションの大切さを学びましたね。指導者になってからは選手を見るということ。可能性という意味では、まだ日本代表に呼んでいない選手もたくさんいて、その中にも今後伸びてくる選手っていうのは、絶対にいると思うんです。これはいつも森保監督ともよく話しているのですが、そういうポテンシャルのある選手を決して見逃しちゃいけないという思いで今は視察し続けています。

今西 サンフレッチェ時代の話で言えば、確かにチームの風土を作ってくれたのが、森保君とか横内君の年代でしたね。

――森保監督については、本書にも記してありますが、横内コーチのマツダへの入団はどのようなものだったのでしょうか。

今西 横内君は東海大五高の平（清孝）先生という厳しい監督の指導を受けていてね。左のウイングでフェイントを三つも四つも持っていて、すごく突破力があるから、これは叩《たた》けば伸びると思って、うち（マツダ）へよこしてくれませんかって平先生に言ったんです。そしたら、ああ、いいよ、あれくらいなら（笑）とすぐに承諾してくださった。ただ、最初のころはまだフィットしていなくて、ものの見事に相手選手を抜いて、左サイドのコーナーのフラグの近くまで行くんですが、中を見てクロスをあげてないんですよ。それでお前、あそこまで持っていけるんだったら、きちんと中央を見る習慣をつけなさいと。それで一年下に森保が入ってきたら二人でコンビプレーを組んで機能しだした。あのころのマツダの左サイドはすごく強かったですよ。森保が横内のとりやすいところにパスを出して、横内がドリブルで抜く。そしたら、森保が労を厭《いと》わずに一生懸命せりあがって、ちょうど横内がクロスをあげるころに進入している。だから、見ていて痛快でしたよ、二人でボールを運んでくるんですから。そのコンビネーションを今、五輪や日本代表で見せてくれようとしています。

横内　試合に出だしたのが森保監督と同じぐらいのときで、歳《とし》も近いので気兼ねなくチームが勝つにはどうしたら良いか、ということをずっと言い合いながら、練習していましたね。本当にまだ若かったので、周りを見るというよりもできることを頑張ろうと思っていました。今はこういう立場になったので、日本サッカーのために頑張りたいですね。

今西　私はチームを作り始めたころにすごく印象に残っていることがひとつあって、自分たちがやるサッカーなんだから、自主的なミーティングをして方向性を決めたらどうか、私は何も言わないから、と提案しました。そうしたら、ある外国人選手が、そのミーティングでそういうことならば、もう自分たちで自由にやろうじゃないか、と言いだしたんです。そうしたら、森保君が真っ赤になって怒って、違うだろうと。今西さんの言っているのは勝手気ままにやれということではなく、監督に言われるのではなく、みんなが話し合って規律や決まり事をきっちり守ってやろうよということを言ってるんだ、まったく違うぞって。めったに感情をあらわにしない森保君がものすごい剣幕だったのを覚えています。ああ、やっぱり、自主性の意味を把握してちゃんと私の作ろうとしている、チームを理解してくれているんだなと思って、これは強いチームになるし、彼は代表や指導者にもなっていくだろうと確信しましたね。

――オフトがチームを離れるときに、このチームには、三人、指導者に向いている選手がいると。そのうちの二人が森保さんと横内さんだったわけですね。当時は1988年でプロ化の前ですから、非常な慧眼《けいがん》であったと思います。そのオフトの発言は知っていましたか？

森保　いえ。

横内　僕もまったく聞いた覚えはないです（笑）。

今西　自分が手塩にかけて教えたにしろ、そういうふうに無名の選手を、しっかりと評価できる指導者はいなかった。森保君も横内君も二人とも、足はそこそこに速いけど、フィジカルが特に強いわけでも身体が大きいわけでもない。そんな特徴のない20代の選手の潜在能力を見抜いて、そういうふうにオフトが評価していたのは、今考えても凄《すご》いことだと思います。この二人はひたむきさということについては、誰にも負けなかった。で、ひたむきになるためには集中力がいるんですよ。その集中力を磨いた。人間は持って生まれた能力の限界があるかもしれない。でも、この二人はその限界をまったく考えないで精一杯のチャレンジをして来たといえますね。

――森保監督は高卒で入社して2年間、公式戦に一試合も出ていませんでした。何を考えて、当時はトレーニングをしていたのでしょう。

一番下手が目標にしていたもの

森保　そうですね。僕たちサッカー選手の場合は、もう目標は決まっていますので、努力計画も立てやすいんです。現役時代はまずは所属チームのメンバー外のところから始まって、メンバーに入りたい、そして試合に出たい、次にレギュラーになりたい。で、そこから先は日本代表になっていきたいというのが、自然と決まっていきます。ただ僕の普段の練習時はむしろこういう長いスパンの目標にとらわれていなくて、その日その日の監督が与えてくれるトレーニングメニューの中で自分を全部出し切ってやろうとしか考えてなかったんですね。もちろん、自分の実力もなかったので、練習についていくのがやっとだったという面もありますが、自分がそのグループの中で一番下だったっていうこともあって、必死に食らいついていった。それは別に苦にも思わないですし、当然だというふうに思っていました。言い換えると、一番下手な選手があきらめたり、投げ出さずに今に集中できるという環境を今西さんに与えてもらえたことは大きかったのかなと思います。

横内　僕も最初は、やっぱり、自分が一番下手くそなので、マツダサッカー部という集団の中でとにかく少しでも追いつきたいと考えていました。自分はプレーヤーとしてはたいした選手でもなかったし、プロとしての現役生活もすごく短かったんですけど、選手のときからサッカーに携わる仕事、コーチとして仕事をしたいという思いはずうっと持っていました。それが叶《かな》ったのも広島に行ったからだと思っています。指導者にとって大切なコミュニケーション能力、聞く、話す、書く、読む、そういうスキルを、先を見据えた独自のやり方で学ばせてもらいました。

外国人監督

――またチームの指導方針として、今西さんは世界の趨勢《すうせい》を見て段階的に外国人監督を招聘《しょうへい》してその任に着けました。イングランドであったり、オランダであったり、スウェーデンであったり、そこで受けた影響というのはどのように捉えていますか。

森保　今思えば、日本のサッカーが世界に出て行く過程の中で、その世界をひとつのチームの中で体感させていただいたと思います。僕の中でオフトさんやバクスター監督に教えてもらったことは戦術の中にも生きていますし、最後、ヴァレリーさんが広島に来たときも、またサッカー観としてすごく新鮮なものを感じさせてもらいました。当時は監督が変わるたびにまた視野が広がったというふうに思いましたね。今西さんは、われわれに世界のサッカーを見る目を持たせるために海外から指導者を連れてこられていたと思うのです。日本人だけの価値観とか考え方ではなくて、英語を学ばせてもらったことも含めてグローバルに考えられるスキルを磨いてもらいました。

©JFA

今西　それはありましたね。選手の進歩やレベルに応じて外国、特にヨーロッパから五人、六人呼んできました。世界のサッカーとチームのレベルを見据えて人選はしていました。ただ予算もあってやりくりは考えました。オランダのヤンセンなどはヨハン・クライフとも親交が深かったので、そのエッセンスを吸収したかった。クライフは呼べなくてもヤンセンは呼べた。そこでモダンなトータルフットボールを学んで欲しかったわけです。

――森保監督は、マンチェスターのほうへの留学も経験されています。イングランドでの体験はかなり大きかったのでしょうか。

森保　いや、すごく大きかったですね。それこそマツダで監督をやられたビル・フォルケスさんに環境をつくっていただいて一ヵ月ぐらいの短期留学でしたけど、日本でいうサテライトの選手が住むような下宿に一緒にステイさせてもらっての共同生活でした。われわれもプロ化してマツダからサンフレッチェになるときで、選手としてプロになりたいとは思っていましたけど、じゃあ、プロとは何か？　というときに、このイングランド留学の体験があって、そこで学ぶことができたわけです。当時のユースやサテライトの選手がマンチェスター・ユナイテッドのトップチームで生き残っていくために闘っている現場で、寝食を共にさせてもらった。これ以上の教材は無くて、そこで感じた厳しさが、自分もプロを目指すという意味ではすごく刺激になりました。

――振り返っていただくと選手とチームの段階を見て長期的に育てあげていったプロセスを感じますね。

森保　そうですね。選手が現役である時間は短いもので、その後にどういう人生を送るのか、というところまで僕と横内さんだけでなく、それぞれに見据えていただいたと思います。今日は、本当はこういうウェブ対談ではなくて、われわれが広島に行って、今西さんとじかに会ってコミュニケーションをとれれば一番よかったんですけど、ほんとにこのコロナの影響で直接会って話せないのはすごく残念です。まあ、それは置いておいて、今のこのコロナ禍の中で、これまでの日常のようにやれなくなったことはほんとにたくさんありますが、やれないことを探して嘆くよりも、今やれることを見つけて、前に進もうと考えています。それは、今、こうやって改めて考えて言葉にして感じます。これはやはりマツダ時代からサンフレッチェで叩き込まれたもので、与えられた環境の中で最大限に力を発揮する、で、結果も出すという精神。A代表、そして、オリンピックで結果を出すということを必ずやっていきたい。

横内　僕も自分たちが学ばせてもらったことを次世代に繋《つな》ぎたいですね。

――結果を出せば、マツダ、サンフレッチェという日本リーグ、Jリーグを通じて地方で予算の無いチームが行ってきたことがいかに正しかったかということ、すなわち、手間ひまをかけて人を育てるということが将来的に必ずフィードバックされるし、周囲の人にも愛されるということの証明にもなりますね。

コロナ禍で考えた事

森保　すみません、さっきの延長ですけど。このコロナ禍って、いろんなものが必要かどうかっていうことをすごく試されたと思うんです、日常の中で絶対的にスポーツが必要かどうかっていうことも。人々が生きるか死ぬかとか、ほんとに会社が存続できるかどうかという中で、スポーツが、そして、サッカーが必要かどうかというのは考えられたと思います。で、実際、サッカーは一時、ストップしていたわけです。今、再開したわけですが、そこでJリーグも日本代表の活動もやはり絶対的に世の中で必要なものだと思ってもらえるように活動しなければいけないと思っています。仕事を無くされて経済的に困難な生活を強いられていたり、未来が見えずに精神的にもかなりきつい中で生活をしている人が多い。自分はなぜサッカーをするのか、自問して考えました。そんな日本の皆さんに希望や元気をお届けできるように、日常の励みになるようなエールを送れるような活動にしていきたいと思っています。

今西　二人の話を聞いていて、とにかく今までの日本のスポーツ界もどんどん変わってきていると思うんです、進歩しているという意味でね。でも、奢《おご》らず、高ぶらず、そして、しつこくなく。自然に会話が成立している印象です。だから、それをずうっと続けていって、指導する選手がほんとに気持ちよくプレーを続けていけるような指導者になって欲しい。実際、そうなっていると思います。あとは結果を出すだけで、頑張ってください。

——コロナが解決したら、今西会を再開したいですね。

森保、横内　それはぜひ、やりましょう。

文庫のためのあとがき

「徳は孤ならず」を書くきっかけが、岐阜県出身の電通社員小林住彦氏からの働きかけにあったということは、単行本の際のあとがきに書いた通りである。「このまま今西さんに汚名を着せたまま広島に帰してしまっては岐阜県人の名折れです」と言って彼は現れた。今や日本社会では、公文書が捏造《ねつぞう》され、国会では嘘《うそ》の答弁が横行する。保身のための忖度《そんたく》だらけの国になってしまった。それでも小林氏のように義憤に駆られ、組織の枠を超え、リスクを冒して立ち上がる人物が存在することにひとつの希望を感ぜずにはいられなかった。

本書は、前半は日本サッカー界の「育将」としての今西、後半はその育将が2012年当時のクラブライセンス事務局（大河正明ライセンスマネージャー）によっていかにして社長の座を追われていったのかを描く構成とした。当然ながら、いわゆるスポーツノンフィクション的な爽快さがある前半に対し、後半はカタルシスがなく、組織による人事介入の理不尽さからむしろドロドロとした後味の悪さが残る。「サッカーファンはあまり知りたいことではないでしょうし、部数を伸ばしたければ、『いい話』で終わっておいた方が良かったのではないですか」と指摘してきた編集者もいたが、今西の名誉を回復させるためには、後半部分こそが、避けては通れない取材と執筆であった。許認可をちらつかせるのではなく、経営の健全化をサポートすることが目的のはずのクラブライセンス事務局が、県知事と結託するかたちで日本サッカーに多大な貢献をしてきたひとりの社長を中央から排除した事実を明るみに出すことは、将来の是正のためにも不可欠な作業である。もちろんそれはJリーグを愛すればこそである。クラブライセンス制度のその後についてここで触れておく。2020年現在、規制はかなり緩やかになった。「債務超過は10円でも一発アウト」「3年連続赤字もライセンス剝奪」というルールは撤廃されている。果たしてクラブの価値を帳簿上でのみ評価して良いのか？　という問いへの回答が、徐々に出て来たもののように思われる。

本書の取材中にクラブ経営者として重要なコメントを寄せてくれた眞壁潔（現湘南ベルマーレ会長）は、今改めてこう振り返る。「クラブライセンスというのは、ファイナンシャルフェアープレーという点から言えば、重要な制度だと思います。健全経営の中できちんと勝負をしましょうということですからね。ただ、時代に合ったものにならないといけない。スポーツビジネスの世界は選手強化や育成におカネをかける先行投資が基本ですが、現状のままだと、そこにマイナスのマインドが入って来てしまう。親会社、責任企業があるビッグクラブは必ず補塡《ほてん》されるから良いのですが、我々のような地域で戦っているチームはシーズンが開幕して上位にいる中でもスポンサーに9月のライセンス交付のお願いに上がらないといけないのです。僕なんかお世話になっている人たちに頭を下げるのは全然平気なのですが、それが夢のためではなく、制度のためにやらざるを得ないというのが、やはりもやもやするんですよ」そしてこう言った。「かつて鳥取FCがこの制度で昇格をあきらめた。また今西さんは切られた。日本サッカーを強くするのに果たしてこの順番で良いのかと思うわけです」

サッカーを文化と見るか、ビジネスと見るかの差異がそこに生じているように思われる。グローバル化と新自由主義の波が世界を覆って、すべてが効率と数字で評価される時代の中、たとえ赤字でも未来に向けて残さなくてはならないものがある。その最たるものが人である。今西は身銭を切りながら、後進を育て続けて来た。単行本の出版から本文庫の刊行までの大きな出来事として、森保一が日本のA代表と五輪代表の監督に就任したことがあげられよう。長崎日大3年時、このまったく無名だった選手のピッチ上の展開を読む力を今西が看破しなければ、マツダに採用されることはなかったであろうし、満を持して公式戦デビューをさせる育成プランが奏功しなければ、現役時代のプレースタイルも違ったものになっていただろう。今西は育将としての自身の原点を、マツダの巨大独身社員寮の寮監を務めあげたことに求める。「10代の若者の将来を何千人分も預かる。そこには仕事が出来る子もまだ未熟な子もいます。背景も育った環境も違う。しかし、分け隔てなく感じるのは、今この目の前の少年を導く責任は自分にあるのだということ。それはサッカー界に戻ったときも同様でした」

忘れられないできごとがある。本書単行本の刊行イベントを岐阜市の大型ホールで行った際、今西時代のFC岐阜のスタッフが再集結したのである。今西さんがいなくなるならば、と考えて他クラブに転職したり、郷里に帰ってしまったメンバーたちは、インカムを片手に来客の動線の確保、受付から本番の進行の仕切り、さらには打ち上げでの幹事役まで、まるで昨日まで一緒にいたかのように見事な運営ぶりを見せたのである。そのときのチームプレーを見るにあたって本当に彼らは岐阜での仕事を愛し、その中で成長していたのだということが、実感できた。

文庫としてまた世に出ることで、人を育てることに情熱を注ぎ続けた今西の軌跡に光が当たり、その名誉を回復させることができれば何より嬉《うれ》しいことである。

『オシム　終わりなき闘い』に続いて担当をして頂いた皆川裕子さんには心からの謝辞を捧《ささ》げます。またスポーツの本質を突く素敵な解説を頂いた平尾剛さん、ありがとうございました。

本書は2017年度の広島本大賞を受賞する栄誉を担いました。やはり広島、岐阜の読者、そして人材育成を考える人々に多く読んで頂ければ幸甚です。

2020年12月　木村元彦

解説

平尾剛

綿密な取材に裏打ちされ、緻密に描かれたノンフィクションを解説するのは難しい。それを今、まざまざと実感している。

そもそもJリーグが華々しく開幕した1993年にまだ高校生だった私に、これほどまで情熱を注ぎ、たくさんの人物を育て上げた今西和男氏の半生を綴《つづ》った本書の解説が務まるのかいささか心もとない。スポーツ教育の研究者として白羽の矢が立ったのは理解できるが、私は教育機関のなかにいてその理論を構築するのが仕事である。現場で揉《も》まれた経験は少ない。

またスポーツ経験者といえどもサッカーではなくラグビーである。歴史を辿《たど》れば出自を同じくするフットボールといえども、扱うボールの形をはじめ競技人口の差など今日では大きく異なる。明らかに畑違いである。

さて、どうしたものか。

そういえば著者の木村元彦氏は本書のなかで、事件を検証する際に「インサイダーとアウトサイダーの両方の視点を持つ人物を探す」と書いていた。思えば私はスポーツという括《くく》りでいえば紛れもなくインサイダーだが、サッカー界およびスポーツ現場という点でアウトサイダーだ。スポーツ研究者でありながら指導や運営などの実務経験に乏しい、あるいはスポーツ経験者でありながらサッカーではなくラグビーであるというアウトサイダーの立場からなら、なんとか解説できそうな気がする。

まずは自己紹介がてら私のラグビー経験について書いてみたい。

私は13歳から31歳までラグビー選手だった。中学、高校、大学では、表向きは教育を目的とする部活動で汗を流し、社会人になってしばらくはプロ選手としてではなく、仕事をしながらプレーをした。オフシーズンである春は17時30分までの業務をこなしてからグラウンドに向かい、練習を終えて寮に帰宅するのはいつも22時を過ぎていた。シーズンが始まる秋口からは15時に退社できるので、プールでのリカバリーや個人練習などに時間を費やす余裕があった。つまり「企業スポーツ」としてラグビーに向き合っていた。

ラグビーだけに集中できる環境ではないものの、引退後は社業に専念できるため将来に不安はなく、1998年から2002年までは仕事とラグビーを当たり前にこなしていた。業務が忙しくなると練習後にやりかけの仕事をすべく職場に戻る先輩も、ちらほらいた。

ガラリと変わったのが2003年である。日本ラグビー初のプロリーグであるトップリーグが開幕したこの年、各企業は希望者のみではあるがプロ契約に踏み切った。当時私が所属していた神戸製鋼ラグビー部もそうだった。終身雇用を捨てることに戸惑ったものの、引退後にサラリーマンとして生きることにリアリティを感じなかった私は、迷った挙句にプロ契約を選択した。

これでラグビーに集中できる。会社で業務に費やす時間をからだのケアやトレーニングに当てることで更なるレベルアップが図れる。やるべきことを一つに絞ればそれだけ効果も上がるはずだ。だとすればもっとうまくなる。そう期待に胸を弾ませた。

だがそううまくはいかなかった。

プロ契約をすれば当然のことながら将来への不安は大きくなる。仕事に縛られずラグビーだけに集中できるようになれば、今、この瞬間は輝く。「プロ選手」という言葉の響きが誇らしくもあった。でもそれとは対照的に引退後の生活には霞《かすみ》がかかる。もちろんプロ契約を選ぶまでに熟慮し、綿密にシミュレーションしてはいたものの、いざそうなれば想像以上の不安が重くのしかかってきた。

ケガをして戦列を離れているときにはそれに拍車がかかった。もしケガが治らなければ、あるいは治ったとしてもレギュラー落ちすれば、居場所がなくなり路頭に迷う。ふとしたときに胸中を襲うこの不安は、予想以上に手強《てごわ》かった。

プロを選んだのだから仕方がないといえば返す言葉がない。だが、生まれてこの方ずっとスポーツに取り組んできて、先のことは考えすぎず今に集中すればいいと指導されてきた若者に、そう言い放つのはあまりに酷だろう。生計を立てることの厳しさは、往々にして実際に社会で働き始めてから肌身でわかることでもあるからだ。そこはやはり先達の導きが必要となる。

スポーツだけでは食っていけない。引退後も試合の解説者や指導者などで食べていけるのはほんの一握りで、それ以外の人はまた一から仕事をみつけなければならない。昨今ではスポーツ選手のセカンドキャリアに対する関心が高まり、そこをサポートする団体や個人が注目され始めているが、私が現役だったときにはまだまだ未整備だった。

今西和男氏は、選手やスタッフを自チームに招き入れるときにはいつも、引退後どうするかを訊《たず》ねる。サッカー選手としての技術だけでなくその人となりを認め、育て上げるために尽力する。自ら料理を振る舞い、私生活にまで踏み込んでのアドバイスも厭《いと》わない。本書で幾度となく紹介される、今西氏と選手やスタッフがやりとりする場面でいつも涙がこみ上げたのは、こうした経験からくる。

ほとんどのプロ選手は、自らの存在価値は試合に出場し、かつ結果を出さなければ認められないと決め込んでいる。それがプロの厳しさだとわかっていながらも、条件付きで自己の存在が認められる過酷さには、ときどきめげそうになるものだ。だからこそ一人の人間として無条件で受け入れられることの温かさは、身に沁《し》みる。今西氏のような先達が身近にいたらどれだけの選手が救われるか、それを想像したらどうしても涙が溢《あふ》れるのである。

幸いなことに私にもそんな先達がいた。平尾誠二氏である。平尾さんは引退後にどう生きていくかをいつも問い続けてくれた。研究者になるべくその道筋を照らしてくれた。平尾さんがいなければ今の自分はいない。本書を読み進めてすぐに平尾さんの顔が浮かび、以後もずっと頭から離れなかった。今でも悩めるときは平尾さんならどう考えるだろうかと心の中で対話している。あんなにも早く亡くなられたことが悔やまれてならない。

スポーツを通じて人を育てようとした点で、私には今西和男氏と平尾誠二氏が重なる。ともに現役時は日本代表になるほどの実績を残しながら、引退後は陰に日向《ひなた》に後進たちを育てるために東奔西走する。困った人を最優先し、目をかけた人間は見放さずに最後まで面倒をみる。自然と周りに人が集まってくるところも似通っていて、愛嬌《あいきょう》もある。スポーツは本来、こうして人間を育てることにその意義があるのではないだろうか。

平尾さんに育てられた私もまたそのあとを引き継いでいかなければならない。そう思いつつ日々の仕事に従事しているが、まだ師の影を踏むにも至っていない。今西氏の半生にこんなに強く惹《ひ》きつけられたのも、平尾さんの薫陶を受けたからだろう。これもまた亡き平尾さんの置き土産《みやげ》のひとつなのだと思う。

こうして半ば強引に自分ごとに引きつけて読んだからこそ、第3章以降に書かれてあるFC岐阜での、今西氏や彼を取り巻く人たちへのあまりに冷酷な仕打ちには憤りを覚えずにはいられなかった。現場を知らぬ者が数字や文面だけを根拠に決断を下す様や、自己保身のために人を軽んじる様には怒りを禁じ得ない。

こんなことはありえない、とナイーブになっているわけではない。私だってそれなりに人生経験を経ている。これが社会の現実であるということにはもう驚かない。だが、人心のダークサイドとして誰もがそちらに落ちる危険性を自覚し、情に篤《あつ》く、人に優しい人間を蔑《ないがし》ろにすることは決してあってはならない。そう拳を握り締めているのである。

今西氏のような人が陽《ひ》の目を浴びる社会であらねばならないし、その意思を受け継ぐ人たちが目一杯にその力を発揮できるようでなければならない。サッカー界にとどまらず「育将」を育てるような空気を醸成することが、いまだ暴力的な言動による指導が跡を絶たないスポーツ界では喫緊の課題だ。引退後までを含めてその選手を育てようとする、つまりひとりの人間としての成長をサポートできなければスポーツ指導者ではないという視点を常識に登録しなければならないと思う。

いささか感情的になってしまった。これはおそらく私がかつてスポーツ選手だったからだろう。引退後の生活に煙幕を張り、今、ここだけに選手を集中させる無責任な指導者を何人も見てきた経験が、そうさせたのだと思う。

また私は2017年から東京オリンピック・パラリンピックの返上を表明しており、オリンピックをはじめとするスポーツ大会のあり方を批判している。商業主義への偏向と過度な競争主義がスポーツ本来のあり方を歪《ゆが》めており、表向きは教育を目的としながら単なる選別に堕している部活動の現状を抜本的に見直すべきだとも考えている。教育ではなく競争に主眼を置く今の部活動およびスポーツは再編が必要であり、その意味で今西氏の半生から学ぶべきことは計り知れない。スポーツ教育の理想を体現してきた彼に対する扱いがあまりにも邪険にすぎるため、つい感情が昂《たか》ぶったのだとも思う。

感情的になってしまったもうひとつの理由は、関係者の証言を踏まえ、感情を抑制しながら淡々と綴る著者の筆致だ。著者の感情が抑制されているからこそ、読み手の胸中にはさまざまな感情が自由に生起する。まるでナレーターの語りを聞くように読み進めるうちに、読者の無意識下で物語が編まれていき、感情が揺れ動く。また多くの人物が登場するにもかかわらずその描写が卓越しているため、こういってはなんだが、まるで小説のように感じられた。

解説なんておこがましいと言いながら、つい身を乗り出すように書いてしまった。これが解説に足る内容かどうかは読者の判断に委ねたい。最後に、今西和男氏の足跡を描いた本書を読めたことに、心から感謝している。今西氏の蒔《ま》いた種が本書を通じてさらに広がることを切に願う。

（ひらお・つよし／神戸親和女子大学教員・元ラグビー日本代表）

撮影／ニッショウプロ（納屋俊希）

今西和男（いまにし・かずお）

1941年1月12日、広島県生まれ。舟入高校―東京教育大学（現筑波大学）―東洋工業でプレー。Jリーグ創設時、地元・広島にチームを立ち上げるために尽力。サンフレッチェ広島発足時に、取締役強化部長兼総監督に就任した。その経験を生かして、大分トリニータ、愛媛FC、FC岐阜などではアドバイザーとして、クラブの立ち上げ、Jリーグ昇格に貢献した。1994年、JFAに新設された強化委員会の副委員長に就任し、W杯初出場という結果を出した。2005年から現在まで、吉備国際大学教授、同校サッカー部総監督を務める。

【参考資料】
『流燈―広島市女原爆追憶の記』広島市女原爆遺族会編
『北朝鮮へのエクソダス』テッサ・モーリス－スズキ（朝日新聞社）
『日本語訳 国連北朝鮮人権報告書』市民セクター 訳、宋允復 監訳（ころから）
『知事抹殺 つくられた福島汚職事件』佐藤栄佐久（平凡社）
『茗渓サッカー百年』筑波大学蹴球部編
『うたつの子』辻正／『原爆少年サッカー魂―W杯サッカー日本の礎』今子正義（南々社）
「スカウト歴11年　今西和男」『SPA!』1994年9月14日号
「Perfumeのシャンデリアハウス」（日本テレビ）

―――本書のプロフィール―――

本書は、二〇一六年に集英社より刊行された同名の単行本を加筆改稿したものです。

小学館文庫

徳《とく》は孤《こ》ならず

日本《にほん》サッカーの育将《いくしょう》　今西和男《いまにしかずお》

著者　木村元彦《きむらゆきひこ》

二〇二一年二月十日　初版第一刷発行

発行人　飯田昌宏
発行所　株式会社　小学館
〒一〇一-八〇〇一
東京都千代田区一ツ橋二-三-一
電話　編集〇三-三二三〇-五七二〇
　　　販売〇三-五二八一-三五五五
印刷所――図書印刷株式会社

ISBN978-4-09-406881-8